DCG 1

FONDAMENTAUX DU DROIT

Jean-François Bocquillon
Agrégé d'économie et gestion
Professeur en classes préparatoires à l'expertise comptable

Martine Mariage
Agrégée d'économie et gestion
Professeur en classes préparatoires à l'expertise comptable

en partenariat avec

EDITIONS FRANCIS LEFEBVRE

DUNOD
leader de l'expertise comptable

Crédits iconographiques

p. 145 : House by Sherrinford from the Noun Project, manufacturing by Jean-Philippe Cabaroc from the Noun Project ; p. 152 : person by Kris Brauer from the Noun Project, manufacturing by Jean-Philippe Cabaroc from the Noun Project, House by Sherrinford from the Noun Project ; p. 220 : agreement by Gan Khoon Lay from the Noun Project, Man by wira wianda from the Noun Project

Maquette de couverture :
Hokus Pokus

Maquette intérieure :
Yves Tremblay

11 rue Paul Bert, 92240 Malakoff
www.dunod.com

ISBN 978-2-10-079135-4

SOMMAIRE

Mode d'emploi

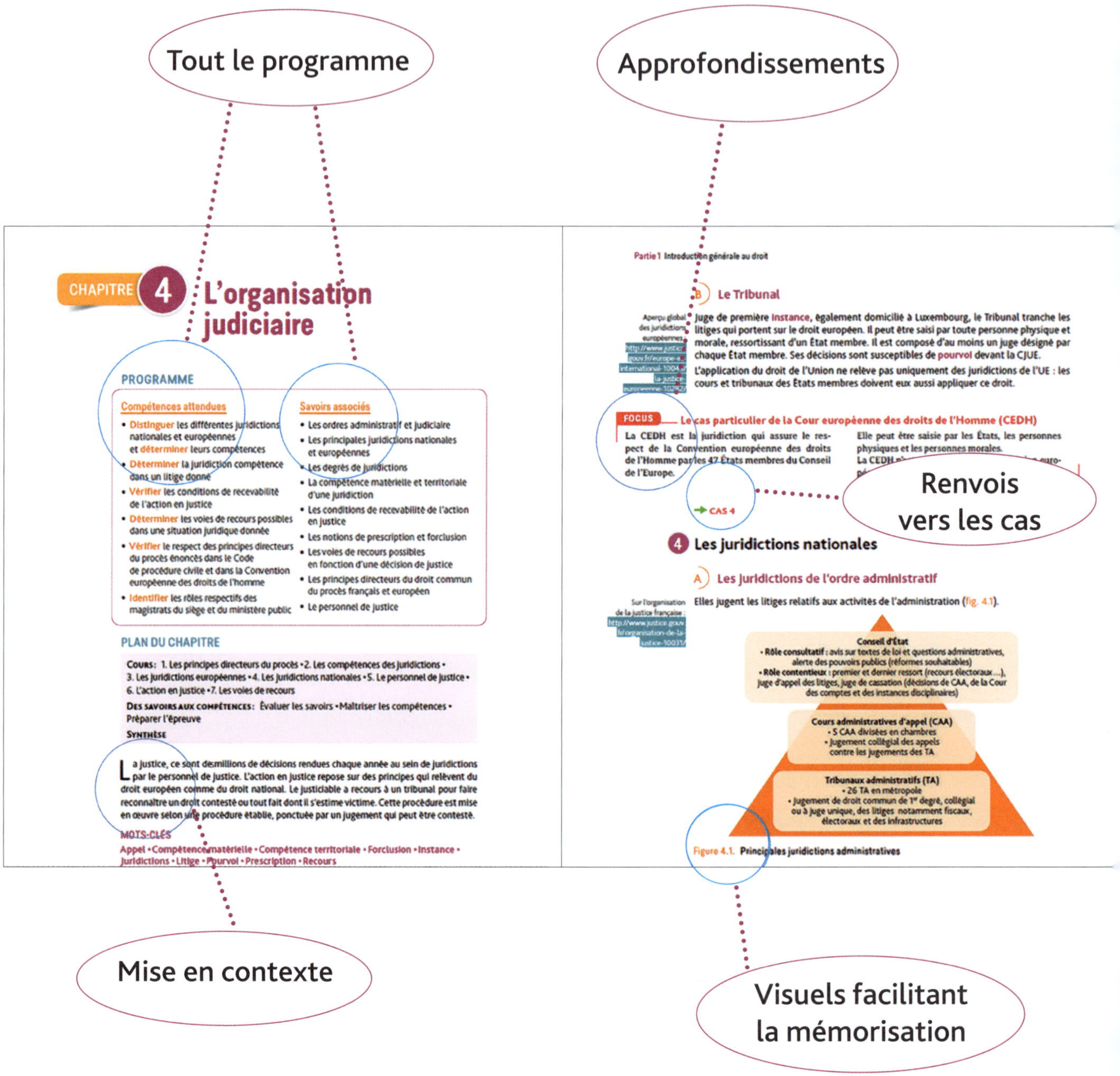

CHAPITRE 4 L'organisation judiciaire

PROGRAMME

Compétences attendues
- Distinguer les différentes juridictions nationales et européennes et déterminer leurs compétences
- Déterminer la juridiction compétence dans un litige donné
- Vérifier les conditions de recevabilité de l'action en justice
- Déterminer les voies de recours possibles dans une situation juridique donnée
- Vérifier le respect des principes directeurs du procès énoncés dans le Code de procédure civile et dans la Convention européenne des droits de l'homme
- Identifier les rôles respectifs des magistrats du siège et du ministère public

Savoirs associés
- Les ordres administratif et judiciaire
- Les principales juridictions nationales et européennes
- Les degrés de juridictions
- La compétence matérielle et territoriale d'une juridiction
- Les conditions de recevabilité de l'action en justice
- Les notions de prescription et forclusion
- Les voies de recours possibles en fonction d'une décision de justice
- Les principes directeurs du droit commun du procès français et européen
- Le personnel de justice

PLAN DU CHAPITRE

Cours : 1. Les principes directeurs du procès • 2. Les compétences des juridictions • 3. Les juridictions européennes • 4. Les juridictions nationales • 5. Le personnel de justice • 6. L'action en justice • 7. Les voies de recours

Des savoirs aux compétences : Évaluer les savoirs • Maîtriser les compétences • Préparer l'épreuve

Synthèse

La justice, ce sont desmillions de décisions rendues chaque année au sein de juridictions par le personnel de justice. L'action en justice repose sur des principes qui relèvent du droit européen comme du droit national. Le justiciable a recours à un tribunal pour faire reconnaître un droit contesté ou tout fait dont il s'estime victime. Cette procédure est mise en œuvre selon une procédure établie, ponctuée par un jugement qui peut être contesté.

MOTS-CLÉS

Appel • Compétence matérielle • Compétence territoriale • Forclusion • Instance • Juridictions • Litige • Pourvoi • Prescription • Recours

Partie 1 Introduction générale au droit

B) Le Tribunal

Aperçu global des juridictions européennes :

Juge de première instance, également domicilié à Luxembourg, le Tribunal tranche les litiges qui portent sur le droit européen. Il peut être saisi par toute personne physique et morale, ressortissant d'un État membre. Il est composé d'au moins un juge désigné par chaque État membre. Ses décisions sont susceptibles de pourvoi devant la CJUE.

L'application du droit de l'Union ne relève pas uniquement des juridictions de l'UE : les cours et tribunaux des États membres doivent eux aussi appliquer ce droit.

FOCUS — Le cas particulier de la Cour européenne des droits de l'Homme (CEDH)

La CEDH est la juridiction qui assure le respect de la Convention européenne des droits de l'Homme par les 47 États membres du Conseil de l'Europe.

Elle peut être saisie par les États, les personnes physiques et les personnes morales.

La CEDH

→ CAS 4

4 Les juridictions nationales

A) Les juridictions de l'ordre administratif

Sur l'organisation de la justice française :

Elles jugent les litiges relatifs aux activités de l'administration (fig. 4.1).

Conseil d'État
- Rôle consultatif : avis sur textes de loi et questions administratives, alerte des pouvoirs publics (réformes souhaitables)
- Rôle contentieux : premier et dernier ressort (recours électoraux…), juge d'appel des litiges, juge de cassation (décisions de CAA, de la Cour des comptes et des instances disciplinaires)

Cours administratives d'appel (CAA)
- 5 CAA divisées en chambres
- Jugement collégial des appels contre les jugements des TA

Tribunaux administratifs (TA)
- 26 TA en métropole
- Jugement de droit commun de 1er degré, collégial ou à juge unique, des litiges notamment fiscaux, électoraux et des infrastructures

Figure 4.1. Principales juridictions administratives

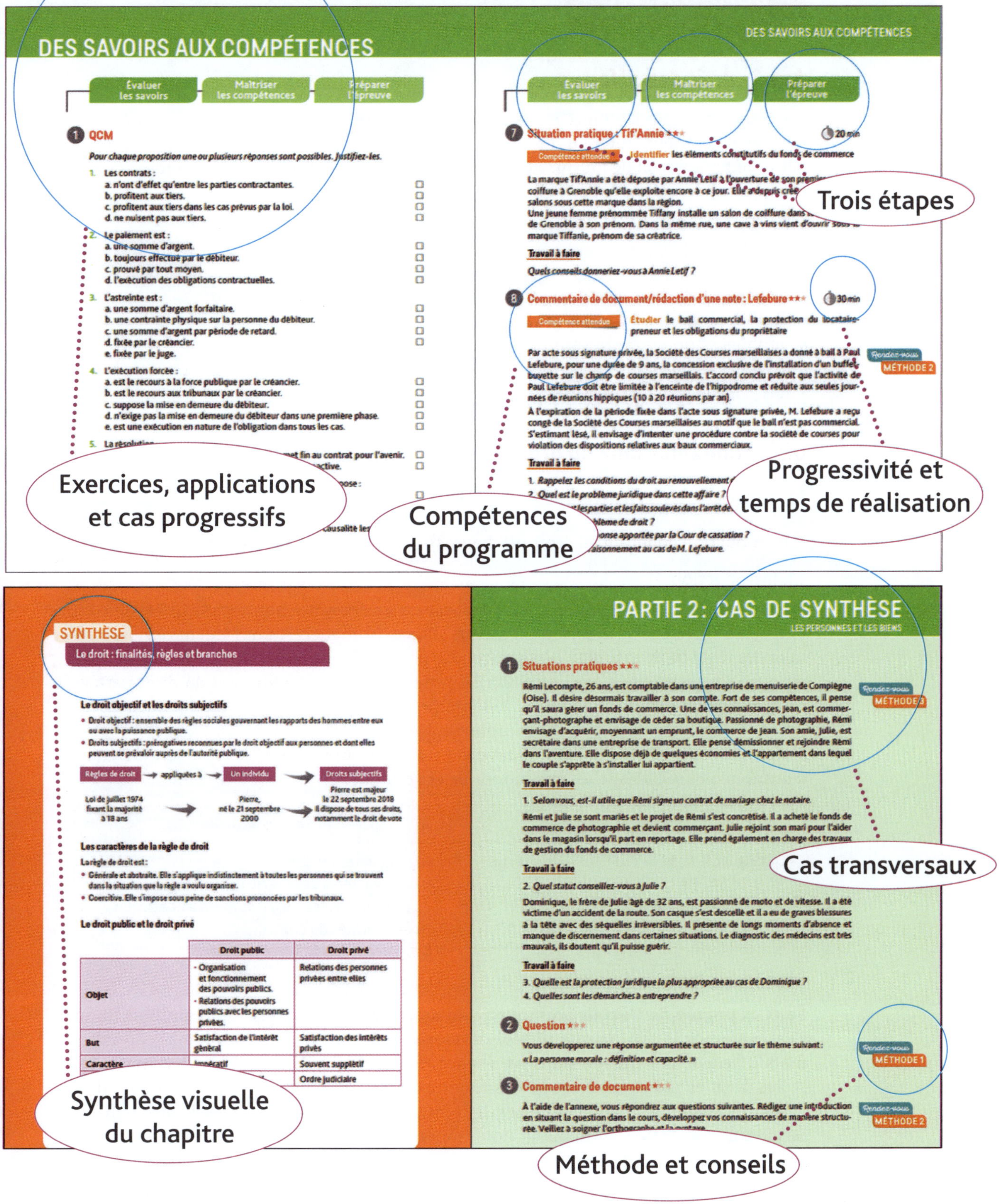
DES SAVOIRS AUX COMPÉTENCES
Évaluer les savoirs
Maîtriser les compétences
Préparer l'épreuve
QCM
Exercices, applications et cas progressifs
Trois étapes
Situation pratique : Tif'Annie
Commentaire de document/rédaction d'une note : Lefebure
Compétences du programme
Progressivité et temps de réalisation
SYNTHÈSE
Le droit : finalités, règles et branches
Synthèse visuelle du chapitre
PARTIE 2 : CAS DE SYNTHÈSE
LES PERSONNES ET LES BIENS
Situations pratiques
Cas transversaux
Question
Commentaire de document
Méthode et conseils

PROGRAMME

Axe 1 : droit des affaires

Les unités d'enseignement (UE) des « fondamentaux du droit » (UE 1), de « droit des sociétés et des groupements d'affaire » (UE 2), de « droit social » (UE 3) et de « droit fiscal » (UE 4) ont pour objet de fournir au titulaire du DCG une connaissance juridique du fonctionnement des organisations.

Ces unités d'enseignement devront, notamment, permettre le développement de compétences spécifiques :

- identifier et hiérarchiser les sources juridiques ;
- rechercher et analyser une documentation juridique fiable et actualisée ;
- analyser une décision de justice et en dégager la portée ;
- qualifier et analyser un contrat ou un document professionnel ;
- qualifier les faits, articuler un raisonnement juridique et proposer une solution adaptée, dans le cadre d'une situation juridique donnée.

UE 1. Fondamentaux du droit

Niveau L – 150 heures – 14 ECTS

1. Introduction générale au droit (45 heures)

1.1. Introduction

Sens et portée de l'étude. La règle de droit est une construction sociale qui évolue en fonction des besoins de la société : à travers elle s'expriment certaines valeurs fondamentales. La règle de droit a pour objet de rendre possible la vie en société. Pour ce faire, elle est aussi un instrument de contrainte. La prise en compte des finalités du droit permet de comprendre le sens de la règle, de l'interpréter et éventuellement d'en prévoir l'évolution. Le droit distingue, classe et ordonne des situations données. En France, il repose sur une *summa divisio* qui distingue droit public et droit privé. Le droit se différencie d'autres règles sociales telles que la morale et l'éthique.

Compétences attendues	Savoirs associés
– Distinguer la règle de droit des autres règles de la vie sociale. – Identifier les branches du droit applicables à une situation donnée.	– Les finalités du droit. – Les caractères de la règle de droit. – Les autres règles sociales : morale et éthique. – Les branches du droit.

1.2. Les sources du droit

Sens et portée de l'étude. Les sources du droit sont nombreuses. Cette multiplication s'explique par le fait qu'une société développée produit des normes internes à différents niveaux, et s'intègre dans un espace mondialisé qui la soumet à de nouvelles règles définies par des acteurs internationaux. Dès lors, une hiérarchie s'établit entre l'ensemble de ces normes et des voies de recours s'ouvrent aux titulaires de droits en cas de violation de cette hiérarchie. À noter que certains textes de droit international non contraignants (*soft law*) peuvent influer le comportement de sujets de droit, notamment les entreprises.

Compétences attendues	Savoirs associés
– Identifier et distinguer les différentes sources du droit. – Repérer un conflit de normes et expliciter sa résolution dans une situation donnée. – Différencier les principales catégories de loi. – Schématiser les étapes du processus de l'élaboration d'une loi ordinaire. – Identifier les contrôles de constitutionnalité d'une loi.	– Les sources internationales du droit. – Les différentes sources de droit européen : droit primaire et dérivé du droit de l'Union européenne (directives et règlements). – Les sources nationales du droit. – Le principe de hiérarchie des normes. – Le rôle des pouvoirs législatif et exécutif dans l'initiative d'une loi ordinaire. – Les prérogatives du pouvoir exécutif dans le processus du vote de la loi. – Le contrôle de conventionalité et de constitutionnalité de la loi.

1.3. La preuve des droits

Sens et portée de l'étude. Être titulaire de droits suppose d'en établir l'existence devant un juge. En amont du procès, la preuve a un rôle de prévention (la partie qui sait que le juge lui donnera tort, s'abstiendra de recourir aux tribunaux) et lors du procès, elle permettra de trancher le litige en dégageant une vérité judiciaire.

Le droit français consacre le système de la preuve par tout moyen sauf si la loi en dispose autrement : ainsi, dans certains cas, la preuve préconstituée est exigée. Par ailleurs, le progrès technique impose au législateur et au juge d'apprécier la fiabilité de nouveaux procédés de preuve.

Compétences attendues	Savoirs associés
– Établir sur qui pèse la charge de la preuve. – Identifier les moyens de preuve. – Apprécier la recevabilité et la force probante des moyens de preuve.	– L'objet, la charge et les modes de preuve. – La recevabilité des moyens de preuve et leur force probante.

1.4. L'organisation judiciaire

Sens et portée de l'étude. Pour faire reconnaître ses droits ou faire cesser un trouble, le citoyen s'adresse aux juridictions. Celles-ci, très nombreuses, répondent à une organisation et un fonctionnement précis qui vont définir leur compétence. En leur sein, il existe différents professionnels qui concourent à la résolution des litiges. Enfin, les procédures doivent garantir le respect de principes directeurs du procès issus du droit national et du droit européen.

Compétences attendues	Savoirs associés
– Distinguer les différentes juridictions nationales et européennes et déterminer leurs compétences. – Déterminer la juridiction compétente dans un litige donné. – Vérifier les conditions de recevabilité de l'action en justice. – Déterminer les voies de recours possibles dans une situation donnée. – Vérifier le respect des principes directeurs du procès énoncés dans le code de procédure civile et dans la convention européenne des droits de l'homme. – Identifier les rôles respectifs des magistrats du siège et du ministère public.	– Les ordres administratif et judiciaire. – Les principales juridictions nationales et européennes. – Les degrés de juridictions. – La compétence matérielle et territoriale d'une juridiction. – Les conditions de recevabilité de l'action en justice. – Les notions de prescription et de forclusion. – Les voies de recours possibles en fonction d'une décision de justice. – Les principes directeurs du droit commun du procès français et européen. – Le personnel de justice.

1.5. Les modes alternatifs de règlement des différends

Sens et portée de l'étude. L'inflation du contentieux et l'exigence de rendre une décision de justice dans un délai raisonnable ont conduit le législateur à imposer aux parties, avant toute procédure, de montrer qu'elles ont tenté de trouver une voie de conciliation. Dans ce cadre, il existe différents modes alternatifs de résolution des différends (MARD) possibles et adaptés à des situations juridiques données. L'ensemble de ces MARD ont pour objectif de désengorger les tribunaux et d'offrir des voies rapides et souvent moins coûteuses qu'une procédure judiciaire longue et parfois aléatoire pour les parties.

Compétences attendues	Savoirs associés
– Justifier l'exigence du recours aux MARD avant toute procédure contentieuse. – Distinguer les effets de chacun des MARD. – Montrer la spécificité de l'arbitrage comme mode de résolution des conflits.	– La conciliation et la médiation : définition, acteurs, mise en œuvre et issue. – L'arbitrage comme mode spécifique de résolution des conflits : modalités de mise en œuvre, désignation et récusation des arbitres, modalités de la sentence arbitrale et des voies de recours, avantages et inconvénients.

2. Les personnes et les biens (40 heures)

2.1. Les personnes

Sens et portée de l'étude. La personnalité juridique est l'aptitude à être sujet de droit. Celle-ci est conférée de plein droit aux personnes physiques et, sous certaines conditions, aux personnes morales. Ces dernières sont devenues des acteurs importants et incontournables de l'activité économique. Pour autant, l'étendue de leur capacité reste circonscrite à leur objet. Pour les personnes physiques, le législateur a élaboré un système d'incapacité pour protéger les mineurs et certains majeurs victimes d'une altération de leurs facultés mentales ou corporelles.

Compétences attendues	Savoirs associés
– Justifier l'existence d'une personne juridique. – Identifier et caractériser les attributs de la personnalité juridique. – Analyser la capacité d'une personne à accomplir un acte juridique. – Identifier un régime de protection adapté à la situation d'un majeur dans une situation donnée.	– La notion de personne juridique : utilité, acquisition, diversité. – Les personnes physiques : identification, capacité. – Les personnes morales : identification, capacité. – La distinction entre les actes que le mineur peut réaliser seul et les actes qui nécessitent l'autorisation de son représentant légal ou de son tuteur. – Les trois principaux régimes de protection des majeurs : définition, mise sous placement, désignation d'un responsable du majeur, distinction entre acte d'administration et de disposition et conséquence quant à la capacité du majeur protégé.

2.2. Les commerçants, personnes physiques

Sens et portée de l'étude. Les premiers acteurs de la vie des affaires sont les commerçants en tant que personnes physiques. Ils dirigent des entreprises individuelles qu'ils exploitent en nom propre ce qui impacte leur patrimoine personnel. Ces personnes physiques acquièrent la qualité de commerçant dès lors qu'elles accomplissent des actes de commerce à titre de profession habituelle. Dans le cadre de ses affaires, le commerçant a des obligations et a besoin de règles adaptées à son activité.

Compétences attendues	Savoirs associés
– Identifier le commerçant. – Vérifier qu'une personne remplit les conditions pour exercer le commerce, dans une situation donnée. – Distinguer les différents actes de commerce et présenter leur régime juridique. – Analyser le statut et la situation patrimoniale du commerçant. – Sélectionner un statut pour le conjoint en fonction d'une situation donnée et en mesurer les conséquences juridiques.	– Le principe de la liberté du commerce et ses limites. – La définition du commerçant. – Les actes de commerce : régime juridique et différentes catégories. – Les obligations et responsabilités du commerçant. – Présentation de l'EIRL, modalité de l'entreprise individuelle permettant une atténuation de la responsabilité du commerçant : création de l'EIRL insaisissabilité (notion et principales applications). – Le régime du PACS, les régimes matrimoniaux (la communauté des biens et la séparation des biens). – Les caractéristiques des statuts du conjoint du commerçant.

2.3. Les autres professionnels de la vie des affaires

Sens et portée de l'étude. La vie des affaires n'est pas exclusivement le fait du commerce, d'autres entrepreneurs individuels développent des activités économiques. Certains d'entre eux sont des partenaires privilégiés du commerçant. Il convient de distinguer chacun de ces acteurs économiques.

Compétence attendue	Savoir associé
Identifier et analyser les principes juridiques applicables aux catégories professionnelles suivantes : artisan, agriculteur, professionnel libéral.	Les caractéristiques principales de l'artisan, de l'agriculteur, du professionnel libéral.

2.4. Théorie du patrimoine

Sens et portée de l'étude. Dans la tradition juridique française, la naissance de la personnalité juridique s'accompagne de celle du patrimoine. Pour un commerçant personne physique, cette vision d'unicité du patrimoine n'est pas sans poser des problèmes pour le développement de l'entreprenariat. Le législateur, à partir du milieu des années 1980, va évoluer progressivement vers la création juridique d'un patrimoine d'affectation protecteur de l'entrepreneur tout en garantissant les droits des créanciers.

Compétences attendues	Savoirs associés
– Discuter les intérêts et limites des théories du patrimoine. – Distinguer entreprise individuelle et EIRL. – Évaluer les risques patrimoniaux de l'entrepreneur dans une situation donnée.	– Les principes de la théorie classique du patrimoine – La composition du patrimoine : classification des droits et des biens. – Le droit de gage général des créanciers du commerçant et ses limites dans une approche personnaliste du patrimoine. – La thèse du patrimoine d'affectation et ses manifestations dans le droit français.

2.5. La propriété

Sens et portée de l'étude. Le droit de propriété est le plus complet des droits réels. Il donne la possibilité de tirer de la chose toutes les utilités dont elle est susceptible. Le droit de propriété satisfait aux intérêts individuels. Toutefois, une partie de la doctrine considère que la propriété remplit aussi une fonction sociale qui fonde toutes les entorses au droit de propriété. Ces deux fonctions, à la fois compatibles et potentiellement contradictoires, imprègnent le droit positif de la propriété.

Compétences attendues	Savoirs associés
– Identifier les différents modes d'acquisition dérivée de la propriété. – Analyser les prérogatives du propriétaire. – Analyser les droits et obligations de l'usufruitier et du nu-propriétaire. – Analyser les limites du droit de propriété.	– Les attributs et les caractères du droit de propriété. – L'acquisition de la propriété par un acte juridique. – Le démembrement du droit de propriété : usufruit (définition, origines, régime, extinction), nue-propriété (définition). – L'abus de droit et le trouble anormal de voisinage.

2.6. Applications particulières de la propriété

Sens et portée de l'étude. Depuis l'adoption du Code civil, le droit de propriété a souvent fait l'objet d'atteintes. Mais, en même temps, sa plasticité explique le succès de cette notion hors de son strict champ technique. Le fonds de commerce est un bien unitaire, différent des éléments qui le composent. C'est aussi un bien incorporel de nature mobilière. La propriété commerciale permet à un preneur à bail commercial d'obtenir, à l'expiration du contrat, le renouvellement du bail commercial ou, à défaut, une indemnité d'éviction. La propriété intellectuelle protège l'inventeur (droit de la propriété industrielle) comme l'auteur (droit d'auteur).

Compétences attendues	Savoirs associés
– Identifier les éléments constitutifs du fonds de commerce. – Analyser le bail commercial, la protection du locataire-preneur et les obligations du propriétaire. – Distinguer propriété industrielle et propriété littéraire et artistique. – Vérifier les conditions de protection par le brevet, la marque ou le droit d'auteur. – Justifier les actions possibles en cas d'atteinte à un droit de propriété intellectuelle.	– Le fonds de commerce : notion, composition, nature juridique. – Le contrat de bail commercial : conditions d'application du statut des baux commerciaux, régime, droit au renouvellement. – La propriété industrielle : brevet et marque (conditions, procédure et effets). – La propriété littéraire et artistique : conditions de la protection, droits des personnes protégées.

3. L'entreprise et les contrats (45 heures)

3.1. Théorie générale du contrat

Sens et portée de l'étude. Le contrat est à la base de la vie des affaires ; il concrétise les obligations que les parties veulent nouer entre elles. La réalisation d'un contrat fait souvent l'objet d'étapes préliminaires qui forment déjà des obligations pour les parties. Le législateur offre une grande plasticité au contrat ce qui permet de créer tout type d'obligation dans la limite du respect de l'ordre public. Un contrat valablement formé doit, par principe, du fait du respect de la parole donnée, être correctement exécuté. En cas de non-exécution ou de mauvaise exécution du contrat, le créancier lésé dispose d'un ensemble de moyens d'action possibles prévus par la loi.

Compétences attendues	Savoirs associés
– Identifier l'existence d'un avant-contrat à travers le pacte de préférence et la promesse unilatérale. – Vérifier la conclusion du contrat et le classifier, dans une situation donnée. – Expliquer l'intérêt que présente une clause contractuelle donnée pour les parties. – Analyser la validité d'un contrat dans son ensemble et d'une clause particulière. – Proposer des sanctions adaptées en cas d'inexécution d'un contrat.	– Le contrat : définition et classification. – Les principes fondateurs du droit des contrats. – La formation du contrat : phase précontractuelle (négociations contractuelles, promesse unilatérale et pacte de préférence), conclusion du contrat, conditions de validité du contrat et sanction des conditions de validité. – L'identification de clauses particulières : clause exclusive et limitative de responsabilité, clauses pénales, clauses résolutoires, clauses compromissoires, clauses attributives de compétence, clause de réserve de propriété. – L'exécution du contrat : les effets du contrat entre les parties (principe de la force obligatoire, renégociation, interprétation par le juge), les effets du contrat à l'égard des tiers (principe de l'effet relatif et exceptions), le paiement, mode normal d'exécution du contrat. – L'inexécution du contrat : exception d'inexécution, exécution forcée en nature, réduction du prix, résolution, réparation du préjudice résultant de l'inexécution du contrat (responsabilité civile contractuelle)

3.2. Les contrats de l'entreprise

Sens et portée de l'étude. Dans la vie des affaires, l'entreprise passe de nombreux contrats. Cette mise en situation contractuelle permet le passage de la théorie générale aux « contrats spéciaux ». La matière est dominée par une double antinomie : d'une part, l'opposition entre les règles générales et spéciales, d'autre part l'opposition entre contrats nommés et contrats innommés. Par ailleurs, le droit des contrats spéciaux protège les consommateurs ou non professionnels.

Compétences attendues	Savoirs associés
– Qualifier le contrat en présence dans une situation donnée. – Analyser les caractéristiques essentielles des principaux contrats de l'entreprise. – Caractériser la protection des parties pour chacun des contrats. – Justifier le choix d'une sûreté et ses principaux effets dans une situation donnée.	– Les contrats relatifs au fonds de commerce : vente et location-gérance. – Le contrat de vente. – La notion de consommateur. – Les contrats de consommation : principales règles de protection du consommateur lors de la formation et de l'exécution du contrat. – Le contrat de crédit à la consommation. – Le compte de dépôt bancaire : création, fonctionnement, fermeture. – Les contrats de crédit aux entreprises : contrat de prêt, escompte, affacturage, crédit-bail mobilier. – Les sûretés : caractéristiques principales du cautionnement, nantissement, gage avec dépossession et sans dépossession, hypothèque, privilèges. – L'étendue des obligations des parties dans chaque sûreté.

4. L'entreprise et ses responsabilités (20 heures)

Sens et portée de l'étude. En développant ses activités, l'entreprise peut commettre un fait ou exposer autrui à un risque causant un dommage. Dès lors, sa responsabilité civile est engagée. Celle-ci doit être distinguée de la possibilité de voir aussi sa responsabilité pénale engagée mais avec des mécanismes différents.

Compétences attendues	Savoirs associés
– Différencier les notions de responsabilité civile et pénale. – Différencier responsabilité civile extracontractuelle et responsabilité civile contractuelle. – Apprécier le respect des conditions de mise en œuvre de la responsabilité civile et les causes possibles d'exonération dans une situation juridique donnée. – Identifier les caractéristiques du préjudice réparable dans une situation juridique donnée. – Vérifier la présence des conditions de la responsabilité pénale, pour une situation juridique donnée. – Identifier les actions en responsabilité possibles dans une situation juridique donnée.	– Les responsabilités civile et pénale (fonctions, conditions de mise en œuvre). – Les responsabilités extracontractuelle et contractuelle. – L'étude des possibilités de cumul des différents régimes de responsabilité. – Les conditions de la responsabilité extracontractuelle (civile délictuelle) : fait générateur : le fait personnel fautif, le fait de la chose, les troubles anormaux de voisinage et le fait d'autrui ; préjudice réparable (classifications, caractères) ; lien de causalité. – L'étude spécifique du régime de la responsabilité du fait des produits défectueux. – Les spécificités de la réparation du préjudice environnemental.

AVANT-PROPOS

Rédigés par des enseignants des classes préparatoires à l'expertise comptable, membres des commissions d'examen, et 100 % conformes aux nouveaux programmes et guides pédagogiques applicables dès la rentrée 2019, les manuels Dunod constituent une **préparation complète** aux examens de DCG et DSCG.

L'axe 1 « Droit des affaires » et l'évaluation par les compétences

Les unités d'enseignement (UE) des « fondamentaux du droit » (UE 1), de « droit des sociétés et des groupements d'affaire » (UE 2), de « droit social » (UE 3) et de « droit fiscal » (UE 4) ont pour objet de fournir au titulaire du DCG une connaissance juridique du fonctionnement des organisations. Elles forment **l'axe 1** des parcours de formation intitulé **« Droit des affaires »**.

Les unités sont déclinées en compétences. Ces compétences sont à la fois variées mais limitées par une liste donnée et clairement identifiée. Une compétence peut être définie comme la capacité à utiliser un savoir-faire dans une situation donnée pour produire un résultat requis. Elle s'acquiert dans une situation, d'où l'importance de la structuration et de l'entraînement à la pratique de la problématisation.

Une compétence présente un caractère disciplinaire ; elle vise à résoudre des problèmes liés à la discipline et repose nécessairement sur des connaissances inhérentes à cette même discipline. Mais, dans le même temps, une compétence s'appuie sur des savoir-faire généraux et transversaux (capacité à analyser, à rédiger de manière concise et précise, etc.).

La compétence induit donc un rapport au savoir, elle ne s'y oppose pas. Les savoirs sont les informations qu'il faut être en mesure de mobiliser « à bon escient », avec pour finalité, l'élaboration d'un raisonnement structuré ou la résolution d'un problème lié à la pratique juridique.

Le concept de situation est donc central lorsque l'on évoque une compétence ; la mise en situation donne à l'étudiant l'occasion d'exercer la compétence visée. **Une situation** présente donc divers caractères, à la différence de la simple application de la règle :
- Elle mobilise un ensemble d'acquis et est orientée vers une tâche porteuse de sens.
- Elle fait référence à une catégorie de problèmes spécifiques à la discipline, elle est nouvelle.

Une compétence est évaluable. Elle peut se mesurer à la qualité de l'exécution de la tâche *et* à la qualité du résultat. Dès lors, une préparation efficace repose sur un équilibre judicieux entre l'acquisition de connaissances et un développement de compétences ciblées centré sur le réinvestissement en contexte. L'évaluation s'en trouve renouvelée ; elle met l'accent sur le cheminement intellectuel et l'esprit critique du candidat et promeut une nouvelle quête de sens.

Le parti pris de nos manuels

Le présent manuel vise à apporter l'**ensemble des savoirs disciplinaires associés à l'unité d'enseignement** « Fondamentaux du droit » à travers quatre parties, structurées en 17 chapitres, respectant scrupuleusement la progression logique du programme. Chaque chapitre propose une **synthèse synoptique** finale propice à la mémorisation.

La section « Des savoirs aux compétences » a été conçue comme une **passerelle** entre les deux éléments du programme :

- Dans un premier temps, le candidat est invité à s'autoévaluer à l'aide d'un quiz/QCM (réponses en fin d'ouvrage) et d'une application directe des connaissances (rubrique « Évaluer les savoirs »). En fonction de ses résultats, l'étudiant détermine les points du cours à revoir.
- Dans un second temps, l'étudiant est placé en contexte afin de tester les compétences requises et évaluées à l'examen (rubrique « Maîtriser les compétences ») : **toutes les compétences du programme font l'objet d'une mise en situation**. Les cas proposés sont progressifs (le niveau de difficulté est systématiquement indiqué). Les compétences les plus complexes sont traitées isolément.
- Enfin, une fois les compétences maîtrisées, l'étudiant est invité à se placer en condition d'examen (rubrique « Préparer l'épreuve »), au travers de **situations pratiques** et de **commentaires de documents** (décisions de justice et documentation professionnelle). Ces pages sont émaillées de conseils et de rappels théoriques.

Chaque partie du programme est ponctuée d'un **cas de synthèse transversal** testant les principaux savoirs et compétences de la partie. L'ouvrage s'achève par **un sujet type d'examen intégralement corrigé**.

Un aller-retour constant entre savoirs et compétences

Deux parcours de préparation sont possibles grâce à ce manuel :

- Des savoirs disciplinaires étudiés aux compétences à mettre en œuvre en situation.
- L'acquisition de la compétence par la confrontation des situations aux savoirs.

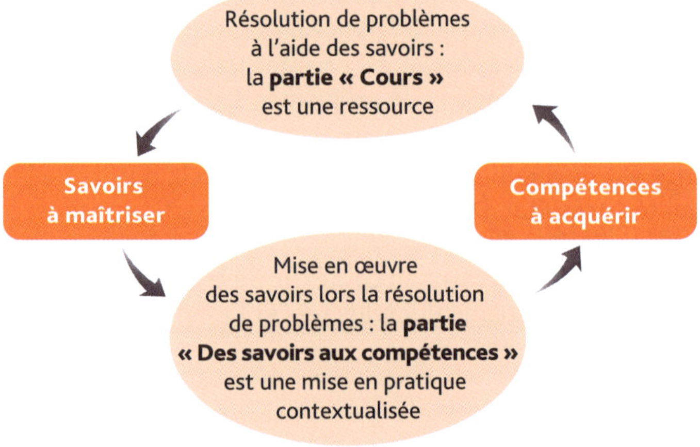

Rendez-vous

MÉTHODE 1

Répondre à une question

Format et contenu de l'épreuve

D'une durée de 3 heures (14 ECTS), l'épreuve écrite porte sur l'étude d'une ou de plusieurs situations pratiques et/ou le commentaire d'un ou plusieurs documents et/ou une ou plusieurs questions. Le but est de vérifier le niveau de connaissances sur un sujet, la maîtrise ainsi que la précision des termes juridiques et la présentation formelle.

En amont : comment apprendre efficacement ?

- **Une altitude positive.** Avoir confiance en soi, prendre plaisir à apprendre, comprendre, fournir un effort régulier et être persévérant sont des conditions *sine qua non*.
- **La méthode des strates.** Les connaissances ne se superposent pas comme les pages d'une encyclopédie, sans lien actif les unes avec les autres. Pour mémoriser un chapitre, il faut d'abord disposer d'une vision globale de ce que l'on étudie. Puis, il importe de revenir sur les points essentiels, avant de s'intéresser aux points secondaires. Deux étapes sont nécessaires pour assimiler un cours :
  – d'abord, le comprendre par la lecture complète dans le détail ;
  – ensuite, l'apprendre, le relire en s'attachant à l'essentiel, à sa structure et au lien entre les éléments. Il convient d'appliquer une méthode en entonnoir, en allant du plus important au moins important, sans se contenter d'à-peu-près.

Exemple

Strate 1 : le plan détaillé ; strate 2 : les définitions, les paragraphes ; strate 3 : les exemples, les approfondissements et ressources, les applications et cas.

- **Le feed-back.** Multiplier les occasions de réaliser des feed-back écrits, oraux ou mentaux permettant de contrôler si ce que l'on vient d'étudier est bien assimilé, d'en dégager l'essentiel sous une forme structurée (arborescence, carte mentale) et d'entraîner sa mémoire pour être capable de mobiliser les données en temps utile.
- **La maîtrise du temps.** Se concentrer et se focaliser sur un thème.

Apprendre à apprendre : https://goo.gl/jo2ZF8

Comprendre sa mémoire : https://goo.gl/YRUYCf

Sur la copie : comment répondre à la question ?

Définir les termes du sujet. Il s'agit de mettre en relation les termes du sujet avec le programme.

Identifier les contours du sujet. Cette opération permet de délimiter les contours du sujet.

Mettre les idées en ordre. Une introduction définit les termes du sujet et annonce le plan. Un développement est structuré en paragraphes traitant, chacun, une seule idée.

Rédiger. Il est impératif de respecter les règles d'orthographe et de syntaxe. Les phrases sont courtes et précises. Le vocabulaire est choisi : chaque mot doit être pesé. La structure attendue est classique : une introduction suivie du développement annoncé. Une conclusion n'est pas nécessaire s'il s'agit d'exposer des règles.

Relire. Chassez les fautes d'orthographe en consacrant 5 à 10 minutes à une relecture finale minutieuse. Une rédaction confuse et imprécise est pénalisante.

Rendez-vous

MÉTHODE 2

Analyser une décision de justice et en dégager la portée

Objectif

L'analyse d'une décision de justice consiste à dégager les **règles de droit** utilisées par le juge pour résoudre un **litige**. La décision à étudier émane, le plus souvent, de la Cour de cassation.

Méthode

L'analyse d'une décision de justice comporte **cinq étapes** :

- **Rechercher les parties au procès.** Il s'agit d'identifier le demandeur, le défendeur et la juridiction.
- **Exposer sommairement et chronologiquement les faits.** Il s'agit de dégager ce qui s'est passé et ce qui a conduit les parties devant les tribunaux (possibilité de schématisation).
- **Présenter le déroulement de la procédure antérieure.** Les précédentes décisions doivent être rappelées de façon chronologique, en relevant, pour chacune, la date et le dispositif (sens de la décision).
- **Identifier le ou les problèmes de droit soulevés**.
- **Analyser la décision**. Il s'agit de rechercher, compte tenu des prétentions des parties, les arguments (*motifs*) et la solution (*dispositif*) retenus par la juridiction pour trancher le litige.

Portée d'une décision

Il s'agit d'apprécier, au regard du droit positif, l'**impact** de la décision et de la critiquer. Le plus souvent, un questionnement guide cette étape.

La **compréhension** d'une décision de la Cour de cassation passe par l'identification du raisonnement, en l'imaginant comme le résultat d'un **dialogue** :

– si la Cour casse une décision, elle indique aux juges du fond qu'ils ont mal appliqué le droit ;
– si la Cour rejette un pourvoi, elle estime que les arguments du demandeur ne permettent pas de remettre en cause le raisonnement juridique appliqué par les juges du fond.

La première chose à faire, quand on analyse une décision de justice, est donc de **lire la décision** rendue (rejet ou cassation).

Structure

Les arrêts de la Cour de cassation partagent une structure commune.

Arrêt de cassation		Arrêt de rejet	
Arrêt n° X du Y… N	Indication de la juridiction qui a rendu la décision	Arrêt n° X du Y… N	Indication de la juridiction qui a rendu la décision
Sur le moyen unique… Mais sur le moyen…	Arguments de la Cour	Sur le moyen unique… Mais sur le moyen…	Arguments de la Cour
La Cour ; Vu l'article… de la loi…	Visa (texte de loi appliqué)	La Cour ; Attendu que, selon l'arrêt attaqué…	Faits, procédure, dispositif et motifs de l'arrêt d'appel attaqué
Attendu que, selon l'arrêt attaqué…	Faits (tels que dans la décision de la cour d'appel)	Alors que…	Arguments du demandeur
Attendu que – pour accueillir la demande… – pour débouter…	Décision antérieure		
Qu'en statuant ainsi/faisant ainsi application, alors que… la Cour d'appel a violé le texte susvisé. Par ces motifs : – casse et annule…, – renvoie…	Motifs, raisonnement et décision de la Cour de cassation qui casse et annule ou renvoie vers une juridiction de même degré que la juridiction d'origine	Mais attendu que… Par ces motifs : – rejette le pourvoi formé contre l'arrêt de la cour d'appel	Motifs, raisonnement de la Cour de cassation

Rendez-vous

MÉTHODE 3

Résoudre une situation juridique

Une situation juridique est basée sur des faits concrets, soulevant un problème de droit qu'il faut résoudre à l'aide d'un **raisonnement juridique** fondé sur un **syllogisme** :
– une majeure, l'énoncé de la règle de droit ;
– une mineure, l'application de la règle aux faits ;
– une conclusion, la solution juridique qui en découle.

Travail préparatoire

Comprendre la situation : identifier les faits utiles à la compréhension de la situation. Il peut être nécessaire de noter la chronologie des faits, d'identifier les personnes concernées en précisant leur statut et de schématiser leurs relations.

Exemple

▸ Lucie Damar confie à Albert Lebel des travaux dans son salon de coiffure à exécuter du 1er au 7 octobre, le salon étant fermé. Albert interrompt les travaux sans raison le 3 octobre et les reprend du 27 au 31 octobre. Le salon ayant été fermé plus longtemps que prévu, Lucie a enregistré une baisse sensible de son chiffre d'affaires. *Quel recours Lucie peut-elle exercer contre Albert ?* ◂

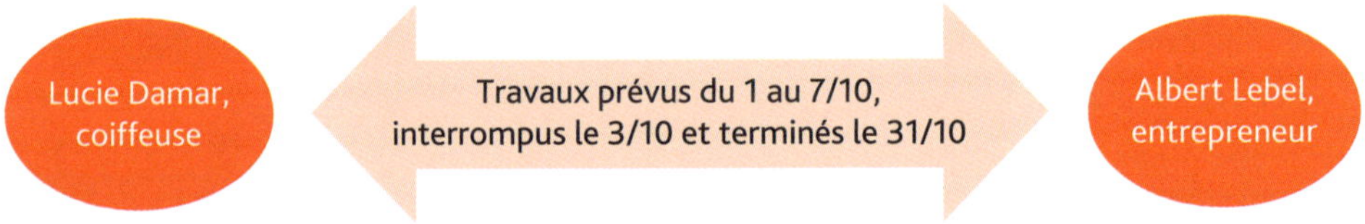

Qualifier les faits et soulever le problème juridique : traduire la situation en termes juridiques pour la relier à une catégorie de droit. La qualification permet d'identifier le problème juridique (question de droit soulevée). Il s'agit d'une question générale, qui ne se limite pas au cas exposé.

Exemple

▸ Un contrat lie Lucie Damar et Albert Lebel, des professionnels. La mauvaise exécution de l'obligation contractuelle d'Albert d'effectuer des travaux du 1er au 7 octobre se traduit par un préjudice pour Lucie, une perte de CA. *Quelles sont les conditions de la responsabilité civile contractuelle ?* ◂

Rechercher les règles applicables : mobiliser les connaissances liées à la situation qui permettront de répondre à la question posée. Toutes les règles pertinentes devront être évoquées ; les termes juridiques, définis.

Exemple

▸ La mise en œuvre de la responsabilité civile contractuelle implique la preuve d'une faute contractuelle (inexécution ou mauvaise exécution d'une obligation prévue au contrat), d'un préjudice (prévisible, certain, licite) et d'un lien de causalité entre ces deux éléments. ◂

Appliquer les règles et formuler la solution : démontrer l'application de chaque règle juridique à la situation. L'argumentation doit être précise et détaillée. Il convient de vérifier chaque condition. La **solution** découle de l'**argumentation** développée.

Exemple

Le contrat entre Lucie Damar et Albert Lebel oblige Albert à effectuer des travaux du 1er au 7 octobre dans le salon de coiffure de Lucie. Les travaux sont interrompus et le chantier terminé hors délai (faute contractuelle), d'où un préjudice (perte de CA) en raison du report des travaux (lien de causalité). *Solution : possibilité pour Lucie d'engager la responsabilité civile contractuelle d'Albert.*

Rédaction de la réponse

La rédaction doit être structurée et contenir les éléments suivants :

– présentation des **règles juridiques** permettant de répondre au problème soulevé ;
– **solution proposée**, s'appuyant sur une argumentation détaillée ;
– conclusion par une **réponse directe** à la question posée dans l'énoncé.

La réponse doit être **entièrement rédigée**. L'expression doit être claire et soignée.

Si le rappel des faits n'est pas exigé dans la réponse, leur étude et leur qualification préparatoires sont indispensables.

Exemple

La mise en œuvre de la responsabilité civile contractuelle suppose l'existence d'un contrat entre la victime et l'auteur du dommage. La victime doit apporter la preuve d'une faute commise par le cocontractant (inexécution ou mauvaise exécution d'une obligation prévue au contrat) et établir l'existence d'un préjudice prévisible, certain et licite. Enfin, le préjudice doit résulter directement de l'inexécution de l'obligation.

En l'espèce, Lucie Damar et Albert Lebel ont conclu un contrat prévoyant l'exécution par Albert de travaux dans un délai précis. L'interruption et le report des travaux sans raison constituent une faute. Lucie a subi un préjudice correspondant à la perte de CA, causé par l'interruption des travaux. Elle peut donc agir en responsabilité civile contractuelle contre Albert afin d'obtenir réparation de ce préjudice.

Rendez-vous

MÉTHODE 4

Qualifier et analyser un contrat ou un document

Qualifier et analyser un contrat

L'**analyse d'un contrat** permet de cerner la teneur des **engagements** des parties qui l'ont souscrit mais aussi de résoudre les problèmes relatifs aux **litiges** qui peuvent survenir à propos de sa formation ou de son exécution.

La démarche comporte **plusieurs étapes** :

- **Lire attentivement le contrat**. Identifier les mots-clés des extraits du contrat présenté pour parvenir à déterminer sa nature exacte.

- **Analyser le contrat** :
  - **qualifier** juridiquement le contrat, c'est-à-dire nommer précisément le contrat (contrat de vente, de location, de travail, etc.) ;
  - en **définir** l'objet (vente d'un bien meuble ou immeuble, contrat de travail ou contrat de sous-traitance, etc.) ;
  - **identifier** les parties au contrat et leur qualité respective (dans la vente, qui est le vendeur, qui est l'acquéreur…) ;
  - **apprécier** ses conditions de validité : le contrat est-il valable ? Réunit-il les conditions requises (consentement des parties concernées, capacité juridique et contenu licite et certain du contrat proposé) ?
  - **situer** le contrat dans l'espace et le temps : préciser la date et le lieu de signature (pour déterminer les règles juridiques applicables au moment de sa conclusion) ;
  - **caractériser** le contrat : est-ce un contrat synallagmatique ou unilatéral ? instantané ou à exécution successive ? consensuel ou solennel ?
  - **expliquer** les obligations des parties au regard des différentes clauses que le contrat contient et vérifier les conditions de validité des clauses prévues (ex. : la clause de non concurrence pour le contrat de travail) ;
  - **dégager** les effets du contrat sur chacune des parties : quelles sont les conséquences en cas d'inexécution ou de mauvaise exécution du contrat ? Le contrat peut-il être reconduit et à quelles conditions ? Etc.
  - **préciser** les signataires du contrat et, en cas de formalités légales imposées, vérifier les conditions de forme qui seraient applicables (ex. : un acte établi sous signatures privées impose que chaque contractant reçoive un exemplaire du contrat).

- **Rédiger la ou les réponse(s) aux différentes questions posées** :
  - **mobiliser** les règles de droit connues et faire le lien avec les questions posées ;
  - **appliquer** les règles au contrat présenté, en tenant compte des spécificités de la situation juridique envisagée.

Qualifier et analyser un document professionnel

Des documents professionnels variés peuvent être soumis aux candidats (charte, règlement, conditions générales de ventes – CGV, compromis…). Dans tous les cas, il convient de :

- Bien **lire** le document et les questions posées en sélectionnant les **mots-clés.**
- **Identifier** la nature et les sources du document étudié pour le **qualifier** précisément (ex. : règlement intérieur d'entreprise, statuts de société, CGV, loi, article…).
- **Situer** le document dans le temps : date du support, actualisation à opérer (référence à des articles de codes)… pour apprécier l'application de la règle de droit à une situation donnée.
- **S'interroger** sur les idées véhiculées, les informations à commenter, la validité des clauses présentées. L'intérêt est de confronter l'ensemble aux textes légaux et à la jurisprudence.
- **Synthétise**r les idées et de **structurer** l'argumentation pour répondre aux questions.

CHAPITRE 1 Le droit : finalités, règles et branches

PROGRAMME

Compétences attendues	Savoirs associés
• **Distinguer** la règle de droit des autres règles de la vie sociale • **Identifier** les branches du droit applicables à une situation donnée	• Les finalités du droit • Les caractères de la règle de droit • Les autres règles sociales : morale et éthique • Les branches du droit

PLAN DU CHAPITRE

Cours : 1. La règle de droit • 2. Les branches du droit

Des savoirs aux compétences : Évaluer les savoirs • Maîtriser les compétences • Préparer l'épreuve

Synthèse

Le droit est un système de règles et de solutions organisant la société au nom de certaines valeurs sociales. Le droit a, par exemple, pour objectif d'assurer la justice sociale ou la sécurité.

Il existe une multiplicité de phénomènes sociaux qui entrent dans le champ du droit. Certains sont liés à la famille, d'autres à l'entreprise ou bien encore aux activités économiques. Le droit vise à identifier, à classer, à ranger, d'où une organisation en branches et codes.

MOTS-CLÉS

Droit international • Droit objectif • Droit privé • Droit public • Droits subjectifs Éthique • Morale

1 La règle de droit

A) Qu'est-ce que le droit ?

1. Des droits et des obligations

Les manifestations du droit sont très nombreuses. Se marier, passer un contrat, acheter ou vendre un appartement, voter, changer de nom, créer une société… toutes ces situations impliquent de mettre en œuvre des règles juridiques. Ces règles ont pour objectif de faciliter la vie en société et, plus fondamentalement, de l'organiser, de la réguler. Le droit détermine alors un ensemble de normes de conduite. Il détermine ce que chacun peut et doit faire pour que la vie en société soit possible.

2. Le droit et des droits

Le mot « droit » recouvre deux concepts distincts :

- Le droit, au singulier, correspond à l'ensemble des règles sociales qui gouvernent les rapports des hommes entre eux ou avec la puissance publique (État, région…). Les juristes parlent alors de **droit objectif** (ex. : lois, décrets).
- Au pluriel, « les droits » désignent les pouvoirs juridiques (les prérogatives) que le droit reconnaît à un individu ou à un groupe d'individus. Ils sont qualifiés de « **droits subjectifs** », c'est-à-dire de droits du sujet.

Exemple

Chacun a droit au respect de sa vie privée (article 9 du Code civil).

B) Les finalités du droit

La règle de droit a pour objet de rendre possible la vie en société. Elle poursuit plusieurs finalités (tab. 1.1).

Tableau 1.1. Principales finalités du droit

Finalités poursuivies	Exemples
Sécurité des personnes : assurer la protection de la personne dans ses diverses activités	• Assurance automobile • Pénalisation de toutes les atteintes à la vie
Sécurité des biens : assurer la protection des biens privés de la personne et de ceux utilisés par tous (biens communs)	• Pénalisation du vol et de la dégradation de la chose d'autrui • Protection de l'environnement (qualité de l'eau, de l'air, lutte contre le bruit…)
Stabilité des situations juridiques : maintenir en l'état ce qui a été établi et éviter de perpétuelles remises en cause	Création d'une relation durable entre les personnes par le droit du travail
Organisation économique : doter la vie économique de règles permettant un fonctionnement harmonieux	Respect de la propriété individuelle

Finalités poursuivies	Exemples
Organisation politique : disposer d'un système institutionnel pour gouverner les hommes	• Règles relatives aux élections • Respect des libertés publiques et des libertés individuelles
Organisation sociale : fournir à la société des règles qui en facilitent le fonctionnement et permettent de lutter contre certaines dérives considérées comme socialement non désirables	• Règles relatives à l'égalité hommes/femmes • Règles encadrant le mariage, le divorce, la procréation...

C) Les caractères de la règle de droit

1. Un caractère général et abstrait

La règle de droit a pour fonction de déterminer, concrètement, le comportement individuel. Elle s'appliquer à tous ceux qui se trouvent dans une situation déterminée.

Exemple

La majorité est fixée à 18 ans révolus ; à cet âge, chacun est capable d'exercer les droits dont il a la jouissance (article 1414 du Code civil). Conséquence : toute personne âgée de plus de 18 ans peut voter, prendre un logement indépendant, gérer ses biens, agir en justice, etc. Un étudiant peut décider seul de son orientation scolaire, demander à être destinataire de la correspondance le concernant (bulletins, convocations...).

2. Un caractère coercitif

L'existence d'une sanction, prévue et appliquée par la société, peut être considérée comme l'élément spécifique de la règle de droit. Sa mise en œuvre exige que des poursuites judiciaires ou administratives soient déclenchées par des représentants de l'État ou des particuliers, victimes des agissements reprochés. Nul ne pouvant se faire justice à lui-même, c'est par le biais de l'action en justice que la sanction de la règle de droit est donc mise en œuvre.

Exemple

L'action intentée par la victime d'un dommage lors d'un accident devant une juridiction civile vise à obtenir la reconnaissance du préjudice subi et, le cas échéant, sa réparation.

D) La règle de droit, la morale et l'éthique

Droit et **morale** entretiennent des rapports étroits. Ainsi, la norme qui interdit de tuer est à la fois juridique et morale ou **éthique** (et même religieuse). Toutefois, il convient de les distinguer (tab. 1.2).

Tableau 1.2. Contenus, sources et sanctions des règles juridiques, morales et éthiques

	Règle de droit	Règle morale	Éthique
Source	Législateur	Conscience individuelle ou collective	Charte ou code
But	Assurer l'ordre et la paix	Guider, donner une ligne de conduite	Indiquer le comportement à tenir dans une situation donnée
Sanction	Extérieure (peine, publicité)	Intérieure (conscience, estime)	Extérieure (pression collective, réputation)

→ CAS 4

2 Les branches du droit

A) Le droit public et le droit privé

1. Le droit public

Le **droit public** régit les rapports dans lesquels les personnes publiques sont intéressées (État, région, département…). Il comprend diverses branches (tab. 1.3).

Tableau 1.3. Les diverses branches du droit public

Droit constitutionnel	Il détermine les règles relatives à la forme de l'État, à ses organes, leurs pouvoirs et les rapports qu'ils entretiennent (ex. : les règles qui commandent l'élection du président de la république, des députés et des sénateurs).
Droit administratif	Il réglemente l'organisation des collectivités publiques (État, régions, départements…) et des services publics ainsi que leurs rapports avec les particuliers (ex. : droit de la fonction publique, réglementation des services publics).
Droit financier	Il comporte les règles relatives aux finances publiques (ex. : règles relatives à l'adoption du budget de l'État ou de la Sécurité sociale).
Droit pénal	Il institue et aménage le droit de punir tel qu'il appartient à la société et tel qu'il est exercé en son nom dans le cadre de la procédure pénale (ex. : règles relatives aux régimes juridiques des diverses infractions, régimes des sanctions).

2. Le droit privé

Le **droit privé**, divisé en plusieurs branches (tab. 1.4), régit les rapports des individus entre eux ou avec des personnes de droit privé.

Tableau 1.4. Les diverses branches du droit privé

Droit civil	Il détermine les personnes, sujets de droits, les droits privés de ces sujets ; comment ces personnes acquièrent, transmettent ou perdent leurs droits et obligations, et, enfin, comment sont sanctionnés ces rapports de droit privé notamment dans le cadre de la procédure civile (ex. : droit de la preuve, droit au mariage, droit de propriété).
Droit commercial	Il décrit et analyse le statut et les activités des entreprises industrielles et commerciales (ex. : droit des actes de commerce, droit des sociétés, droit de la propriété industrielle).
Droit du travail	Il regroupe les règles relatives aux rapports individuels et collectifs nés à l'occasion de la relation de travail (ex. : droit du contrat de travail, droit de la grève, droit de la durée du travail).
Droit de la sécurité sociale	Il organise les rapports entre les organismes de sécurité sociale et les assurés sociaux (ex. : réglementation applicable aux accidents du travail, règles relatives à la maternité, à la retraite, à la maladie).

B) Le droit national et le droit international

1. Le droit international public

Le **droit international** public règle les rapports des États entre eux (traités internationaux) ainsi que l'existence, la compétence et les pouvoirs des organisations internationales (ex. : Organisation des Nations unies, Organisation mondiale de la santé).

Pour un citoyen ressortissant d'un État membre de l'Union européenne, le droit européen joue un rôle de plus en plus important. Il concerne :

- les règles contenues dans les traités constitutifs. Ces règles forment le droit originaire (ex. : traité de Rome du 25 mars 1957 instituant la Communauté européenne, traité de Nice du 26 février 2001) ;
- les dispositions prises en vertu des traités. Ces secondes règles constituent le droit dérivé (ex. : règlements et directives).

2. Le droit international privé

Le droit international privé s'applique aux relations entre particuliers comportant un élément d'extranéité, c'est-à-dire un élément étranger. Il concerne essentiellement :

- La détermination de la loi applicable à des personnes entretenant des rapports alors qu'elles relèvent d'États différents (ex. : mariages mixtes).

Exemple

Ulysse, de nationalité grecque, et Julie, française, désirent se marier en France mais sans passer devant le maire. En effet, la loi grecque admet la validité de la seule célébration religieuse du mariage. En revanche, le droit français ne reconnaît que le mariage civil. Quelle loi faut-il appliquer à ces futurs époux ? Si les époux vivent en France, il faudra qu'ils passent devant le maire. En revanche, s'ils vivent en Grèce, la célébration religieuse suffira.

- La détermination des tribunaux applicables à un conflit entre des personnes étrangères (ex. : prêt non remboursé).

Exemple

Un Américain a acheté une maison en France. Il a souscrit un prêt auprès d'une banque française. Il décide de regagner son pays d'origine pour se marier. À partir de ce jour, il ne rembourse plus la banque à laquelle il doit encore la moitié des fonds. Doit-on le poursuivre devant les tribunaux américains ? Aux termes de l'article 14 du Code civil, « l'étranger, même non résidant en France, pourra être cité devant les tribunaux français, pour l'exécution des obligations par lui contractées en France avec un Français. » La banque française peut assigner au tribunal français son client américain.

- La détermination de la nationalité d'une personne et les règles juridiques qui s'appliquent aux étrangers.

Exemple

Pablo est né à Paris. Il a pour père Juan Echevit, né le 15 août 1990 à La Paz (Bolivie). Juan est arrivé en France voici deux ans. Il travaille dans une entreprise qui commercialise du matériel informatique. Ludivine, mère de Pablo, est française. Elle est née, il y a 19 ans, à Marseille. Quelle est la nationalité de Pablo ? Aux termes de l'article 18 du Code civil, « est français l'enfant, dont l'un des parents au moins est français ». Pablo est donc français car sa mère est française.

→ **APPLICATION 2 • CAS 3 • CAS 4 • COMMENTAIRE DE DOCUMENT 5**

DES SAVOIRS AUX COMPÉTENCES

Évaluer les savoirs — Maîtriser les compétences — Préparer l'épreuve

1 Quiz

Vérifiez l'exactitude des propositions ci-après et justifiez-les.

	Vrai	Faux
1. Le droit objectif détermine les droits d'une personne.	☐	☐
2. Le droit subjectif est l'ensemble des règles juridiques applicables à une société.	☐	☐
3. La règle de droit est sanctionnée par l'autorité publique.	☐	☐
4. La morale dit ce qui est juste.	☐	☐
5. L'éthique prend la forme de codes de conduite.	☐	☐
6. Le droit constitutionnel fait partie du droit national.	☐	☐
7. Le droit commercial fait partie du droit privé.	☐	☐
8. Le droit objectif est sanctionné.	☐	☐
9. Le droit du travail fait partie du droit public.	☐	☐
10. Le droit fiscal est une branche du droit administratif.	☐	☐
11. La règle de droit a un caractère personnel et général.	☐	☐
12. Le statut des étrangers est déterminé par le droit international privé.	☐	☐

2 À chacun sa branche ! ★★★

Rattachez les situations suivantes aux branches du droit concernées.

1. Un conflit entre deux personnes à propos d'un héritage.
2. La nomination d'un procureur de la République.
3. La vente d'un fonds de commerce de jeux vidéo.
4. Le non-paiement de l'impôt sur le revenu
5. Le licenciement d'un comptable.
6. La prise en charge des frais liés à un accident du travail.
7. La gestion des biens d'un mineur.

8. Une escroquerie.
9. Un conflit entre les associés de la SARL Rex Stout.
10. L'ouverture d'une succession.
11. Un conflit à propos de la prise en charge de frais d'hospitalisation.
12. Des injures proférées en public.
13. La publication d'une photo d'un chanteur célèbre giflant, dans les bureaux de son avocat, son ex-femme.
14. L'élection d'un député.
15. Un litige entre un fonctionnaire et son employeur, la mairie de Roanne.
16. La procédure d'élaboration du budget de la Sécurité sociale.
17. Des coups et blessures.
18. Le piratage d'un film.
19. Un vol de voiture.
20. Un conflit à propos de la construction d'un nouvel édifice public.

Évaluer les savoirs | Maîtriser les compétences | Préparer l'épreuve

3 Droit international ★★★

Compétence attendue **Identifier** les branches du droit applicables à une situation donnée

Rattachez les notions suivantes au droit international privé ou public en justifiant vos réponses.

1. La détermination de la nationalité d'un enfant né d'un Français et d'une Américaine.
2. La détermination de la nationalité d'une société.
3. Un conflit portant sur la détermination des eaux territoriales d'un pays.
4. Un contrat conclu entre un fournisseur français et son client allemand.
5. La procédure d'adoption d'un accord par l'Organisation mondiale du commerce (OMC).
6. L'entrée d'un nouvel État dans l'Union européenne.

4 Droit, morale ou éthique ★★★

Compétence attendue **Distinguer** la règle de droit des autres règles de la vie sociale

Classez les règles suivantes selon qu'elles sont d'ordre juridique, moral ou éthique.

1. L'interdiction de fumer dans les locaux publics.
2. L'engagement d'une entreprise à ne pas faire fabriquer ses vêtements par des sous-traitants employant des enfants.
3. Le respect des parents.
4. Le devoir d'aider ses ascendants ou descendants dans le besoin.
5. Le paiement de l'impôt sur le revenu.
6. La courtoisie.
7. La loyauté et l'absence de conflit d'intérêts.
8. Le fait de ne pas s'approprier le bien d'autrui
9. Le respect de la tranquillité d'autrui.
10. Le souci permanent de la qualité et du développement durable.

5 Commentaire de document : la protection des droits fondamentaux à l'ère du numérique ★★★

30 min

Compétences attendues
- **Distinguer** la règle de droit des autres règles de la vie sociale
- **Identifier** les branches du droit applicables à une situation donnée

En vous appuyant sur l'annexe et sur vos connaissances, répondez aux questions suivantes.

Rendez-vous MÉTHODE 4

Travail à faire

1. *Que faut-il entendre par « civilité » ?*
2. *À quelles mutations technologiques le texte fait-il référence ?*
3. *À quels droits fondamentaux les mutations technologiques portent-elles atteinte ? Illustrez vos propos à l'aide d'exemples.*
4. *Justifiez l'intervention du législateur dans ce contexte.*

Annexe

Intervention de Jean-Marc Sauvé, vice-président du Conseil d'État, remise des prix de thèse de la Fondation Varenne, 2017

En 1998, le Conseil d'État assignait à son rapport consacré à « Internet et les réseaux numériques » un objectif tendant à faire de ces derniers un espace de « civilité mondiale », la civilité étant ici entendue comme « l'art de vivre bien ensemble ». Près de vingt ans après l'adoption de cette étude, le formidable essor d'internet, des réseaux sociaux et des plateformes numériques interroge toujours notre capacité à placer ces technologies au service de la collectivité, sans porter une atteinte excessive ou irréversible à certains droits fondamentaux ou intérêts légitimes publics ou privés. Ces mutations technologiques portent en effet en elles la promesse de progrès, d'innovations et de transformations positives dont il faut se saisir. Mais elles se traduisent également par des bouleversements majeurs dans tous les domaines de la vie économique et sociale : la vie privée, les relations de travail, la santé, le droit à l'image… Par la multitude de personnes qu'elles peuvent simultanément mettre en relation, les plateformes numériques opèrent un changement d'échelle dans ce qui était déjà une révolution. Elles accélèrent la transformation économique et sociale ; elles bouleversent les équilibres de l'économie traditionnelle ; elles modifient les façons de penser et d'agir des personnes, des entreprises et des pouvoirs publics et elles font émerger une nouvelle forme d'organisation fondée sur des réseaux d'individus égaux et connectés entre eux et non plus sur l'appartenance à des ensembles hiérarchisés, plus ou moins étanches.

Pour mettre ce « nouvel imaginaire qui domine nos sociétés au service d'une nouvelle « civilité mondiale », ces mutations technologiques doivent être régulées par la puissance publique et les opérateurs privés eux-mêmes. Elle doit s'accompagner d'une transformation juridique profonde qui garantisse l'équilibre entre les intérêts en présence et la protection des droits et des libertés au fondement de notre État de droit. […]

En premier lieu, elle catalyse et amplifie l'exercice de certains droits. C'est, au premier chef, le cas de la liberté d'expression et de communication et de l'accès à l'information. Là où les médias dits « traditionnels » agissaient comme un filtre en fonction de leurs lignes éditoriales et de la qualité des contenus proposés, internet permet l'émergence de plateformes numériques hébergeant, sans aucun contrôle *a priori*, ni intermédiation, toutes sortes de contenus émanant de personnes qui ne sont plus nécessairement des professionnels de la diffusion d'informations et d'opinions, mais de simples particuliers. Sur Facebook ou Twitter, par exemple, mais aussi sur des sites qu'elle a elle-même créés, chaque personne peut en effet s'exprimer, diffuser des informations ou émettre des opinions et des critiques. Les propos diffusés bénéficient d'une portée potentiellement planétaire, aucune barrière, autre que la langue ou la notoriété de l'émetteur, ne faisant en théorie obstacle à ce que chacun puisse accéder aux contenus mis en ligne à l'autre bout du monde. Cette « conversation mondiale sans fin […], ne favorise pas seulement la liberté d'opinion ; elle facilite également l'exercice de la liberté, contenue dans la liberté d'expression, de recevoir et d'accéder à des informations ou des idées. Cette liberté bénéficie d'une ampleur

•••
accrue compte tenu de la dimension planétaire et transfrontalière d'internet. En cela, internet concourt à l'affermissement de l'une des libertés les plus fondamentales de l'homme : la libre communication des pensées et des opinions [...].

En second lieu, la révolution numérique fait émerger, en parallèle, des risques nouveaux ou accrus pour certains droits fondamentaux. Le droit au respect de la vie privée et familiale est l'exemple typique des risques dont l'ampleur a été accrue par le développement d'internet. Internet encourage en effet une inquiétante « hypermnésie » [mémoire exceptionnelle] collective. Les facilités de publication en ligne engendrent des effets potentiellement néfastes pour la réputation des individus. Ces effets sont renforcés par les capacités de collecte et de stockage et la puissance des traitements de données permettant des rapprochements de renseignements auparavant impossibles ou très difficiles à réaliser. Car les données concernées peuvent être erronées, collectées et conservées de manière injustifiée ou disproportionnée et, de surcroît, elles sont susceptibles de révéler, sur chaque personne, des habitudes, des préférences, des faiblesses de toutes natures ou, tout simplement, des opinions susceptibles d'être utilisées contre ces personnes dans leur vie professionnelle ou leur accès aux biens et services, le crédit ou l'assurance, par exemple. Les données qui font « apparaître, directement ou indirectement, les origines raciales ou ethniques, les opinions politiques, philosophiques ou religieuses, ou l'appartenance syndicale » ou sont relatives à la santé ou la vie sexuelle d'une personne, sont à cet égard particulièrement sensibles, dès lors que leur traitement est susceptible de faciliter la surveillance ou le contrôle généralisé des individus ou de servir des intérêts privés, professionnels, commerciaux, voire purement malveillants.

SYNTHÈSE

Le droit : finalités, règles et branches

Le droit objectif et les droits subjectifs

- Droit objectif : ensemble des règles sociales gouvernant les rapports des hommes entre eux ou avec la puissance publique.
- Droits subjectifs : prérogatives reconnues par le droit objectif aux personnes et dont elles peuvent se prévaloir auprès de l'autorité publique.

Règles de droit → appliquées à → **Un individu** → **Droits subjectifs**

Loi de juillet 1974 fixant la majorité à 18 ans → Pierre, né le 21 septembre 2000 → Pierre est majeur le 22 septembre 2018. Il dispose de tous ses droits, notamment le droit de vote

Les caractères de la règle de droit

La règle de droit est :

- Générale et abstraite. Elle s'applique indistinctement à toutes les personnes qui se trouvent dans la situation que la règle a voulu organiser.
- Coercitive. Elle s'impose sous peine de sanctions prononcées par les tribunaux.

Le droit public et le droit privé

	Droit public	Droit privé
Objet	• Organisation et fonctionnement des pouvoirs publics. • Relations des pouvoirs publics avec les personnes privées.	Relations des personnes privées entre elles
But	Satisfaction de l'intérêt général	Satisfaction des intérêts privés
Caractère	Impératif	Souvent supplétif
Juridictions compétentes	Ordre administratif	Ordre judiciaire

Droit public

- **Droit constitutionnel** : Règles relatives à la forme de l'État, ses pouvoirs, ses organes et leurs rapports.
- **Droit administratif** : Règles relatives à l'organisation des collectivités publiques et des services publics, ainsi que leurs rapports avec les particuliers.
- **Droit financier** : Règles relatives aux finances publiques.
- **Droit pénal** : Règles qui déterminent les faits répréhensibles et leurs sanctions.

Droit privé

- **Droit civil** : Règles relatives aux personnes, aux biens, la famille, les contrats, la responsabilité…
- **Droit commercial** : Règles applicables à l'exercice de la profession commerciale.
- **Droit du travail** : Réglementation des rapports entre employeurs privés et salariés à l'occasion du travail.
- **Droit de la Sécurité sociale** : Réglementation des rapports entre les assurés, les assujettis et les organismes de Sécurité sociale.

Le droit national et le droit international

Droit national : Réglemente les rapports sociaux à l'intérieur d'un État.

Droit international : Réglemente les relations présentant des liens entre plusieurs États.

- **Droit européen** : Concerne les institutions de l'Union européenne et les dispositions prises en vertu des traités.
- **Droit international public** : Règle les rapports entre des États, et les compétences des organisations internationales.
- **Droit international privé** : Organise les rapports entre des ressortissants qui relèvent d'États différents.

CHAPITRE 2 Les sources du droit

PROGRAMME

Compétences attendues

- **Identifier** et **distinguer** les différentes sources du droit
- **Repérer** un conflit de normes et **expliciter** sa résolution dans une situation donnée
- **Différencier** les principales catégories de loi
- **Schématiser** les étapes du processus de l'élaboration d'une loi ordinaire
- **Identifier** les contrôles de constitutionnalité d'une loi

Savoirs associés

- Les sources internationales du droit
- Les différentes sources de droit européen : droit primaire et dérivé du droit de l'Union européenne (directives et règlements)
- Les sources nationales du droit
- Le principe de hiérarchie des normes
- Le rôle du pouvoir législatif et exécutif dans l'initiative d'une loi ordinaire
- Les prérogatives du pouvoir exécutif dans le processus de vote de la loi
- Le contrôle de conventionalité et de constitutionnalité de la loi

LIEN AVEC LE DCG 5

§4.3. L'appartenance à l'Union européenne influence-t-elle la conduite de la politique économique des pays membres ?

PLAN DU CHAPITRE

Cours : 1. Les sources internationales et européennes • 2. Les sources nationales • 3. La hiérarchie des normes et son contrôle

Des savoirs aux compétences : Évaluer les savoirs • Maîtriser les compétences • Préparer l'épreuve

Synthèse

Le droit objectif regroupe l'ensemble des règles de droit qui gouvernent les rapports humains. Les sources nationales ont été longtemps présentées comme les principales sources du droit objectif français. Du droit des affaires au droit civil, cette approche a évolué avec l'intégration européenne et le développement des relations internationales La hiérarchie des normes s'en est trouvée bouleversée.

MOTS-CLÉS

Bloc de constitutionnalité • Contrôle de conventionalité • Contrôle de constitutionnalité • Conventions et accords collectifs • Doctrine • Jurisprudence • Ordonnances • Règlement • Traité

1 Les sources internationales et européennes

A) Le droit international

L'entrée en vigueur d'un traité en France est subordonnée à sa ratification ou à son approbation et à sa publication au *Journal officiel* (JO).

Définition

Les **traités** internationaux (ex. : Convention de Genève du 27 juillet 1929 sur le traitement des prisonniers de guerre, charte constitutive de l'OMC d'avril 1994) sont des accords entre États souverains fixant des règles obligatoires pour les situations relevant du champ d'application de ces traités.

Le pouvoir de ratifier ou d'approuver les traités est attribué au président de la République. Certains traités ne peuvent être ratifiés ou approuvés qu'en vertu d'une loi (ex. : traités de commerce ou engageant les finances de l'État).

B) Le droit européen

1. Les principes du droit européen

Deux principes juridiques expliquent l'imbrication du droit européen et du droit national :

- La primauté du droit européen. Le droit européen est supérieur au droit national ; il institue un corps de règles juridiques propres intégrées au système juridique de chaque État membre.
- L'effet direct. Le droit européen crée des droits et des obligations qui s'appliquent directement aux ressortissants des États membres. Ainsi, devant le juge de son pays, un citoyen français peut faire écarter une règle nationale non compatible avec le droit européen.

2. Le droit européen primaire

Contenu. Le droit européen primaire (ou originaire) se situe au sommet de l'ordre juridique européen. Il comprend pour l'essentiel les traités constitutifs de l'Union européenne. Ces traités encadrent la mise en œuvre des politiques des institutions européennes, énoncent la répartition des compétences entre l'Union et les États membres et fondent le pouvoir des institutions.

Principaux traités. À l'origine, le processus de construction européenne reposait sur trois traités : le traité instituant, en 1951, la Communauté européenne du charbon et de l'acier (CECA) et les deux traités de Rome instituant, en 1957, l'un la Communauté européenne de l'énergie atomique (CEEA, Euratom), l'autre la Communauté économique européenne (CEE, marché commun). Viennent s'ajouter les modifications intervenues ultérieurement, essentiellement l'acte unique européen (17 et 22 février 1986) et le traité sur l'Union européenne (TUE) signé à Maastricht le 7 février 1992. L'ensemble de ces traités forme aujourd'hui le TFUE.

3. Les sources du droit européen dérivé

Les sources dérivées sont constituées par des éléments du droit fondé sur les traités :

- Le règlement a une portée générale. Il s'adresse à des catégories de personnes envisagées de manière générale et abstraite.
- La directive a pour seuls destinataires les États qu'elle lie quant au résultat à atteindre tout en leur laissant la compétence pour la forme et les moyens.
- La décision est un acte individuel qui s'adresse à des personnes (particuliers et États membres) désignées.

L'applicabilité diffère selon le type d'acte et son origine (tab. 2.1).

Tableau 2.1. Règlement, directive et décision

	Application	Auteur	Exemple
Règlement	• Publication au *Journal officiel de l'Union européenne* (JOUE), opposable à tous • Directement applicable dans l'UE	Selon les cas : • Conseil/Commission • Conseil et Parlement	Règlement (CE) n° 834/2007 sur les produits biologiques
Directive	• Publication au *JOUE*, opposable à tous • Encadrement de la liberté des États (respect du délai de mise en œuvre, choix des formes et moyens)		Directive n° 02/06 sur le système LMD (licence, master, doctorat)
Décision	Obligatoire dans tous ses éléments, elle confère des droits et des obligations.		Décision n° 2003/33/CE sur l'admission des déchets dans les décharges, conformément à l'article 16 et à l'annexe II de la directive 1999/31/CE

→ APPLICATION 2 • CAS 3

2 Les sources nationales

A) Le bloc de constitutionnalité

Le **bloc de constitutionnalité** englobe, outre la Constitution de 1958, le préambule de la Constitution de 1946, la Déclaration des droits de l'homme et du citoyen de 1789, la Déclaration universelle des droits de l'homme de 1948, la convention européenne de sauvegarde des droits de l'homme de 1950. Sont également intégrés dans ce bloc des « principes fondamentaux reconnus par les lois de la République » (ex. : sauvegarde de la dignité de la personne humaine contre toute forme d'asservissement et de dégradation, respect des droits de la défense).

La Constitution fixe les compétences des autorités de l'État auxquelles aucune autre autorité ne peut porter atteinte. Elle définit les pouvoirs publics, régit leurs rapports et organise les relations entre gouvernants et gouvernés.

B) La loi

1. Les principales catégories de lois

Texte voté par le Parlement (fig. 2.1), la loi peut prendre plusieurs formes :

- Les lois constitutionnelles (Constitution, art. 89) modifient la Constitution. Elles sont adoptées par le Congrès (Assemblée nationale et Sénat réunis) ou par référendum.
- Les lois référendaires (Constitution, art. 11) sont adoptées par référendum, à l'initiative du président de la République, sur proposition du gouvernement (proposition de loi), ou d'une des deux assemblées (projet de loi). Depuis la révision constitutionnelle de 2008, un cinquième des parlementaires soutenu par un dixième des électeurs inscrits sur les listes électorales peuvent être à l'initiative d'une proposition de loi référendaire.
- Les lois organiques (Constitution, art. 46) précisent l'organisation et le fonctionnement des pouvoirs publics de conformément à la Constitution. Une majorité absolue des membres de l'Assemblée est requise pour leur adoption en cas de désaccord du Sénat, l'accord de ce dernier étant obligatoire pour les lois organiques qui le concernent. Le Conseil constitutionnel est automatiquement saisi.
- Les lois ordinaires interviennent dans les domaines définis à l'article 34 et sont adoptées à l'issue de la navette parlementaire.

La loi est :

- impérative (ou d'ordre public) lorsque l'on ne peut pas y déroger par des conventions particulières (ex. : bail commercial ↪ chapitre 11) ;
- supplétive lorsqu'elle ne s'applique qu'à défaut d'une manifestation contraire de volonté des parties (ex. : communauté légale ↪ chapitre 7).

FOCUS **Prérogatives du pouvoir exécutif dans le processus de vote d'une loi**

Le Premier ministre exerce un rôle important dans la procédure législative :
– il dispose de l'initiative des lois (à l'exception des projets de lois constitutionnelles qui relève du président de la République) ;
– il intervient dans la procédure en choisissant l'assemblée devant laquelle est déposé le projet de loi (exceptions : projets de loi de finances et de loi de financement de la sécurité sociale soumis en premier lieu à l'Assemblée nationale, projets de loi ayant pour principal objet l'organisation des collectivités territoriales soumis en premier lieu au Sénat) ;
– il maîtrise une partie de l'ordre du jour du Parlement, choisit les amendements déposés au nom du gouvernement et peut engager des procédures spécifiques (procédure accélérée, convocation d'une commission mixte paritaire, « vote bloqué » – Constitution, art. 44.3, recours à l'article 49.3, etc.).
Certains de ces pouvoirs sont cependant exercés, au cours de la discussion de chaque texte, par le ministre en charge du texte.

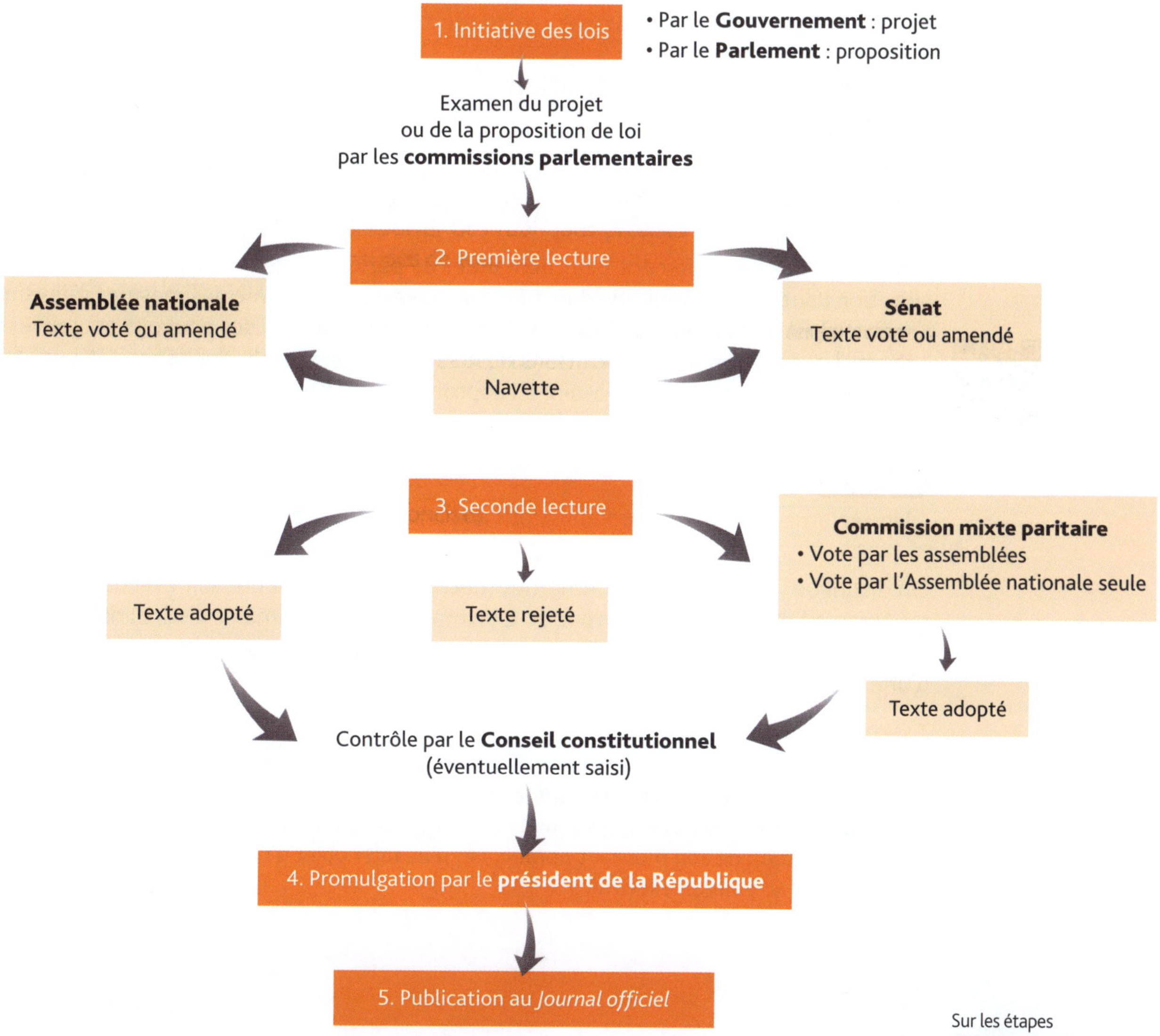

Figure 2.1. Processus d'élaboration d'une loi ordinaire

Sur les étapes d'élaboration d'une loi :

https://goo.gl/H92QUV

Le pouvoir exécutif joue un rôle-clé dans l'agenda parlementaire.

2. Le domaine de la loi ordinaire

La Constitution distingue deux sous-domaines :

– certains sont entièrement réservés à la loi (ex. : assiette, taux et modalités de l'impôt) ;
– d'autres ne sont que partiellement réservés à la loi. Le Parlement est seulement qualifié pour poser « les principes fondamentaux » (ex. : régime de la propriété, droit du travail, droit syndical et de la Sécurité sociale).

L'article 34 de la Constitution distingue également des lois qui présentent des traits originaux : les lois de finances, les lois de financement de la Sécurité sociale et les lois de programme.

CHIFFRES-CLÉS

L'Assemblée nationale, ce sont **35** séances et **240** propositions de loi (Assemblée nationale, session 2016-2017).

C) Les textes émanant du pouvoir réglementaire

1. Les ordonnances (Constitution, art. 38)

Définition

Une **ordonnance** est une mesure prise par le gouvernement dans des matières relevant normalement du domaine de la loi.

Sur le processus d'adoption d'une ordonnance : https://goo.gl/9tM9h6

Procédure. Le gouvernement peut demander au parlement de voter une loi dite d'habilitation l'autorisant, pour une durée limitée à prendre lui-même des mesures relevant normalement du domaine de la loi. Le Parlement délègue ainsi ses pouvoirs au gouvernement pour prendre des dispositions qu'il estime urgentes. L'ordonnance est ensuite soumise à la ratification, c'est-à-dire à l'approbation du Parlement.

2. Les règlements

Définition

Un **règlement** est un acte administratif de portée générale.

On distingue les règlements autonomes (décrets émanant du pouvoir exécutif ou arrêtés émanant d'un ministre, d'un préfet, d'un maire) dans un domaine distinct du domaine de la loi et les règlements ou décrets d'application, mesures permettant l'application d'une loi.

Exemple

- En droit du travail, la loi prévoit que le salaire minimum de croissance (Smic) assure aux salariés dont les rémunérations sont les plus faibles la garantie de leur pouvoir d'achat et une participation au développement économique de la nation. La mise en œuvre du Smic exige la fixation de son montant horaire, laquelle fait l'objet d'un règlement d'application et incombe au pouvoir exécutif.

D) La jurisprudence

Définition

La **jurisprudence** recouvre l'ensemble des solutions contenues dans les décisions rendues par les cours et tribunaux.

Consultation de la jurisprudence : www.legifrance.gouv.fr

Dans les cas qui lui sont soumis, le juge a le devoir de statuer, c'est-à-dire de trancher les contestations, en appliquant la règle de droit appropriée à la situation de fait qui lui est soumise. Il peut interpréter la règle de droit existante ou combler un vide juridique.

E) Les textes émanant des milieux professionnels

1. Les normes collectivement négociées

Définition

Des **conventions et accords collectifs** sont négociés par les partenaires sociaux (employeurs et organisations syndicales représentatives de salariés), au niveau des branches professionnelles, des groupes, des entreprises ou des établissements.

Les conventions et accords collectifs organisent les conditions d'emploi, de formation professionnelle, de travail ainsi que les garanties sociales (ex. : temps de travail hebdomadaire, indemnités de licenciement, salaires...).

2. Les usages de la vie des affaires

Quand la loi fait défaut ou qu'elle est imprécise, le droit résulte de l'usage qui devient coutume lorsqu'il est suffisamment constant et régulier (ex. : versement d'un treizième mois).

3. La doctrine

Définition

La **doctrine** recouvre la littérature juridique et les opinions émises sur le droit par ses spécialistes : professeurs, magistrats, avocats...

La doctrine ne revêt aucune valeur obligatoire. En revanche, quand elles sont suffisamment étayées, les analyses juridiques peuvent influencer les juges et inspirer le législateur.

→ CAS 3 • COMMENTAIRE DE DOCUMENT 5 • CAS 6 • COMMENTAIRE DE DOCUMENT 7

3 La hiérarchie des normes et son contrôle

A) La conformité des traités à la Constitution

Les traités doivent être conformes à la Constitution (fig. 2.2) qui prévoit la primauté du droit international sur le droit interne. Si tel n'est pas le cas, il faut, avant toute ratification ou approbation de l'engagement international, réviser la Constitution (art. 54).

Sur la conformité des traités à la Constitution :

https://goo.gl/Rw6utG

B) Le contrôle de constitutionnalité

Le Conseil constitutionnel **contrôle la constitutionnalité** des lois et des traités et intègre dans son champ d'investigation l'ensemble des textes précités :

- soit par voie d'action, s'il est saisi par le pouvoir exécutif ou à la demande de soixante députés ou sénateurs avant la promulgation d'une loi ;
- soit par voie d'exception, s'il est saisi par des justiciables qui contestent un litige en cours devant une juridiction française (question prioritaire de constitutionnalité-QPC).

Sur la QPC :

https://goo.gl/Jcqfzr

Exemple

- Examen de la conformité aux droits et libertés que la Constitution garantit à la suite d'une sanction fiscale.

C) Le contrôle de conventionalité

Les lois doivent être conformes aux traités (fig. 2.2). Le **contrôle de conventionalité** est effectué par les juridictions ordinaires sous l'autorité de la Cour de cassation et du Conseil d'État, juridictions supérieures dans l'ordre judiciaire et administratif.

Exemple

- Contrôler la conformité des lois à la Convention européenne des droits de l'homme est une tâche quotidienne des juridictions judiciaires et administratives. Celles-ci n'hésitent plus à écarter la loi ou le règlement qu'elles estiment contraire à la Convention.

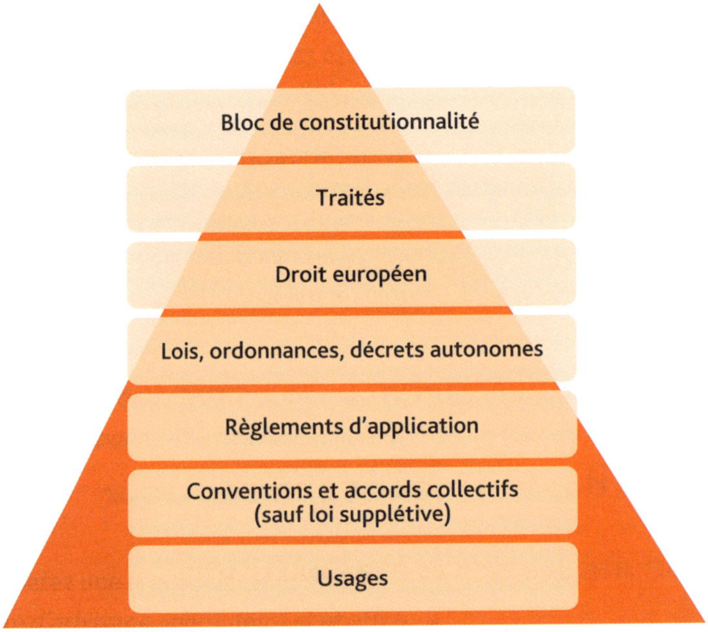

Figure 2.2. **Pyramide de la hiérarchie des normes**

→ CAS 4 • CAS 5 • CAS 6 • CAS 7 • COMMENTAIRE DE DOCUMENT 8

DES SAVOIRS AUX COMPÉTENCES

Évaluer les savoirs | Maîtriser les compétences | Préparer l'épreuve

1 QCM

Pour chaque proposition, une ou plusieurs réponses sont possibles. Justifiez-les.

1. Le droit européen originaire :
   a. désigne pour l'essentiel les traités fondateurs des communautés et de l'Union. ☐
   b. est l'ensemble des textes pris par les instances européennes. ☐
   c. est le traité de fonctionnement de l'Union européenne. ☐

2. Une directive européenne a été adoptée et publiée au *JOUE* le 25 janvier de cette année. Elle octroie aux États membres deux ans pour s'y conformer :
   a. elle est applicable dans l'UE dès sa publication. ☐
   b. elle est applicable dans un État membre lorsqu'elle est transposée. ☐
   c. elle est applicable dans l'UE à l'expiration du délai de deux ans accordés pour sa transposition dans les droits nationaux. ☐

3. Le règlement européen :
   a. s'applique directement dans tous les États de l'UE. ☐
   b. est soumis au processus de ratification par chaque État membre. ☐
   c. n'est pas obligatoire. ☐
   d. s'applique de manière différente selon les États membres. ☐

4. Une loi a force obligatoire à compter :
   a. de sa promulgation. ☐
   b. de sa publication. ☐
   c. du contrôle par le Conseil constitutionnel. ☐

5. Dans la hiérarchie des normes :
   a. les traités sont supérieurs à la Constitution. ☐
   b. la loi est supérieure au règlement. ☐
   c. les conventions collectives doivent être conformes à la loi. ☐

6. Le Conseil constitutionnel :
   a. vérifie la conventionalité des lois. ☐
   b. est garant de la Constitution. ☐
   c. ne peut être saisi que par le pouvoir exécutif. ☐

7. Le contrôle de conventionalité est :
   a. le contrôle des conventions collectives. ☐
   b. exercé par l'ensemble des juridictions. ☐
   c. effectué par la Cour de cassation et le Conseil d'État. ☐

2 L'accord de Paris sur le climat ★★★

Compétence attendue **Identifier** et **distinguer** les différentes sources du droit

En vous appuyant sur vos connaissances et sur l'annexe, répondez aux questions ci-après.

1. *Quel est l'objet de l'accord de Paris ?*
2. *À quelle catégorie de textes juridiques rattachez-vous cet accord ? Justifiez votre réponse.*
3. *Quels sont les pays qui devront appliquer cet accord ?*
4. *À quelle condition l'accord a-t-il été rendu applicable en France ?*
5. *Selon vous, le président français pourrait-il, à l'instar de Donald Trump, décider du retrait de la France de cet accord ? Pourquoi ?*

Annexe

L'accord de Paris

L'accord de Paris sur le climat a été conclu le 12 décembre 2015 à l'issue de la 21e conférence des Parties (COP 21) à la convention-cadre des Nations unies sur les changements climatiques (CCNUCC). Il est entré en vigueur le 4 novembre 2016, moins d'un an après son adoption.

L'objectif de l'accord de Paris est de renforcer la réponse globale à la menace du changement climatique, dans un contexte de développement durable et de lutte contre la pauvreté, notamment en :

- contenant l'élévation de la température moyenne de la planète nettement en dessous de 2 °C par rapport aux niveaux préindustriels et en poursuivant l'action menée pour limiter l'élévation des températures à 1,5 °C par rapport aux niveaux préindustriels, étant entendu que cela réduirait sensiblement les risques et les effets des changements climatiques ;
- renforçant les capacités d'adaptation aux effets néfastes des changements climatiques et en promouvant la résilience à ces changements et un développement à faible émission de gaz à effet de serre, d'une manière qui ne menace pas la production alimentaire ;
- rendant les flux financiers compatibles avec un profil d'évolution vers un développement à faible émission de gaz à effet de serre et résilient aux changements climatiques.

En France, la loi du 15 juin 2016 en a autorisé la ratification. Au 7 novembre 2017, 194 pays et l'UE avaient signé l'accord. Le Nicaragua, en octobre 2017, et la Syrie, en novembre, ont annoncé qu'ils allaient le signer. À l'inverse, le président Donald Trump a annoncé le 1er juin 2017 que les États-Unis se retiraient de l'accord.

Source : www.vie-publique.fr

3 Environnement : que disent les textes européens ? ★★★

Compétence attendue **Identifier** et **distinguer** les différentes sources du droit

1. *Précisez l'objet, les destinataires, les modalités d'entrée en vigueur et la qualification (directive ou règlement) de chacune des annexes. Justifiez votre réponse.*
2. *Un ressortissant d'un pays de l'UE peut-il se prévaloir du premier texte (annexe 1) dès sa publication au JOUE ? Justifiez votre réponse.*
3. *Un ressortissant d'un pays de l'UE peut-il se prévaloir du second texte (annexe 2) dès sa publication au JOUE ? Justifiez votre réponse.*

Annexe 1

Extrait du texte du Conseil du 25 juin 2018 modifiant le règlement (UE) 2018/120 en ce qui concerne certaines possibilités de pêche (*JOUE*, n° L 163, 28 juin 2018)

Le Conseil de l'Union européenne,

Vu le traité sur le fonctionnement de l'Union européenne, et notamment son article 43, paragraphe 3,

Vu la proposition de la Commission européenne,

Considérant ce qui suit :

(1) Le [texte] (UE) 2018/120 du Conseil établit les possibilités de pêche pour 2018 pour certains stocks halieutiques et groupes de stocks halieutiques applicables dans les eaux de l'Union et, pour les navires de l'Union, dans certaines eaux n'appartenant pas à l'Union.

(2) Lors de la 12e réunion de la Conférence des parties à la Convention sur la conservation des espèces migratrices appartenant à la faune sauvage, le requin-baleine (*Rhincodon typus*) a été ajouté à l'annexe I de ladite convention. Cette espèce devrait par conséquent être inscrite sur les listes des espèces interdites.

[Le texte entre en vigueur] le jour suivant celui de sa publication au *Journal officiel de l'Union européenne.*

Il est applicable à partir du 1er janvier 2018, à l'exception des points 1) et 2) de l'article 1er qui s'appliquent à compter de la date d'entrée en vigueur du présent règlement.

Le présent règlement est obligatoire dans tous ses éléments et directement applicable dans tout État membre.

Fait à Luxembourg, le 25 juin 2018, par le Conseil

Annexe 2

Extrait du texte européen du 30 mai 2018 du Parlement et du Conseil

Article premier. Objet et champ d'application. Le [présent texte] établit des mesures visant à protéger l'environnement et la santé humaine par la prévention ou la réduction de la production de déchets et des effets nocifs de la production et de la gestion des déchets, et par une réduction des incidences globales de l'utilisation des ressources et une amélioration de l'efficacité de cette utilisation, qui sont essentielles pour la transition vers une économie circulaire et la compétitivité à long terme de l'Union. [...]

Transposition

1. Les États membres mettent en vigueur les dispositions législatives, réglementaires et administratives nécessaires pour se conformer [au présent texte] au plus tard le 5 juillet 2020. Ils en informent immédiatement la Commission. [...]

2. Les États membres communiquent à la Commission le texte des dispositions essentielles de droit interne qu'ils adoptent dans le domaine couvert par la présente directive. La Commission en informe les autres États membres.

Article 3. Entrée en vigueur. Le vingtième jour suivant celui de sa publication au Journal officiel de l'Union européenne.

Article 4. Destinataires. Les États membres sont destinataires de la présente directive.

Fait à Strasbourg, le 30 mai 2018, par le Parlement européen et le Conseil.

4 La réduction du nombre de parlementaires ★★★

Compétence attendue **Différencier** les principales catégories de loi

En vous appuyant sur vos connaissances, répondez aux questions ci-après portant sur l'annexe.

1. *Relevez, dans le texte, les différents types de loi.*

2. *Rappelez l'objet des différentes lois.*

3. *Justifiez, dans le cas exposé, le recours à ces différents types de loi.*

Annexe

La réforme constitutionnelle

Des projets de loi [qui] constituent les deuxième et troisième volets de la réforme institutionnelle initiée par le projet de loi constitutionnelle pour une démocratie plus représentative, responsable et efficace [ont été] présentés le 9 mai 2018 en Conseil des ministres.

Le projet de loi organique prévoit une réduction des effectifs de parlementaires de 30 %. Il fixe à 404 le nouvel effectif des députés (contre 577 actuellement) et à 244 celui des sénateurs (contre 348 actuellement). Cette mesure implique le renouvellement de tous les sénateurs lors des prochaines élections sénatoriales en 2021.

...

…
La réduction du nombre de parlementaires impliquera de déterminer le nombre de députés et de sénateurs élus par département, par collectivité d'outre-mer, en Nouvelle-Calédonie et au titre des Français établis hors de France, ainsi que d'arrêter une nouvelle délimitation des circonscriptions législatives (redécoupage électoral). Le projet de loi ordinaire habilite le Gouvernement, dans un délai de dix-huit mois à compter de la publication de la loi, à procéder par ordonnances à cette opération.

Source : www.vie-publique.fr

5 QPC et vaccination ★★★

Compétence attendue **Identifier** les contrôles de constitutionnalité d'une loi

En vous appuyant sur vos connaissances, répondez aux questions ci-après portant sur l'annexe.

1. *Qu'est-ce qu'une question prioritaire de constitutionnalité ou QPC ?*
2. *Pour quel motif le Conseil constitutionnel a-t-il été saisi ?*
3. *Quelle est la décision du Conseil constitutionnel ? Expliquez cette décision.*

Annexe 1

La question prioritaire de constitutionnalité (QPC)

La réforme constitutionnelle du 23 juillet 2008, entrée en vigueur le 1er mars 2010, a élargi les modalités de saisine du Conseil constitutionnel en prévoyant, dans un nouvel article 61-1 de la Constitution, une possible contestation de la constitutionnalité des lois par les justiciables : c'est ce qu'on appelle aujourd'hui couramment la question prioritaire de constitutionnalité (QPC). [...]. Auparavant, la contestation de la constitutionnalité des lois devait être formulée immédiatement après le vote de la loi et avant que celle-ci ne soit promulguée par le président de la République ; celui-ci ne pouvait alors promulguer la loi qu'après le feu vert du Conseil constitutionnel. Désormais, lorsque, à l'occasion d'une instance en cours devant une juridiction, il est soutenu qu'une disposition législative porte atteinte aux droits et libertés que la Constitution garantit, le Conseil constitutionnel peut être saisi de cette question sur renvoi du Conseil d'État ou de la Cour de cassation. [...]

Source : M. Fabre-Magnan, *Introduction générale au droit,* Collection « Licence droit », PUF, 2012, p. 71 à 73 (extraits).

Annexe 2

Obligation de vaccination : ce que dit le Conseil constitutionnel

Dans une décision du 20 mars 2015 concernant l'obligation de vaccination antidiphtérique, antitétanique et antipoliomyélitique pour les enfants mineurs, le Conseil constitutionnel a considéré cette vaccination obligatoire des enfants conforme à la Constitution.

Le Conseil a jugé que le législateur peut définir une politique de vaccination afin de protéger la santé individuelle et collective et lutter contre ces trois maladies très graves.

La vaccination contre la diphtérie, le tétanos et la poliomyélite (DTP) est obligatoire ou simplement recommandée selon l'âge et la situation de la personne. La simple négligence ou le refus de vaccination peut entraîner des sanctions. Pour toute inscription d'un enfant en collectivité (crèche ou école notamment), le vaccin DTP doit être effectué (sauf contre-indication médicale).

Source : Direction de l'information légale et administrative (Premier ministre)

Annexe 3

Onzième alinéa du Préambule de la Constitution de 1946

Elle [la Constitution] garantit à tous, notamment à l'enfant, à la mère et aux vieux travailleurs, la protection de la santé, la sécurité matérielle, le repos et les loisirs. Tout être humain qui, en raison de son âge, de son état physique ou mental, de la situation économique, se trouve dans l'incapacité de travailler a le droit d'obtenir de la collectivité des moyens convenables d'existence.

6 L'entreprise Augustin ★★★

Compétence attendue **Repérer** un conflit de normes et **expliciter** sa résolution dans une situation donnée

La société Augustin fabrique et commercialise des biscuits. Elle emploie 57 salariés. Léopoldine vient d'être embauchée sur un poste d'assistante commerciale. Elle a cru comprendre que la société payait les heures supplémentaires au taux légal prévu au Code du travail. Au cours d'une discussion avec son collègue Louis, celui-ci lui dit que les heures supplémentaires sont toutes majorées de 15 %, ce qui est prévu dans la convention collective dont dépend l'entreprise. Léopoldine s'en étonne et demande à une autre collègue Sofia qui lui dit qu'il est d'usage dans l'entreprise de récupérer les heures supplémentaires en temps de repos.

À l'aide de vos connaissances et des documents annexés, vous indiquerez comment les heures supplémentaires de Léopoldine seront rémunérées par la société Augustin.

Annexe 1

Extraits du Code du travail

Article L. 3121-28. Toute heure accomplie au-delà de la durée légale hebdomadaire ou de la durée considérée comme équivalente est une heure supplémentaire qui ouvre droit à une majoration salariale ou, le cas échéant, à un repos compensateur équivalent.

Article L. 3121-33. I. Une convention ou un accord collectif d'entreprise ou d'établissement ou, à défaut, une convention ou un accord de branche : 1° Prévoit le ou les taux de majoration des heures supplémentaires accomplies au-delà de la durée légale ou de la durée considérée comme équivalente. Ce taux ne peut être inférieur à 10 % [...].

Article L. 3121-36. À défaut d'accord, les heures supplémentaires accomplies au-delà de la durée légale hebdomadaire fixée à l'article L. 3121-27 ou de la durée considérée comme équivalente donnent lieu à une majoration de salaire de 25 % pour chacune des huit premières heures supplémentaires. Les heures suivantes donnent lieu à une majoration de 50 %.

Annexe 2

Extraits de la convention collective appliquée à l'entreprise Augustin

Titre IV. La durée du travail

Chapitre IV. Rémunération du travail

Art. 36. Les heures supplémentaires

36.1. Les heures supplémentaires sont comptabilisées conformément aux dispositions légales en vigueur. Elles sont rémunérées avec une majoration de 15 % pour toute heure effectuée au-delà de 35 heures hebdomadaires. [...]

Évaluer les savoirs | Maîtriser les compétences | Préparer l'épreuve

7 Commentaire de document : protection des données à caractère personnel ★★★

20 min

Compétences attendues

- **Identifier** et **distinguer** les différentes sources du droit
- **Schématiser** les étapes du processus d'élaboration de la loi

En vous appuyant sur vos connaissances, répondez aux questions suivantes portant sur les annexes.

Rendez-vous MÉTHODE 4

Travail à faire

1. *Repérez les différentes sources du droit qui interviennent dans la protection des données personnelles.*

2. *Hiérarchisez ces sources et justifiez cette hiérarchie.*
3. *Identifiez les étapes d'élaboration de la loi du 20 juin 2018.*

Annexe 1

Règlement (UE) 2016/679 du Parlement européen et du Conseil du 27 avril 2016

Règlement relatif à la protection des personnes physiques à l'égard du traitement des données à caractère personnel et à la libre circulation de ces données, et abrogeant la directive 95/46/CE (règlement général sur la protection des données)

(1) La protection des personnes physiques à l'égard du traitement des données à caractère personnel est un droit fondamental. L'article 8, paragraphe 1, de la Charte des droits fondamentaux de l'Union européenne (ci-après dénommée « Charte ») et l'article 16, paragraphe 1, du traité sur le fonctionnement de l'Union européenne disposent que toute personne a droit à la protection des données à caractère personnel la concernant.

(2) Les principes et les règles régissant la protection des personnes physiques à l'égard du traitement des données à caractère personnel les concernant devraient, quelle que soit la nationalité ou la résidence de ces personnes physiques, respecter leurs libertés et droits fondamentaux, en particulier leur droit à la protection des données à caractère personnel. Le présent règlement vise à contribuer à la réalisation d'un espace de liberté, de sécurité et de justice et d'une union économique, au progrès économique et social, à la consolidation et à la convergence des économies au sein du marché intérieur, ainsi qu'au bien-être des personnes physiques.

(3) La directive 95/46/CE du Parlement européen et du Conseil vise à harmoniser la protection des libertés et droits fondamentaux des personnes physiques en ce qui concerne les activités de traitement et à assurer le libre flux des données à caractère personnel entre les États membres. [...]

(12) L'article 16, paragraphe 2, du traité sur le fonctionnement de l'Union européenne donne mandat au Parlement européen et au Conseil pour fixer les règles relatives à la protection des personnes physiques à l'égard du traitement des données à caractère personnel ainsi que les règles relatives à la libre circulation des données à caractère personnel.

(13) Afin d'assurer un niveau cohérent de protection des personnes physiques dans l'ensemble de l'Union, et d'éviter que des divergences n'entravent la libre circulation des données à caractère personnel au sein du marché intérieur, un règlement est nécessaire pour garantir la sécurité juridique et la transparence aux opérateurs économiques.

Annexe 2

Loi relative à la protection des données personnelles n° 2018-493 du 20 juin 2018 relative à la protection des données personnelles (1)

L'Assemblée nationale et le Sénat ont délibéré,

L'Assemblée nationale a adopté,

Vu la décision du Conseil constitutionnel n° 2018-765 DC du 12 juin 2018 ;

Le Président de la République promulgue la loi dont la teneur suit :

Titre Ier : Dispositions d'adaptation communes au règlement (UE) 2016/679 du parlement européen et du conseil du 27 avril 2016 et à la directive (UE) 2016/680 du parlement européen et du conseil du 27 avril 2016

Chapitre Ier : Dispositions relatives à la Commission nationale de l'informatique et des libertés [...]

Fait à Paris, le 20 juin 2018,

Le Président de la République | Le Premier ministre

8 Commentaire de document : QPC et régime de circulation des gens du voyage ★★★

20 min

Compétence attendue **Identifier** les contrôles de constitutionnalité d'une loi

En vous appuyant sur vos connaissances et sur l'annexe, répondez aux questions ci-après.

Rendez-vous MÉTHODE 4

Travail à faire

1. *Quel est le rôle du Conseil constitutionnel ?*
2. *Présentez la question prioritaire de constitutionnalité (QPC).*
3. *Pour quelles raisons les gens du voyage ont-ils saisi le Conseil constitutionnel ? Comment le Conseil constitutionnel a-t-il statué dans cette affaire ?*

Annexe

QPC n° 2012-279

L'article 5 de la loi du 3 janvier 1969 institue un carnet de circulation aux personnes sans domicile ni résidence fixe depuis plus de 6 mois qui logent de façon permanente dans un véhicule, une remorque ou tout autre abri mobile et qui ne justifient pas de ressources régulières leur assurant des conditions normales d'existence. Ces personnes doivent faire viser tous les trois mois par l'autorité administrative ce carnet de circulation. Est punie d'une peine d'un an d'emprisonnement la personne circulant sans ce carnet de circulation.

Pour le Conseil constitutionnel, prévoir un carnet de circulation particulier pour des personnes ne justifiant pas de ressources régulières est sans rapport avec les finalités civiles, sociales, administratives ou judiciaires que poursuit la loi en instaurant un titre de circulation pour les personnes sans domicile ni résidence fixe et donc contraire à la Constitution. De même, imposer un visa tous les trois mois de ce carnet et punir d'une peine d'un an d'emprisonnement les personnes circulant sans carnet porte à l'exercice de la liberté d'aller et de venir une atteinte disproportionnée au regard du but poursuivi. L'annulation de ces dispositions prend effet immédiatement, dès la publication de la décision du Conseil constitutionnel.

Quant à l'existence et les règles de visa de titres de circulation applicables aux personnes circulant en France sans domicile ni résidence fixe, elles ne sont pas, en elles-mêmes, contraires au principe d'égalité et à la liberté d'aller et de venir. Il s'agit pour l'État de pallier la difficulté de localiser les personnes qui se trouvent sur son territoire et qui ne peuvent être trouvées au moyen du domicile ou de la résidence, à l'instar de la population sédentaire. Le Conseil juge ainsi qu'en imposant aux personnes précitées d'être munies d'un titre de circulation, le législateur a entendu permettre, à des fins civiles, sociales, administratives ou judiciaires, l'identification et la recherche de ceux qui ne peuvent être trouvés grâce à un domicile ou à une résidence fixe d'une certaine durée, tout en assurant, aux mêmes fins, un moyen de communiquer avec ceux-ci. [...]

Source : Conseil constitutionnel, 5 octobre 2012, www.gazettedupalais.com

SYNTHÈSE

Les sources du droit

Les sources internationales et européennes du droit

	Traités internationaux	Droit européen : principes de primauté et d'effet direct	
		Droit primaire : traités européens	Droit dérivé : directives, règlements et décisions
Exemple	Traité sur la non-prolifération des armes nucléaires (TNP) signé le 1er juillet 1968	Traité sur l'Union européenne (TUE) signé le 7 février 1992	Règlement général sur la protection des données (RGPD) du 25 mai 2018

Les sources nationales du droit

1. Bloc de constitutionnalité
2. Lois
3. Textes émanant du pouvoir réglementaire
- Ordonnances
- Règlements

4. Jurisprudence
5. Textes émanant des milieux professionnels
- Usages
- Normes négociées
- Doctrine

La hiérarchie des normes et son contrôle

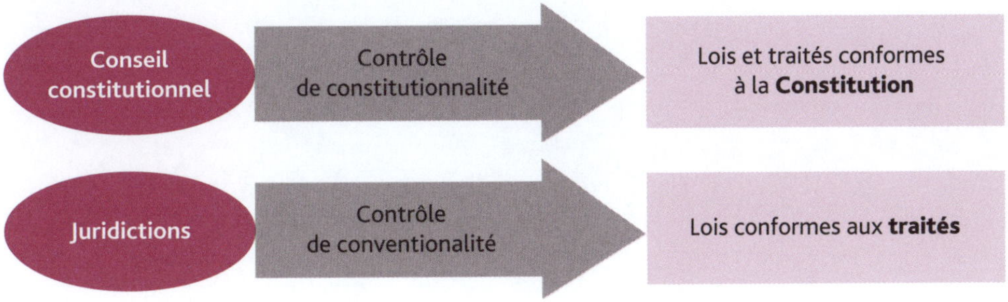

CHAPITRE 3 La preuve des droits subjectifs

PROGRAMME

Compétences attendues

- **Établir** sur qui pèse la charge de la preuve
- **Identifier** les moyens de preuve
- **Apprécier** la recevabilité et la force probante des moyens de preuve

Savoirs associés

- L'objet, la charge et les modes de preuve
- La recevabilité des moyens de preuve et leur force probante

PRÉREQUIS

Caractères de la règle de droit (chapitre 1)

PLAN DU CHAPITRE

Cours : 1. L'objet de la preuve : que doit-on prouver ? • 2. La charge de la preuve : qui doit prouver ? • 3. Les moyens de preuve et leur force probante • 4. La recevabilité des moyens de preuve

Des savoirs aux compétences : Évaluer les savoirs • Maîtriser les compétences • Préparer l'épreuve

Synthèse

Tous les comportements de l'homme vivant en société ne produisent pas des effets de droit tel le passant qui se promène dans la rue et qui contemple le spectacle de la ville. Mais qu'il soit renversé par un automobiliste ou qu'il effectue un achat et la situation entraîne des effets de droit. On distinguera, à l'origine de droits subjectifs, les faits juridiques et les actes juridiques. Toutefois, la réalisation ou la mise en œuvre de ces droits suppose l'établissement de leur existence. Il faut donc faire la preuve de son droit. Le terme « preuve » revêt plusieurs acceptions. La preuve est d'abord la démonstration de l'existence d'un fait ou d'un acte dans les formes admises par la loi. La preuve désigne également les procédés techniques utilisés pour établir l'existence de ce fait ou de cet acte afin de soutenir une certaine prétention juridique.

MOTS-CLÉS

Acte juridique • Aveu • Charge de la preuve • Écrit • Fait juridique • Force probante • Preuve imparfaite • Preuve parfaite • Présomption • Serment • Témoignage

1 L'objet de la preuve : que doit-on prouver ?

A) Les sources des droits subjectifs

1. L'acte juridique

Définition

Selon le Code civil, les **actes juridiques** sont des manifestations de volonté destinées à produire des effets de droit.

La volonté d'une personne l'oblige parce qu'elle s'est engagée à exécuter une certaine prestation, le plus souvent après s'être mise d'accord avec une autre (tab. 3.1).

Tableau 3.1. Classification des actes juridiques

Critères	Types d'actes	Définitions	Exemples
Nombre de personnes concernées	Unilatéral	Manifestation de volonté d'une seule personne	Testament
	Bilatéral	Manifestation de volonté de deux personnes	Contrat de travail : fourniture d'une prestation de travail contre rémunération
	Multilatéral	Manifestation de la volonté de personnes ayant des intérêts communs	Convention collective
Enrichissement	À titre onéreux	Avantage procuré par une personne à une autre	Contrat de prêt
	À titre gratuit	Enrichissement d'une personne, appauvrissement d'une autre	Donation
Opérations sur le patrimoine	Acte conservatoire	Opération qui a pour but de sauvegarder un bien ou un droit	Réalisation de travaux d'entretien d'un immeuble
	Acte d'administration	Acte de gestion courante	Contrat de mise en location d'un appartement
	Acte de disposition	Acte de transmission d'un bien ou d'un droit	Vente d'une maison

2. Le fait juridique

Selon le Code civil, le **fait juridique** est un événement ou un agissement auquel la loi attache des effets de droit. Peu importe que le fait soit volontaire ou non.

Exemple

- Un automobiliste qui renverse un piéton traversant la chaussée en devient le débiteur. Un dommage a été créé ; il convient de le réparer même si l'acte est involontaire.

B) L'objet de la preuve

La règle de droit n'a pas à être prouvée, le juge est censé la connaître. En revanche, il convient de prouver l'acte ou le fait juridique qui donne naissance à un droit.

Exemple

- Le vendeur impayé devra prouver l'existence d'un contrat de vente, c'est-à-dire un accord sur une chose et un prix. Il ne sera pas tenu de prouver l'existence de l'article 1583 du Code civil en vertu duquel il est en droit d'exiger le paiement du prix.

→ APPLICATION 2

2 La charge de la preuve : qui doit prouver ?

A) Les parties en présence dans un litige

Tout litige (contestation en justice) met en présence un demandeur et un défendeur (fig. 3.1).

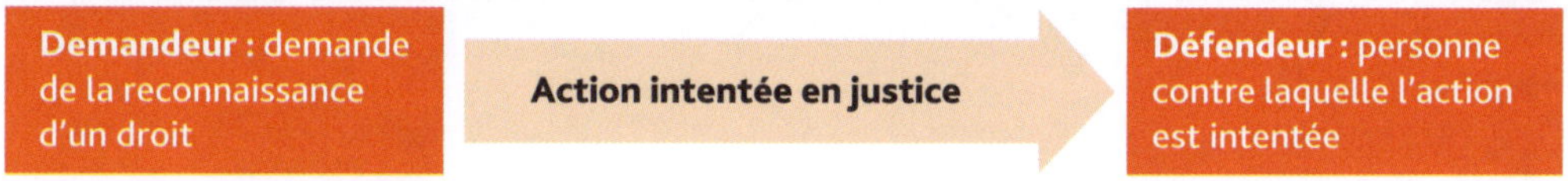

Figure 3.1. Parties au litige

Exemple

- Paul a prêté de l'argent à Élise. Celle-ci ne l'a pas remboursé. Paul est le demandeur. Élise est le défendeur.

B) La charge de la preuve

1. Principe

La **charge de la preuve** incombe au demandeur. Il doit prouver l'acte ou le fait qu'il invoque lorsqu'il exerce une action en justice. Si le défendeur invoque un autre fait, il doit à son tour en apporter la preuve.

Exemple

Paul a prêté de l'argent à Élise. Celle-ci ne l'a pas remboursé. Paul devra prouver l'existence d'un contrat de prêt. C'est alors à Élise qu'il revient de prouver qu'elle a déjà remboursé le prêt.

2. Exception au principe : les présomptions

Dans certaines situations, la preuve est difficile à apporter. Une présomption permet de dispenser une personne de prouver ce qu'elle avance ; on déduit l'existence du fait à prouver de l'existence d'un autre fait plus facile à prouver (ex. : présomption d'appartenance à la profession de commerçant déduite de l'immatriculation au RCS).

Définition

Les **présomptions** sont des conséquences que la loi ou le juge tire d'un fait connu pour en déduire un fait inconnu.

Il existe différents types de présomptions (tab. 3.2).

Tableau 3.2. Types de présomptions

Présomptions légales (résultant de la loi)	• Présomption simple : possibilité d'apporter la preuve contraire (ex. : en cas de présomption de la bonne foi dans un contrat, la preuve de la mauvaise foi devra être apportée par l'autre partie) • Présomption irréfragable : preuve contraire non admise (ex. : remise d'un reçu qui vaut paiement de la dette)
Présomptions judiciaires ou de fait	• Librement posées par le juge • Suffisamment graves, précises et concordantes (ex. : traces de freinage lors d'un accident de voiture)

→ APPLICATION 2

3 Les moyens de preuve et leur force probante

A) La preuve écrite

Définition

L'**écrit** consiste en une suite de lettres, de caractères, de chiffres ou de tous autres signes ou symboles dotés d'une signification intelligible, quel que soit leur support.

Arrêt de la Cour de cassation du 25 septembre 2013 sur le courrier électronique comme preuve d'un fait :

https://goo.gl/MFr4Eh

1. L'écrit papier et l'écrit électronique

Principe. Les deux formes d'écrit sont équivalentes.

Conditions. L'écrit sous forme électronique doit :
- être intelligible ;
- permettre d'identifier celui dont il émane ;
- être établi et conservé dans des conditions de nature à garantir son intégrité.

FOCUS — **La signature électronique, un cas particulier**

La signature revêt une double fonction : identifier le contractant et en matérialiser le consentement. Elle est présumée (présomption simple) fiable à trois conditions :

• répondre aux critères de la signature électronique avancée, c'est-à-dire :
– être liée au signataire de manière univoque et permettre de l'identifier,
– avoir été créée à l'aide de données de création de signature électronique que le signataire peut, avec un niveau de confiance élevé, utiliser sous contrôle exclusif ;

• être liée aux données associées à cette signature de telle sorte que toute modification ultérieure soit détectable ;

• être créé par un dispositif qualifié répondant à certaines normes techniques.

2. Les formes des actes écrits

La **force probante** des écrits varie selon leur nature (tab. 3.3).

Tableau 3.3. Régime juridique et force probante des actes écrits

	Régime juridique	Force probante
Actes authentiques	Actes dressés par une personne qualifiée (officier public : huissier, notaire…) et selon les formes prescrites par la loi	Fait foi jusqu'à inscription de faux : procédure complexe qui permet de contester l'exactitude ou la sincérité de l'acte
Actes sous signature privée	• Définition : écrits rédigés par des particuliers, signature obligatoire • Formalisme : – cas du contrat synallagmatique : formalité du double (autant d'originaux que de parties distinctes) – cas de l'engagement unilatéral de payer une somme d'argent ou de livrer un bien fongible (interchangeable) : signature de celui qui souscrit et mention manuscrite de la somme ou de la quantité en lettres et en chiffres	• Principe : force probante limitée à l'original • Force probante de la signature : elle ne constitue pas une présomption d'origine de l'acte (en cas de désaveu de signature, le juge doit procéder à une vérification d'écriture) • Force probante du contenu de l'acte : fait foi jusqu'à preuve contraire • Force probante de la date de l'acte : fait foi entre les parties jusqu'à preuve du contraire (à l'égard des tiers, ne fait foi que lorsqu'il a acquis date certaine)
Actes sous signature privée contresignés par avocat	• Définition : actes établis par des particuliers et contresignés par un avocat qui atteste avoir pleinement éclairé la ou les parties qu'il conseille sur les conséquences juridiques de cet acte • Formalisme : actes dispensés de toutes mentions manuscrites exigées par la loi	Fait foi de l'écriture et de la signature des parties et non de sa date
Copies d'actes authentiques ou sous signature privée	Copies d'actes résultant d'une reproduction à l'identique de la forme et du contenu et dont l'intégrité est garantie (photocopies, télécopies)	• La copie fiable a la même force probante que l'original • La fiabilité de la copie est laissée à l'appréciation du juge ; toutefois, est réputée fiable la copie authentique d'un acte authentique
Autres écrits	Documents : correspondance, livres comptables, reproduction d'un écrit préexistant	Force probante limitée, preuve éventuelle contre leur auteur

B) Les autres modes de preuve

Outre les écrits, d'autres moyens de preuve sont admis en justice (tab. 3.4).

Tableau 3.4. Moyens de preuve non écrits

	Définition	Force probante
Témoignage	Déclaration émanant d'un tiers par laquelle il relate les faits dont il a eu personnellement connaissance	• Preuve des faits juridiques • Pour les actes juridiques inférieurs à 1 500 € (prescriptions de l'art. 1359 al. 1er du Code civil) • Force probante librement appréciée par le juge
Présomptions judiciaires	Conséquences que le juge tire d'un fait connu à un fait inconnu	• Doivent être « graves, précises et concordantes » (art. 1382 du Code civil) pour être admises • Force probante établie par le juge • Limitées aux cas où la loi admet les preuves par tout moyen (art. 1382 du Code civil)
Aveu judiciaire (en justice) ou extrajudiciaire (en dehors du procès)	Déclaration par laquelle une personne reconnaît pour vrai un fait de nature à produire contre elle des conséquences juridiques	• L'aveu judiciaire fait foi contre celui qui l'a fait ; il est indivisible et irrévocable • L'aveu extrajudiciaire purement verbal n'est reçu que dans les cas où la loi permet la preuve par tout moyen. Il ne lie pas le juge ; il peut être divisé et rétracté
Serment décisoire ou supplétoire	• Déclaration solennelle faite par le plaideur d'un fait qui lui est favorable • Deux types : – serment décisoire par lequel une partie demande à son adversaire de prêter serment – serment supplétoire demandé par le juge pour forger son intime conviction	Le serment est tombé en désuétude, dans une société où la parole donnée n'a quasiment plus de crédit : – en cas de serment décisoire, l'adversaire gagne son procès – le serment supplétoire ne lie pas le juge

→ APPLICATION 2 • CAS 3 • CAS 4• COMMENTAIRE DE DOCUMENT 5

4 La recevabilité des moyens de preuve

Définitions

- Les **preuves parfaites** (preuve par écrit, l'aveu judiciaire et le serment décisoire) lient le juge qui ne dispose pas d'un pouvoir d'appréciation.
- Les **preuves imparfaites** (preuve testimoniale et présomptions judiciaires, écrits non signés, aveu extrajudiciaire et serment supplétoire) sont appréciées librement par le juge dans son intime conviction.

A) Les principes

Les moyens de preuve utilisés doivent être loyaux et non attentatoires aux libertés.

Les actes juridiques doivent être passés par écrit dès qu'ils excèdent une valeur fixée par décret qui s'élève à 1 500 €. En conséquence, toute personne titulaire d'un droit subjectif supérieur à cette somme doit, par avance, se ménager une preuve écrite à utiliser en cas de contestation (préconstitution de preuve).

FOCUS Les exceptions au principe de la preuve écrite

Commerçants. À l'égard des commerçants, les actes de commerce se prouvent par tous moyens (Code de commerce, art. L. 110-3 ↪ chapitre 7).

Faits juridiques. La preuve est libre.

Impossibilité de prouver par écrit. Si la preuve écrite n'est pas possible pour des raisons matérielles (ex. : perte de l'écrit à la suite d'un incendie ou d'une inondation) et/ou morales (ex. : relations de parenté entre les parties), elle peut être apportée par tous moyens. Ainsi, le recours aux témoignages est admis.

Usages. Le recours à l'écrit est également écarté quand il est d'usage de ne pas en établir (ex. : relations fournisseur-détaillant).

Commencement de preuve par écrit. Défini à l'article 1362 du Code civil, le commencement de preuve par écrit comporte trois éléments :
- il faut, en principe, un écrit ;
- cet écrit doit émaner de la personne contre qui la demande est formée ;
- il doit rendre vraisemblable le fait allégué.

Si ces trois éléments sont réunis, la partie qui produit la preuve « commencée » est autorisée à la « compléter » en faisant appel aux témoignages et aux présomptions.

Acte mixte. Il présente une double nature : il est commercial pour l'une des parties ; civil, pour l'autre. Exemple : Quentin achète un ordinateur dans une boutique de son quartier. En cas de litige, si Quentin est un particulier, il bénéficie du principe de la liberté de la preuve commerciale. En revanche, s'il est commerçant, il doit prouver son achat, conformément au Code civil (un écrit pour les actes juridiques supérieurs à 1 500 €).

Domaine pénal. En dehors des cas où la loi en dispose autrement, les infractions peuvent être établies par tout mode de preuve (↪ chapitre 16).

B) Le rôle du juge

Le juge joue un rôle fondamental. Il vérifie l'authenticité et l'exactitude des moyens invoqués. Il compare les différentes preuves fournies. Enfin, il arrête sa conviction quand un fait lui apparaît probable, vraisemblable.

Pour éviter des dérives, le législateur a conféré une force probante légale à certaines preuves. L'écrit et l'aveu font foi jusqu'à preuve contraire, et parfois même au-delà, jusqu'à ce que la fausseté des énonciations (ex. : remise en cause d'un acte notarié) ait été démontrée. Pour forger son intime conviction le juge peut demander aux parties de produire des éléments de preuve et même ordonner des mesures d'instruction.

→ CAS 4 • SITUATION PRATIQUE 6

1 QCM

Pour chaque proposition, une ou plusieurs réponses sont possibles. Justifiez-les.

1. Un acte juridique peut être prouvé :
   a. par tous moyens. ☐
   b. uniquement par écrit. ☐
   c. par un écrit pour une valeur supérieure à 1 500 €. ☐

2. En justice, le demandeur doit prouver :
   a. l'existence de la règle de droit qui s'applique à son cas. ☐
   b. la situation dans laquelle il se trouve qui donne naissance à un droit. ☐
   c. l'acte ou le fait juridique qui donne naissance à un droit. ☐

3. La charge de la preuve incombe :
   a. au demandeur. ☐
   b. au défendeur. ☐
   c. au juge. ☐

4. Une présomption simple :
   a. admet la preuve contraire. ☐
   b. n'admet pas la preuve contraire. ☐
   c. s'impose au juge. ☐

5. Un acte sous signature privée :
   a. n'est soumis à aucun formalisme. ☐
   b. n'a pas valeur d'écrit au sens du droit. ☐
   c. doit être revêtu de la signature des parties. ☐
   d. fait foi jusqu'à preuve du contraire. ☐

6. Un acte authentique :
   a. ne peut être contesté. ☐
   b. peut être contesté. ☐
   c. est rédigé par les parties et authentifié par un officier public. ☐
   d. est dressé par un officier public. ☐

7. Un écrit électronique :
   a. a la même valeur qu'un écrit manuscrit. ☐
   b. peut être rédigé sous signature privée ou authentique. ☐
   c. a la même valeur que l'écrit manuscrit sous certaines conditions. ☐

8. La liberté de la preuve est admise :
   a. en droit civil. ☐
   b. pour les actes juridiques. ☐
   c. pour les faits juridiques. ☐
   d. en droit commercial. ☐

2 Marion ★★★

Marion a été blessée par un parapluie ouvert par Baptiste à la sortie d'une séance de cinéma.

1. *Qui est demandeur ? Qui est défendeur ?*
2. *S'agit-il d'un acte ou d'un fait juridique ?*
3. *Que devra prouver Marion ?*
4. *Comment Marion pourra-t-elle apporter la preuve de cet accident ?*

3 Résolution de situations pratiques : force probante de l'écrit ★★★

Compétence attendue **Identifier** les moyens de preuve et leur force probante

1. Pierre et Paul signent un contrat de location en deux exemplaires.
   a. Quelle est la nature juridique de ce document ?
   b. Quelle est sa valeur probante ?
   c. Dans l'hypothèse où un seul exemplaire aurait été établi, quelle serait la valeur probante de cet exemplaire ?
2. Vous reconnaissez, par écrit sur un coin de nappe en papier, devoir 1 000 € à votre ami Stéphane.
   a. Quelle est la nature juridique de ce document ?
   b. Quelle est la valeur probante de ce document ?
3. Laure et Éric ont signé un contrat de mariage chez maître Bavard, notaire.
   a. Quelle est la nature de ce document ?
   b. Laure affirme avoir signé ce contrat sous contrainte. Que peut-elle faire ?
4. Dans une correspondance avec sa petite amie, Clémence, William fait référence à une somme de 800 € que celle-ci lui aurait prêtée. Clémence présente cette lettre au juge affirmant qu'elle constitue la preuve de l'existence de ce prêt que William refuse de rembourser.
   a. Quelle est la nature de ce document ?
   b. Quelle est sa valeur probante ?
5. Meriem a emménagé dans un studio à Paris non loin de son lycée pour poursuivre ses études en DCG. L'appartement appartient à M. Terrien. Ils ont signé un contrat de location en un exemplaire gardé par M. Terrien.
   Que pensez-vous de l'accord passé entre Mariem et son propriétaire ?

6. Quentin et Mathieu ont créé un site Internet dédié au cyclisme (actualités, équipement sauf vélos) afin de pouvoir vendre dans la France entière. Clément passe commande de maillots et cuissards pour son club stéphanois pour un montant de 1 200 €. *Quelle est la valeur probante de la commande passée par Clément sur support électronique ?*

4 Résolution de cas pratiques : objet, charge et mode de preuve ★★★

Compétences attendues

- **Apprécier** la recevabilité et la force probante des moyens de preuve
- **Établir** sur qui pèse la charge de la preuve

Indiquez, dans les cas ci-après, l'objet de la preuve, la charge de la preuve et les modes de preuve utilisables.

1. M. Ripoud a loué un studio meublé appartenant à Mme Proprio. M. Ripoud quitte le studio trois mois plus tard, emportant avec lui le lit, la table et le buffet.
2. Les établissements Delaplace, négociants en vin, ont acheté à un grossiste 100 l de beaujolais. Le vin a été livré mais le grossiste n'a pas été payé.
3. Mme Refil a acheté un salon aux époux Durand qui quittaient la région. Le prix de cette transaction s'est établi à 1 200 €. Trois mois après le déménagement, les époux Durand n'ont toujours pas reçu le chèque de Mme Refil qu'elle prétend avoir expédié.
4. M. Ibrahim, commerçant en fruits et légumes, a acheté une chambre froide pour un montant de 15 000 € à la société Grand-Nord. Installée la semaine dernière, elle est en panne.

Évaluer les savoirs | Maîtriser les compétences | Préparer l'épreuve

5 Commentaire de document : la charge de la preuve ★★★

20 min

Compétence attendue

Établir sur qui pèse la charge de la preuve

Rendez-vous MÉTHODE 2

En vous appuyant sur vos connaissances, répondez aux questions ci-après portant sur l'annexe.

Travail à faire

1. *Quel était le problème juridique posé à la Cour de cassation dans cette affaire ?*
2. *Quelle décision la Cour de cassation a-t-elle prise ?*

3. *Après avoir rappelé les dispositions du Code civil concernant la charge de la preuve, vous les appliquerez au cas présent.*

Annexe

***Pascal F. c/CRTS*, Cour de cassation, chambre civile, 9 mai 2001**

Sur le moyen unique, pris en ses deux branches :

- Vu l'article 1147 [devenu 1231-1] du Code civil ;
- Attendu que lorsqu'une personne démontre, d'une part, que la contamination virale dont elle est atteinte est survenue à la suite de transfusions sanguines, d'autre part, qu'elle ne présente aucun mode de contamination qui lui soit propre, il appartient au centre de transfusion sanguine, dont la responsabilité est recherchée, de prouver que les produits sanguins qu'il a fournis étaient exempts de tout vice ; qu'en rejetant l'action engagée par M. F... contre le Centre régional de transfusion sanguine de C..., alors qu'elle avait constaté, d'abord, qu'une contamination par le virus de l'hépatite C était apparue chez M. F... après des transfusions réalisées en 1986 avec des produits sanguins fournis par ce Centre, ensuite que « l'origine de l'infestation ne pouvait être trouvée ni dans les habitudes de vie, ni dans les antécédents de M. F..., qui était en parfaite santé jusqu'à l'accident » ayant rendu nécessaire le recours à des transfusions, la cour d'appel a violé le texte susvisé ;

Par ces motifs, casse [...] renvoie devant la cour d'appel de Nancy [...].

6 Situation pratique : cas Laurence ★★★

20 min

Compétence attendue **Identifier** les moyens de preuve

Rendez-vous MÉTHODE 3

Laurence a vendu à David, au cours de l'année, un véhicule de type Clio pour un prix de 4 000 €. Elle a laissé David partir au volant du véhicule, à charge pour lui de revenir avec un chèque de banque en fin de semaine. Or, deux mois plus tard, non seulement David ne s'est toujours pas acquitté de la dette mais il prétend n'avoir jamais acheté le véhicule. Laurence est désappointée ; elle ne dispose que d'un échange de courriels dans lequel David évoque cette dette de 4 000 €.

Travail à faire

Laurence est-elle en mesure d'établir que la vente du véhicule a bien eu lieu ?

SYNTHÈSE

La preuve des droits subjectifs

Les sources des droits subjectifs

	Définition	Caractères
Acte juridique	Acte d'une volonté qui se manifeste en vue de réaliser certains effets de droit	• Unilatéral, bilatéral ou multilatéral • À titre onéreux ou à titre gratuit • Conservatoire, d'administration et de disposition
Fait juridique	Événement ou agissement produisant des conséquences juridiques, non librement déterminées par la volonté des intéressés	• Volontaire : délit, quasi-délit • Involontaire : décès, phénomène naturel

L'administration de la preuve

Objet de la preuve et charge de la preuve

Principe	Conséquences	
« Il incombe à chaque partie de prouver, conformément à la loi, les faits nécessaires au succès de sa prétention. » (CPC, art. 9)	**Conditions d'existence d'un droit subjectif**	**Nécessité ou non de prouver**
	Une règle de droit objectif qui rattache un droit subjectif à un événement	Non, le juge connaît le droit.
	Un acte ou un fait juridique	Oui, car l'acte ou le fait donne naissance au droit.

Exceptions : les présomptions

Définition	Formes	
Dispense de preuve au profit de la personne pour laquelle elle joue (Code civil, art. 1354)	Présomption légale	Imposée par la loi : – simple : la preuve contraire peut être apportée – irréfragable : n'admet pas la preuve contraire – mixte : peut être renversée seulement par certains moyens de preuve
	Présomption judiciaire ou de fait	Librement posée par le juge

L'admissibilité de la preuve

Domaines	Modes de preuve admis en cas de litige
Droit civil : actes juridiques ≤ 1500 €	Tous les modes de preuve
Droit civil : actes juridiques > 1500 €	• Principe : preuve par écrit • Exceptions : – impossibilité de preuve par écrit : écrit perdu, impossible à dresser, recours au témoignage admis – commencement de preuve par écrit à trois conditions : existence d'un écrit, émanant de la personne contre qui la demande est formée, et rendant le fait allégué vraisemblable. Possibilité de complément de preuve par témoignage et présomption.
Faits juridiques	Tous les modes de preuve, à l'exception de l'état des personnes (naissance, décès) par les actes de l'état civil
Droit commercial	Tous les modes de preuve
Droit pénal	Tous les modes de preuve (sauf dispositions légales)

CHAPITRE 4

L'organisation judiciaire

PROGRAMME

Compétences attendues

- **Distinguer** les différentes juridictions nationales et européennes et **déterminer** leurs compétences
- **Déterminer** la juridiction compétence dans un litige donné
- **Vérifier** les conditions de recevabilité de l'action en justice
- **Déterminer** les voies de recours possibles dans une situation juridique donnée
- **Vérifier** le respect des principes directeurs du procès énoncés dans le Code de procédure civile et dans la Convention européenne des droits de l'homme
- **Identifier** les rôles respectifs des magistrats du siège et du ministère public

Savoirs associés

- Les ordres administratif et judiciaire
- Les principales juridictions nationales et européennes
- Les degrés de juridictions
- La compétence matérielle et territoriale d'une juridiction
- Les conditions de recevabilité de l'action en justice
- Les notions de prescription et forclusion
- Les voies de recours possibles en fonction d'une décision de justice
- Les principes directeurs du droit commun du procès français et européen
- Le personnel de justice

PLAN DU CHAPITRE

Cours : 1. Les principes directeurs du procès • 2. Les compétences des juridictions • 3. Les juridictions européennes • 4. Les juridictions nationales • 5. Le personnel de justice • 6. L'action en justice • 7. Les voies de recours

Des savoirs aux compétences : Évaluer les savoirs • Maîtriser les compétences • Préparer l'épreuve

Synthèse

La justice, ce sont des millions de décisions rendues chaque année au sein de juridictions par le personnel de justice. L'action en justice repose sur des principes qui relèvent du droit européen comme du droit national. Le justiciable a recours à un tribunal pour faire reconnaître un droit contesté ou tout fait dont il s'estime victime. Cette procédure est mise en œuvre selon une procédure établie, ponctuée par un jugement qui peut être contesté.

MOTS-CLÉS

Appel • Compétence matérielle • Compétence territoriale • Forclusion • Instance • Juridictions • Litige • Pourvoi • Prescription • Recours

1 Les principes directeurs du procès

A) Les grands principes européens

Convention de sauvegarde des droits de l'homme et des libertés fondamentales, art. 6, § 1

Site de la CEDH :
https://goo.gl/nFz4XH

■ Toute personne a droit à ce que sa cause soit entendue équitablement, publiquement et dans un délai raisonnable, par un tribunal indépendant et impartial, établi par la loi, qui décidera, soit des contestations sur ses droits et obligations de caractère civil, soit du bien-fondé de toute accusation en matière pénale dirigée contre elle. [...]

1. Le droit à un procès équitable

Principe. Toute personne physique ou morale a droit à un procès loyal et respectant les règles de forme et de fond destinées à protéger les parties en présence.

Conséquences. Chacune des parties a la possibilité d'exposer sa cause au tribunal. Toute personne, quelle qu'elle soit, doit être entendue par un tribunal indépendant et impartial. Le droit à un procès équitable requiert la présence des parties aux audiences. La Convention de sauvegarde des droits de l'homme et des libertés fondamentales oblige les tribunaux à motiver leurs décisions.

2. Le droit à un procès d'une durée raisonnable

Principe. Le caractère raisonnable du délai s'apprécie « suivant les circonstances de la cause et eu égard aux critères consacrés par la jurisprudence de la Cour, en particulier la complexité de l'affaire, le comportement du requérant et celui des autorités compétentes ».

Conséquences. Le délai se compte du jour de l'assignation devant les premiers juges jusqu'au prononcé de la décision par la Cour de cassation. Le non-respect de ce principe peut être sanctionné à la demande d'un justiciable qui estime de ce fait avoir subi un préjudice.

B) Les grands principes français

Les fondements et principes de la justice :
https://goo.gl/4VaVTN

Tout procès devant une **juridiction** française est :
- contradictoire (audition des deux parties par le juge, communication de toutes les pièces) ;
- public (sauf huis-clos lié à la nature particulière d'une affaire ou à la minorité des personnes poursuivies) ;
- oral (plaidoirie orale, procédure écrite) ;
- gratuit (rémunération des magistrats par l'État, existence d'une aide juridictionnelle publique) ;
- jugé en toute impartialité (neutralité du juge à l'égard des parties).

→ CAS 3

2 Les compétences des juridictions

A) La compétence matérielle

Définition

La **compétence matérielle** (ou d'attribution) est l'aptitude pour une juridiction à connaître, instruire et juger une affaire.

La compétence matérielle est fonction de la nature du **litige**, de sa valeur et du degré de juridiction. Les juridictions ont chacune leur domaine de compétence.

B) La compétence territoriale

Définition

La **compétence territoriale** détermine la juridiction géographiquement compétente.

Le tribunal géographiquement compétent est, sauf disposition contraire ou exception (tab. 4.1), celui du lieu où demeure le défendeur (article 42 du Code de procédure civile).

Tableau 4.1. Principales exceptions au principe de compétence territoriale des juridictions

	Juridiction compétente
En matière réelle immobilière	Tribunal du lieu de l'immeuble
En matière de droit du travail (contrat de travail)	Tribunal du lieu de travail (ou conseils de prud'hommes du lieu de l'engagement ou du siège de l'employeur, à la convenance du salarié)
En matière contractuelle	Tribunal du domicile du défendeur ou du lieu de livraison/prestation, à la convenance du demandeur
En matière pénale	Tribunal du lieu des faits (et trois autres critères résiduels : résidence, lieu d'arrestation et lieu de détention la résidence de l'une des personnes soupçonnées d'avoir participé à l'infraction)
En matière administrative	Tribunal dans le ressort duquel l'autorité administrative a pris la décision contestée ou a signé le contrat litigieux

→ APPLICATION 2

3 Les juridictions européennes

A) La Cour de justice de l'Union européenne (CJUE)

Site de la CJUE : https://curia.europa.eu/

Domiciliée à Luxembourg, la CJUE assure le respect du droit dans l'interprétation et l'application des traités européens à travers deux types d'attribution (tab. 4.2).

Tableau 4.2. Missions juridictionnelles et administratives de la CJUE

Attributions juridictionnelles			
Mission	**Saisine**	**Rôles**	**Commentaires**
Respect du droit dans l'interprétation et l'application du traité	Par un État, un organe européen ou un particulier	Juge de premier et dernier ressorts	• Juge international : litiges entre États membres. • Juge interinstitutionnel : contestations relatives à la répartition des pouvoirs entre les institutions européennes. • Juge administratif : contentieux de la légalité des décisions européennes et recours en responsabilité contre les communautés.
		Juge de cassation	La Cour de justice examine les seules questions de droit lorsque les jugements du tribunal font l'objet d'un pourvoi.

Attributions consultatives		
Mission	**Saisine**	**Commentaires**
Émission d'un avis	Tout État membre, le Conseil ou la Commission	• La Cour traite toute question juridique sur la compatibilité d'un accord avec les dispositions du traité. • Un avis négatif empêche l'entrée en vigueur de l'accord.
Assurer le respect par les États membres de leurs obligations	Un État ou la Commission	Recours en manquement
Garantir l'unité d'application du droit	Juge national	Renvoi préjudiciel en interprétation ou en appréciation de validité
Annuler pour illégalité un acte émanant des institutions	• Les États membres • Les institutions de l'UE • Des personnes physiques ou morales	Contrôle juridictionnel des institutions

B) Le Tribunal

Juge de première **instance**, également domicilié à Luxembourg, le Tribunal tranche les litiges qui portent sur le droit européen. Il peut être saisi par toute personne physique et morale, ressortissant d'un État membre. Il est composé d'au moins un juge désigné par chaque État membre. Ses décisions sont susceptibles de **pourvoi** devant la CJUE.

L'application du droit de l'Union ne relève pas uniquement des juridictions de l'UE : les cours et tribunaux des États membres doivent eux aussi appliquer ce droit.

Aperçu global des juridictions européennes :

https://goo.gl/RvTWhW

FOCUS **Le cas particulier de la Cour européenne des droits de l'Homme (CEDH)**

La CEDH est la juridiction qui assure le respect de la Convention européenne des droits de l'Homme par les 47 États membres du Conseil de l'Europe.
Elle peut être saisie par les États, les personnes physiques et les personnes morales.
La CEDH n'est pas une juridiction de l'Union européenne.

→ CAS 4

4 Les juridictions nationales

A) Les juridictions de l'ordre administratif

Elles jugent les litiges relatifs aux activités de l'administration (fig. 4.1).

Sur l'organisation de la justice française :

https://goo.gl/6uX3BY

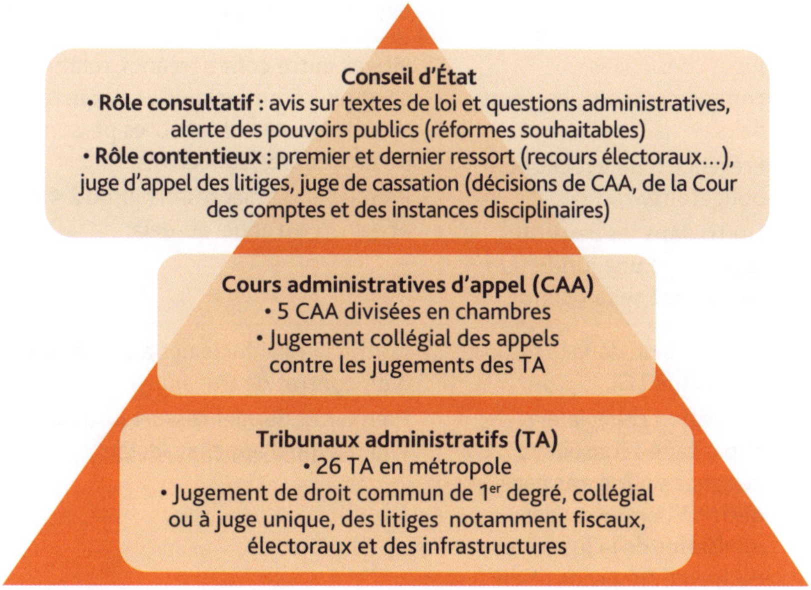

Figure 4.1. Principales juridictions administratives

B) Les juridictions de l'ordre judiciaire

1. Les juridictions civiles

Tribunaux de première instance. Ils comprennent les juridictions de droit commun et d'exception (tab. 4.3).

Tableau 4.3. Juridictions civiles de premier degré

	Juridiction	Organisation et fonctionnement	Compétence d'attribution
Juridiction de droit commun	Tribunal de grande instance (TGI)	• Au moins un TGI par département. • Formation collégiale. • Représentation par avocat obligatoire dans la plupart des affaires.	• Compétence de principe : toutes les affaires civiles et commerciales pour lesquelles la compétence n'est pas attribuée à une autre juridiction. Décisions susceptibles d'appel. • Compétences exclusives : état des personnes, droit des biens immobiliers. Premier et dernier ressort jusqu'à 4 000 € et au-delà à charge d'appel.
Juridictions d'exception	Tribunal d'instance (TI)	• Au moins un TI dans le ressort de chaque cour d'appel. • Statue et siège à juge unique. • Présence d'un avocat non obligatoire.	• Compétence exclusive : toutes les actions personnelles ou mobilières jusqu'à 10 000 €. Statue en premier et dernier ressort jusqu'à 4 000 € et à charge d'appel au-delà. • Compétences spéciales : très variées (ex. : actions tendant à l'expulsion des personnes qui occupent aux fins d'habitation des immeubles bâtis, sans droit ni titre).
	Tribunal de commerce	• Juges consulaires : commerçants élus par leurs pairs. • Présence d'un avocat non obligatoire. • Un TC dans les lieux où le besoin d'une juridiction spécialisée se fait sentir.	• Litiges entre commerçants, relatifs aux sociétés commerciales et aux actes de commerce entre toutes personnes ; de procédures collectives. • Premier et dernier ressort jusqu'à 4 000 € et à charge d'appel au-delà.
	Conseil des prud'hommes	• Au moins un dans le ressort de chaque TGI. • Formation collégiale et paritaire : conseillers désignés pour 4 ans par décision commune des ministères de la Justice et du Travail sur proposition des organisations syndicales et patronales.	• Conflits individuels nés à l'occasion d'un contrat de travail. • Premier et dernier ressort jusqu'à 4 000 € et à charge d'appel au-delà.

	Juridiction	Organisation et fonctionnement	Compétence d'attribution
Juridictions d'exception (suite)		• Conciliation et jugement. Intervention d'un juge du TGI en cas de partage des voix. • Présence d'un avocat non obligatoire.	

Cours d'appel. Elles jugent à nouveau en fait et en droit. L'**appel** est en principe admis contre tout jugement rendu en premier ressort. Toutefois, il n'est pas possible pour les petites affaires jugées en premier et dernier ressort (montant inférieur à 4 000 €, en principe). C'est une juridiction collégiale. Elle est divisée en chambres. Chaque cour comprend un premier président, des présidents de chambre et des conseillers. Elle rend des arrêts.

Cour de cassation. Placée au-dessus de toutes les autres, elle assure l'unité dans l'application de la règle de droit. Elle est saisie par un pourvoi formé contre une décision rendue en dernier ressort par une juridiction de premier degré ou une cour d'appel. Ses arrêts portent uniquement sur l'exacte application de la règle de droit par les juges du fond. Elle est composée de six chambres (cinq chambres civiles et une chambre criminelle).

2. Les juridictions pénales

Les juridictions d'instruction. Elles comprennent :
- Le juge d'instruction, magistrat du TGI, nommé par le président de la République pour 3 ans. Il exerce des pouvoirs d'information et des pouvoirs de juridiction. Sa mission essentielle est d'instruire l'affaire, c'est-à-dire de constituer un dossier permettant de mieux connaître les faits et charges qui pèsent sur une personne.
- La chambre de l'instruction, section particulière de la cour d'appel, composée de 3 conseillers. Elle est juge d'appel des ordonnances du juge d'instruction et du juge des libertés et de la détention. Elle statue également sur les demandes en nullité des actes de procédure. Ses compétences s'étendent au-delà de l'instruction (ex. : contrôle de l'activité des officiers et agents de police judiciaire, traitement des demandes d'extradition des étrangers). Ses arrêts sont susceptibles de faire l'objet d'un pourvoi en cassation.

Les juridictions de jugement. Elles regroupent les tribunaux de police, tribunaux correctionnels et cours d'assises (tab. 4.4).

Tableau 4.4. Organisation, fonctionnement et compétences des juridictions de jugement

	Organisation et fonctionnement	Compétences par catégorie d'infraction pénale
Tribunal de police	Il est constitué d'un juge du TGI siège à juge unique et en audience publique. Avocat non obligatoire.	Contraventions

	Organisation et fonctionnement	Compétences par catégorie d'infraction pénale
Tribunal correctionnel	Formation collégiale : formation particulière du TGI. La loi permet de confier le jugement de certaines affaires (circulation routière, transports, chasse…) à un juge unique. Avocat non obligatoire.	Délits
Cour d'assises	Formation collégiale : 3 juges, 6 jurés. Elle tient des sessions, ses audiences sont en principe publiques. Il existe une cour d'assises par département. Les arrêts rendus par la cour d'assises sont susceptibles d'appel devant une autre cour d'assises statuant en appel composée de neuf jurés et désignée par la chambre criminelle de la Cour de cassation. Avocat obligatoire pour l'accusé.	Crimes

→ APPLICATION 2 • CAS 4

5 Le personnel de justice

A) Les magistrats

1. Les magistrats du siège

La justice française expliquée en 4 minutes : https://goo.gl/8pZByD

Ce sont des juges professionnels fonctionnaires. Les magistrats du siège rendent des jugements et des arrêts. Leur statut garantit leur indépendance, et donc leur impartialité, car ils sont inamovibles.

La fonction de juge est incompatible avec toute autre fonction publique et profession civile ou commerciale. Les juges ne peuvent être ni révoqués, ni suspendus, ni déplacés.

Les juges des juridictions d'exception (sauf le tribunal d'instance) sont des juges « occasionnels » ou « temporaires », appartenant au monde du travail ou de simples citoyens.

2. Les magistrats du ministère public

Les magistrats du ministère public forment la magistrature debout ou parquet. Ils sont recrutés de la même façon que les magistrats du siège mais ne sont pas indépendants car placés sous la hiérarchie du pouvoir exécutif qu'ils représentent. Ils ne sont pas inamovibles ; ils peuvent être déplacés ou révoqués.

Le ministère public défend l'intérêt général. Son rôle est essentiel en matière pénale : il poursuit les délinquants et requiert les condamnations prévues par la loi.

B) Les auxiliaires de justice

1. Les auxiliaires de juridiction

Ils facilitent la tâche des juges et des justiciables. Collaborateurs permanents (greffe et police judiciaire) ou occasionnels (experts), ils assistent les juridictions.

2. Les auxiliaires des parties

Ce sont des personnes privées qui, à titre professionnel et avec des statuts divers, apportent leur concours aux parties à un procès.

3. Les avocats

Ils exercent une profession libérale et indépendante. Leurs fonctions consistent à représenter les parties dans le ressort territorial du barreau auquel ils sont inscrits, assister les parties et plaider pour elles sans être limités par un cadre territorial, donner des consultations et rédiger pour autrui des actes juridiques. Depuis 2010, les domaines de compétence des avocats se sont accrus.

FOCUS **Les avocats, des acteurs de plus en plus sollicités**

La loi du 22 décembre 2010 a instauré la convention de procédure participative (CPP). Conçue essentiellement pour la matière familiale, elle se définit comme « une convention par laquelle les parties à un différend s'engagent à œuvrer conjointement et de bonne foi à la résolution amiable de leur différend ou à la mise en état de leur litige » (Code civil, art. 2062). ». Elle est conclue par écrit et pour une durée déterminée. Il est possible de conclure cette convention même si un juge a été saisi. Elle est cantonnée aux droits dont les parties ont la libre disposition (ex. : renonciation au paiement d'une somme d'argent). Pendant la durée de la convention les parties ne peuvent pas recourir au juge.

– La loi du 28 mars 2011 a créé l'acte sous signature privée contresignée par avocat ; la loi du 18 novembre 2016, un divorce par consentement mutuel simplifié.

4. Les officiers ministériels, auxiliaires de justice à titre accessoire

Un officier ministériel (tab. 4.5) est nommé par le gouvernement. Il dispose d'un droit patrimonial sur sa charge sous la forme du droit de présentation de son successeur.

Tableau 4.5. Compétences des officiers ministériels

Huissier	• Procède aux significations (porte un acte à la connaissance d'une partie) des actes de procédure, à l'exécution forcée des jugements. • Assure le service intérieur des tribunaux. • Peut faire des constats, procéder au recouvrement des créances…
Notaire	Rédige des actes authentiques et exécutoires.
Commissaire-priseur judiciaire	Estime la valeur (prisée) et vend aux enchères publiques les meubles corporels, à l'exception des ventes d'immeubles.

→ APPLICATION 2

6 L'action en justice

Définition

L'action en justice vise à faire respecter des droits subjectifs. Elle « est le droit, pour l'auteur d'une prétention, d'être entendu sur le fond de celle-ci afin que je juge la dise bien ou mal fondée ». Pour l'adversaire, elle « est le droit de discuter le bien-fondé de cette prétention » (CPC, art. 30).

L'action en justice est un droit dont chacun peut user librement mais, lorsque l'action est inspirée par l'intention de nuire ou n'est pas fondée, il y a abus de droit. Celui-ci peut être sanctionné par des dommages-intérêts au profit de l'autre partie et assorti d'une amende.

A) La classification et les conditions des actions

1. La classification des actions

Les actions peuvent être classées en fonction de la nature ou de l'objet du droit à protéger (tab. 4.6).

Tableau 4.6. Actions personnelles, réelle, mobilière et immobilière

Nature du droit à protéger		Objet du droit à protéger	
Action personnelle	**Action réelle**	**Action mobilière**	**Action immobilière**
Formée par le créancier contre le débiteur, elle a pour but de faire reconnaître un droit patrimonial (ex. : paiement d'une créance) ou extrapatrimonial (ex. : état des personnes, divorce, etc.).	Tend à protéger un droit réel (ex. : droit de propriété).	• Concerne un meuble. • Permet au titulaire d'un droit réel mobilier d'assurer la protection de ses prérogatives devant un juge.	• Concerne un immeuble. • Permet au titulaire d'un droit réel immobilier d'assurer la protection de ses prérogatives devant un TGI.

Il existe des actions mixtes comportant à la fois des éléments réels et personnels (ex. : action en délivrance de la chose vendue).

2. Les conditions de l'action en justice

L'action en justice est conditionnée par trois éléments cumulatifs :

- **L'intérêt.** On ne peut agir en justice que si l'on y a intérêt, c'est-à-dire si l'on compte tirer un avantage de son action. Cet intérêt doit présenter les qualités suivantes :
  - il doit être légitime (juridiquement protégé). Les intérêts matériel (pécuniaire) et moral (honneur) sont pris en compte ;
  - il doit être né et actuel, l'action n'étant possible en principe qu'après la violation du droit mais non pas à titre préventif ;
  - l'intérêt doit être personnel et direct ; le demandeur doit être le titulaire du droit ou son représentant (ex. : parent d'un enfant mineur).
- **La qualité.** Il s'agit du titre en vertu duquel une personne agit. Elle agit parce qu'elle détient une créance sur un débiteur (ex. : vendeur en cas d'impayé par l'acheteur) ou parce qu'elle est titulaire d'un droit (ex. : propriétaire d'un bien contre son voleur).
- **La capacité juridique.** Seules peuvent agir en justice les personnes physiques capables (majeures et non frappées d'incapacité) et les personnes morales (ex. : association, société commerciale) représentées par leurs représentants légaux (↳ chapitre 6).

B) La procédure judiciaire

1. Les principes directeurs

Le rapport juridique d'instance. L'objet du litige réside dans les prétentions respectives des parties, le demandeur et le défendeur ; son fondement, dans les faits que les parties allèguent à l'appui de leurs prétentions et les règles de droit dont elles réclament l'application.

Les caractères essentiels de la procédure. Outre les principes du contradictoire, d'oralité et de publicités des débats, la procédure est également formaliste ; elle s'entend de l'accomplissement, dans le respect de certains délais, d'actes ou de formalités. Le formalisme protège le plaideur contre les manœuvres de son adversaire, voire contre l'arbitraire du juge. Le rôle du juge est déterminant ; il veille au bon déroulement de l'instance, ordonne les mesures nécessaires et tranche le litige. Sauf exception, seules les parties ont la possibilité d'introduire l'instance et d'y mettre fin avant le jugement. Elles déterminent l'objet et le fondement de leur demande.

2. Le déroulement de l'instance

Le déroulement d'un procès devant le TGI suit des étapes précises (tab. 4.7).

Tableau 4.7. Phases du procès

Introduction de l'instance	• Assignation : acte d'huissier ou requête conjointe par lequel le demandeur cite son adversaire à comparaître devant le tribunal. • Conséquences : le demandeur doit saisir le tribunal et le défendeur doit comparaître, c'est-à-dire constituer avocat.
Saisine du tribunal	• Remise au greffe d'une copie de l'assignation. • Conséquences : l'affaire est mise au rôle, c'est-à-dire inscrite au répertoire général.
Instruction	Les parties font connaître à la juridiction saisie leurs prétentions ainsi que les arguments sur lesquels elles reposent. Les parties rédigent et échangent des conclusions.
Audience	Débat oral de l'affaire organisé en trois parties : rapport du juge de la mise en état s'il y a lieu, plaidoiries des avocats du demandeur puis du défendeur et conclusions du ministère public intervenant comme partie jointe.
Clôture des débats	Mise en délibéré de l'affaire : le tribunal s'accorde un délai avant de prononcer le jugement.

3. Le temps pour agir en justice : prescription et forclusion

Le temps d'action en justice est strictement encadré.

La forclusion et la prescription éteignent un droit d'agir :

- La **forclusion** est la durée limitée d'un droit d'action fixé dans des cas particuliers. En principe, les délais de forclusion sont relativement courts et établis par la loi.

Toutefois, ils peuvent aussi avoir une origine contractuelle. L'absence d'action dans le délai imparti emporte déchéance du droit. Le point de départ est spécifiquement prévu par la loi.

- La **prescription** désigne l'arrivée du terme légal qui marque l'extinction d'un droit lorsque son titulaire est inactif. Le délai de droit commun des actions personnelles et mobilières est fixé à 5 ans. Ce délai court à compter du jour où le titulaire d'un droit a connu ou aurait dû connaître des faits lui permettant de l'exercer.

Exemple

Le 24 septembre N+1 Rodolphe est hospitalisé après avoir consommé du foie gras acheté un an plus tôt à un producteur de sa région, le 15 janvier N.
Face à ce produit défectueux, mettant en cause son producteur (↪ chapitre 17), Rodolphe dispose de :
- dix ans à compter de la mise en circulation du produit pour exercer une action en justice (délai de forclusion), soit jusqu'au 15 janvier N+10.
- 3 ans à compter du dommage pour intenter une action en réparation contre le vendeur s'il le souhaite (délai de prescription), soit jusqu'au 24 septembre N+4 (N+1+3).

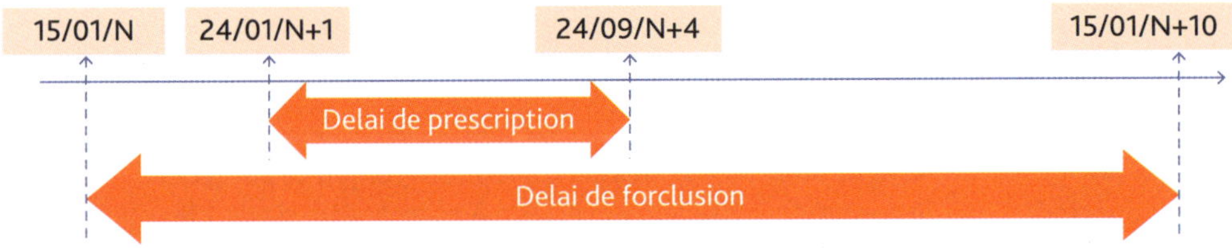

C) Le jugement

1. La forme du jugement

Rédigé sous forme d'acte authentique appelé « minute », il comprend les motifs (arguments justifiant la décision des juges) et le dispositif (décision proprement dite introduite par l'expression « Par ces motifs »). Le jugement doit être porté officiellement à la connaissance des parties, en principe par signification. Cette notification permet d'exécuter le jugement ; elle constitue le point de départ des délais de **recours**.

2. Les effets du jugement

La force exécutoire. C'est la possibilité de faire exécuter la décision rendue en recourant éventuellement à la force publique. Ainsi, celui qui a gagné le procès pourra faire procéder à l'exécution forcée aux moyens de saisies par exemple. Le jugement n'est exécutoire que lorsque les recours suspensifs (l'opposition et l'appel) ont été épuisés ou lorsque les délais de ces recours sont expirés.

L'autorité de la chose jugée. Le jugement dessaisit le juge qui ne peut plus revenir sur sa décision pour la modifier. Ce principe présume que ce qui a été jugé est vrai et ne peut être contesté, sauf en actionnant les voies de recours prévues par la loi. Lorsque ces voies de recours ou les délais y afférents sont épuisés, ce qui a été jugé ne peut plus être remis en cause.

→ CAS 3 • CAS 5 • COMMENTAIRE DE DOCUMENT 6

7 Les voies de recours

Les parties ont la faculté de demander un nouvel examen du litige. Plusieurs possibilités leur sont offertes (tab. 4.8) ; elles produisent des effets différents.

Tableau 4.8. Qualification, délai de principe et effet des différentes voies de recours

		Qualification	Délai de principe	Effet
Voies de recours ordinaires : toujours ouvertes aux plaideurs (sauf texte contraire)	**Opposition**	Voie de rétractation ouverte à une partie défaillante contre un jugement rendu par défaut	1 mois	Suspensif
	Appel	Voie de recours tendant à obtenir la réformation ou l'annulation d'un jugement rendu par une juridiction du premier degré	1 et 3 mois	Suspensif
Voies de recours extraordinaires : ouvertes uniquement dans les cas prévus par la loi	**Pourvoi en cassation**	Voie de recours tendant à l'annulation d'une décision pour violation de la loi Ouvert à une partie insatisfaite d'un jugement rendu en dernier ressort	2 mois	Non suspensif
	Tierce-opposition	Voie de recours ouverte aux tiers auxquels un jugement peut causer un préjudice	2 mois	Non suspensif
	Recours en révision	Formé contre un jugement non susceptible d'appel ou d'opposition. Voie de rétractation dans des cas limités (fraude, faux, pièces retrouvées…)	2 mois	Non suspensif

FOCUS — **Mécanisme du pourvoi en cassation**

Toute partie insatisfaite du jugement rendu en dernier ressort peut exercer un pourvoi en cassation. Lorsque la Cour de cassation « casse » une décision antérieure, l'affaire est renvoyée devant une autre juridiction de même nature que la juridiction initiale (ex. : une autre cour d'appel).
Si la juridiction de renvoi statue comme la première et si, sur un nouveau pourvoi, ce second arrêt ou jugement est cassé pour les mêmes motifs que le premier (par une formation particulière de la cour, toutes chambres réunies : l'assemblée plénière), la deuxième juridiction de renvoi doit se conformer à la solution tracée par la Cour de cassation.

CHIFFRES-CLÉS

La Cour de cassation rend chaque année environ **20 000** arrêts au civil, **8 000** au pénal, **39 %** consistent en des rejets et **21 %** en des cassations (Cour de cassation, 2017).

➜ CAS 5 • SITUATION PRATIQUE 7 • COMMENTAIRE DE DOCUMENT 8

1 QCM

Pour chaque proposition, une ou plusieurs réponses sont possibles. Justifiez-les.

1. Il existe deux ordres de juridiction. Il s'agit des ordres :
   a. civil. ☐
   b. administratif. ☐
   c. pénal. ☐
   d. judiciaire. ☐

2. Les juridictions de droit commun sont :
   a. le TGI. ☐
   b. le TI. ☐
   c. le tribunal de commerce. ☐
   d. le conseil de prud'hommes. ☐

3. Les juridictions de droit commun sont compétentes :
   a. pour tous les litiges. ☐
   b. pour tous les litiges civils. ☐
   c. pour des litiges dont la compétence leur est attribuée par un texte. ☐
   d. pour des litiges non expressément attribués à une autre juridiction. ☐

4. Les juridictions suivantes sont composées de magistrats professionnels nommés par l'État :
   a. Tribunal de commerce. ☐
   b. TI. ☐
   c. TGI. ☐
   d. cour d'appel. ☐
   e. conseil de prud'hommes. ☐
   f. cour d'assises. ☐

5. Le tribunal compétent sur le plan géographique est, en principe :
   a. le tribunal du lieu du domicile du défendeur. ☐
   b. le tribunal du lieu du domicile du demandeur. ☐
   c. le tribunal du lieu de conclusion du contrat. ☐
   d. le tribunal du lieu de situation du bien litigieux. ☐

6. Les conditions de recevabilité d'une action en justice sont :
   a. la capacité de jouissance, la qualité, l'intérêt. ☐
   b. la capacité, la qualité, des droits subjectifs. ☐
   c. la capacité d'exercice, la qualité, l'intérêt. ☐
   d. la capacité, la qualité, l'intérêt à l'action. ☐

7. Un jugement rendu en premier et dernier ressort est :
   a. non susceptible d'appel. ☐
   b. non susceptible de pourvoi. ☐
   c. sans recours. ☐

8. La Cour de cassation saisie d'un pourvoi peut :
   a. rendre un arrêt de rejet. ☐
   b. rendre un arrêt de renvoi. ☐
   c. juger le fond du procès. ☐
   d. juger la régularité des décisions. ☐

2 Éclat d'or ★★★

La bijouterie Éclat d'or située à Strasbourg sur la place du Château a été victime d'un vol avec violence ayant entraîné la mort du bijoutier. Les cambrioleurs ont été interpellés.

Selon vous, par quel tribunal l'affaire sera-t-elle jugée ?

3 Analyse d'une décision du Conseil constitutionnel ★★★

Compétence attendue **Vérifier** le respect des principes directeurs du procès

À l'aide de vos connaissances, répondez aux questions ci-après portant sur l'annexe.

1. *Rappelez ce qu'est une question prioritaire de constitutionnalité (QPC).*
2. *Quelle est la disposition contestée ?*
3. *À quels principes directeurs cette disposition porterait-elle atteinte ?*
4. *Quelle est la décision du Conseil constitutionnel ?*

Annexe

LE CONSEIL CONSTITUTIONNEL A ÉTÉ SAISI le 17 mai 2017 par la Cour de cassation (chambre criminelle, arrêt n° 1457 du 11 mai 2017). Cette question a été posée pour M. Gérard B. par Me Didier Bouthors, avocat au Conseil d'État et à la Cour de cassation.

Le troisième alinéa de l'article 306 du code de procédure pénale, dans sa rédaction résultant de la loi du 13 avril 2016, prévoit : « Lorsque les poursuites sont exercées du chef de viol ou de tortures et actes de barbarie accompagnés d'agressions sexuelles, de traite des êtres humains ou de proxénétisme aggravé, réprimé par les articles 225-7 à 225-9 du code pénal, le huis clos est de droit si la victime partie civile ou l'une des victimes parties civiles le demande ; dans les autres cas, le huis clos ne peut être ordonné que si la victime partie civile ou l'une des victimes parties civiles ne s'y oppose pas ».

Selon le requérant, ces dispositions méconnaîtraient le droit à un procès équitable. En effet, en permettant à la partie civile d'obtenir, de droit et quelles que soient les circonstances, le prononcé du huis clos pour le jugement de certains crimes devant la cour d'assises, le législateur aurait porté atteinte au principe de publicité des débats. Le requérant soutient en outre que ces dispositions seraient contraires au principe d'égalité devant la justice, dès lors qu'elles rompraient l'équilibre entre la partie civile, l'accusé et le ministère public. Enfin, le requérant estime que les dispositions contestées, qui qualifient la partie civile de « victime » avant toute décision définitive de condamnation de l'accusé, iraient à l'encontre de la présomption d'innocence.

…

...

3. Par conséquent, la question prioritaire de constitutionnalité porte sur les mots « le huis clos est de droit si la victime partie civile ou l'une des victimes parties civiles le demande.

[...] LE CONSEIL CONSTITUTIONNEL DÉCIDE :

Article 1er. – Les mots « le huis-clos est de droit si la victime partie civile ou l'une des victimes parties civiles le demande ; dans les autres cas » figurant au troisième alinéa de l'article 306 du code de procédure pénale, dans sa rédaction résultant de la loi n° 2016-444 du 13 avril 2016 visant à renforcer la lutte contre le système prostitutionnel et à accompagner les personnes prostituées, sont conformes à la Constitution.

4 En litige ★★★

Compétences attendues

- **Distinguer** les différentes juridictions nationales et européennes et **déterminer** leurs compétences
- **Déterminer** la juridiction compétente dans un litige donné

Dans les cas suivants, indiquez qui est demandeur, qui est défendeur, puis déterminez quel est le tribunal matériellement et territorialement compétent :

1. Un litige oppose deux sociétés commerciales, l'une domiciliée à Strasbourg, l'autre à Rouen. La première reproche à la seconde des pratiques commerciales déloyales.
2. La Commission européenne souhaite introduire un recours contre la Pologne, considérant qu'elle a enfreint la législation européenne sur la protection des sites naturels en ordonnant des abattages dans la forêt de Bialowieza, l'une des dernières forêts primaires d'Europe.
3. Un litige oppose Myriam Compte, contrôleuse de gestion habitant Orléans et travaillant à Paris, à son employeur, la Cie internationale du bois domiciliée à Paris, à propos de diverses primes non réglées.
4. Une action est intentée par M. Roubier, industriel à Nantes, contre la société de production de machines-outils et d'équipements industriels Sasmoi située à Strasbourg. La Sasmoi a livré du matériel défectueux aux établissements Roubier à Metz.
5. Des élections municipales ont dû être organisées à la suite du départ du maire de la commune de Villeneuve. Un groupe de citoyens de la commune en conteste les résultats et estime que des faits de fraude doivent être relevés.

5 Atelier Picture ★★★

Compétence attendue **Vérifier** les conditions de recevabilité de l'action en justice

M. Picture tient un magasin de photographie dans le quartier historique de sa ville. Malgré le développement de la photographie numérique, son activité est rentable. Ses qualités artistiques sont reconnues. Il effectue des reportages pour des particuliers comme pour des entreprises ou collectivités publiques. À l'occasion du centenaire de la Première Guerre mondiale, il a assuré la couverture des différentes cérémonies pour la municipalité. Il a remis ce travail et facturé un montant de 7 500 €. Ses photographies sont exposées pendant plusieurs mois à la mairie.

Malgré des relances et des échanges téléphoniques, la facture de 7 500 € reste impayée. M. Picture éprouve actuellement des difficultés financières.

Les conditions sont-elles réunies pour que M. Picture puisse agir en justice ?

6 Commentaire de document : cas Titeuf ★★★

Compétences attendues

- **Déterminer** les voies de recours possibles dans une situation juridique donnée
- **Identifier** les rôles respectifs des magistrats du siège et du ministère public

En vous appuyant sur vos connaissances, répondez aux questions ci-après portant sur l'annexe.

1. *Repérez les différents paragraphes et intitulez-les.*
2. *Repérez les points-virgules qui séparent les idées.*
3. *Dressez un schéma des parties en présence et résumez les faits.*
4. *Pour quelles raisons le procureur de la République est-il concerné ?*
5. *Présentez la procédure antérieure en précisant, pour chaque instance, les parties et la décision.*
6. *Quel problème de droit la Cour de cassation avait-elle à examiner ? Comment a-t-elle répondu à ce problème ?*

Annexe

Cour de cassation, première chambre civile, arrêt n° 188, 15 février 2012, pourvoi n° 10-27.512/11-19.963

Attendu, selon l'arrêt attaqué (Versailles, 7 octobre 2010), que M. Y… a déclaré vouloir prénommer son fils, né le 7 novembre 2009, Titeuf, Gregory, Léo ; que l'officier d'état civil a informé le procureur de la République que le choix du premier prénom, Titeuf, lui paraissait contraire à l'intérêt de l'enfant ; que, sur le fondement de l'article 57 du code civil, le parquet a fait assigner les parents afin de voir prononcer la suppression du prénom Titeuf ; que, par jugement du 1er juin 2010, le tribunal de grande instance de Pontoise, se fondant sur l'intérêt de l'enfant, a ordonné la suppression du prénom Titeuf de son acte de naissance et dit qu'il se prénommera Grégory, Léo ;

Attendu que M. Y… et la mère de l'enfant, Mme Z…, font grief à l'arrêt de confirmer le jugement, alors, selon le moyen :

1°) que la contrariété à l'intérêt de l'enfant qui peut justifier que le prénom choisi par ses parents soit supprimé doit être appréciée de façon objective ; qu'en appréciant la conformité à l'intérêt de l'enfant du prénom Titeuf uniquement par référence à un personnage de bande dessinée dont la notoriété est nécessairement éphémère et limitée, dont elle relève au demeurant qu'il est « plutôt sympathique », et en se livrant à une analyse subjective des caractéristiques de ce personnage, sans se prononcer au regard de critères objectifs seuls à même de garantir le principe d'égalité devant la loi, la cour d'appel a violé l'article 57 du code civil, ensemble l'article 3 de la Convention de New York du 20 novembre 1989 et l'article 8 de la Convention européenne des droits de l'homme ;

2°) que toute restriction à la liberté de choix du prénom de l'enfant par ses parents ne peut être justifiée que par l'intérêt de l'enfant ; qu'en jugeant que le prénom Titeuf n'était pas conforme à l'intérêt de l'enfant et en ordonnant sa suppression de l'acte de naissance, sans rechercher, ainsi qu'elle y était invitée, si le fait qu'au moins un autre enfant ait reçu ce prénom sans opposition du ministère public et que d'autres enfants aient reçu les prénoms d'autres personnages de bandes dessinées ou dessins animés n'était pas de nature à mettre en évidence que le choix du prénom litigieux ne portait pas atteinte à l'intérêt de l'enfant, la cour d'appel a privé sa décision de base légale au regard de l'article 57 du code civil, ensemble l'article 3 de la Convention de New York du 20 novembre 1989 et l'article 8 de la Convention européenne des droits de l'homme ;

Mais attendu que c'est par une appréciation souveraine qu'en une décision motivée la cour d'appel a estimé qu'il était contraire à l'intérêt de l'enfant de le prénommer Titeuf ; que le moyen qui ne tend en réalité qu'à contester cette appréciation ne peut être accueilli ;

PAR CES MOTIFS :

REJETTE les pourvois.

Évaluer les savoirs | Maîtriser les compétences | Préparer l'épreuve

7 Situation pratique : cas Charlène ★★★

20 min

Compétences attendues

- **Vérifier** les conditions de recevabilité de l'action en justice
- **Déterminer** la juridiction compétente dans un litige donné
- **Déterminer** les voies de recours possibles dans une situation juridique donnée

Rendez-vous MÉTHODE 3

Charlène, 24 ans, a été engagée par la société Biofarm de Lille. Elle s'occupe de l'approvisionnement et du développement des contacts fournisseurs. À cette fin, elle voyage régulièrement et rencontre de nouveaux prestataires potentiels, prêts à conclure un partenariat avec Biofarm.

Salariée depuis deux ans, elle a acquis un véritable savoir-faire au sein de l'entreprise et a permis la conclusion de plusieurs contrats. Pourtant le gérant de la société lui reproche un certain nombre de dysfonctionnements : retards matinaux à plusieurs reprises, rendez-vous manqués…

Charlène conteste ces faits et estime que son employeur l'accuse injustement. Elle a commencé à craindre qu'il cherche un prétexte pour se séparer d'elle. Il s'avère que ses craintes sont fondées puisque, trois semaines plus tard elle reçoit une lettre de convocation à un entretien préalable, dans le cadre d'une procédure disciplinaire. Elle pense que la décision de la licencier est déjà prise. Elle décide de réagir et souhaite intenter une action en justice.

Travail à faire

1. *Charlène peut-elle agir en justice contre son employeur ?*
2. *Quelle sera la juridiction compétente ?*
3. *Si Charlène n'avait pas gain de cause, que pourrait-elle faire ?*

8 Commentaire de document : Beghin Say ★★★

30 min

Compétences attendues

- **Déterminer** les voies de recours possibles dans une situation juridique donnée
- **Identifier** les rôles respectifs des magistrats du siège et du ministère public

Rendez-vous MÉTHODE 2

En vous appuyant sur vos connaissances, répondez aux questions ci-après portant sur l'annexe.

Travail à faire

1. *Quels sont les faits ?*
2. *Quelle est la procédure antérieure ?*

3. *Quel est le problème juridique ?*
4. *Quelle est la décision de la Cour de cassation ?*

Annexe

Cour de cassation, première chambre civile, arrêt n° 413, 5 avril 2012, pourvoi n° 11-15.328

Attendu que prétendant, selon l'arrêt attaqué (Paris, 19 janvier 2011) que la société Tereos, exploitant la marque Beghin Say, à l'occasion d'une campagne commerciale dite « Année du Brésil », avait fait figurer sans son autorisation, sur l'emballage de morceaux de sucre, reproduit par ailleurs sur son site internet, une photographie de sa personne réalisée lorsqu'elle avait prêté son concours à une troupe de danse lors de spectacles sur le même thème, Mme X... a introduit une action en justice pour atteinte portée à son droit sur son image ; qu'elle a été déboutée ;

Attendu que, par motifs propres et adoptés, la cour d'appel, après avoir relevé, outre la taille de trois millimètres sur deux du visage litigieux, sur une vignette occupant seulement la plus grande face d'un morceau de sucre, la mauvaise définition générale de l'image, a estimé que la personne représentée était insusceptible d'identification ; qu'à partir de ces constatations et appréciations souveraines, elle a pu retenir qu'aucune atteinte à l'image n'était constituée ; que le moyen n'est pas fondé ;

PAR CES MOTIFS :

REJETTE le pourvoi.

SYNTHÈSE

L'organisation judiciaire

L'action en justice

Conditions	Caractères
Intérêt : « pas d'intérêt, pas d'action »	• Légitime • Né et actuel • Personnel et direct
Qualité	Titre en vertu duquel une personne agit
Capacité	Personnes physiques capables et personnes morales représentées par leurs représentants légaux

La compétence des juridictions

Compétences d'attribution	Attribution d'un litige à une juridiction en fonction de la valeur du litige, de la nature du litige, du degré de juridiction.
Compétence territoriale	• Attribution de l'examen du litige à une juridiction géographiquement compétente • Principe : sauf dispositions contraires, tribunal du lieu où demeure le défendeur

Les juridictions du premier degré en matière civile

Juridiction de droit commun	Juridictions d'exception		
Tribunal de grande instance (TGI)	**Tribunal d'instance (TI)**	**Tribunal de commerce**	**Conseil de prud'hommes**
• Compétence de principe : affaires civiles et commerciales non attribuées • Compétences exclusives : état des personnes, droit des biens	• Compétence exclusive : actions personnelles ou mobilières jusqu'à 10 000 € • Compétences spéciales (ex : expulsion des personnes, crédits à la consommation, etc.)	• Litiges entre commerçants, artisans, associés de sociétés commerciales • Procédures collectives	• Conflits individuels nés à l'occasion d'un contrat de travail • Statue en premier et dernier ressort jusqu'à 4 000 €

Les juridictions du premier degré en matière pénale

Contravention
• Juridiction : tribunal de police
• Composition : juge unique (TI), avocat non obligatoire

→

Délit
• Juridiction : tribunal correctionnel
• Composition : formation collégiale (TGI), avocat non obligatoire

→

Crime
• Juridiction : cour d'assises
• Composition : jury populaire, avocat obligatoire

Les principales voies de recours

Appel	Pourvoi en cassation
• Annulation ou réformation d'un jugement d'une juridiction du 1er degré • Délai : 1 mois • Effet suspensif • Effet dévolutif	• Annulation d'une décision pour violation de la loi • Délai : 2 mois • Effet non suspensif • Effet non dévolutif • Ouvert à la partie insatisfaite d'un jugement rendu en dernier ressort

CHAPITRE 5 Les modes alternatifs de règlement des différends (MARD)

PROGRAMME

Compétences attendues

- **Justifier** l'exigence du recours aux MARD avant toute procédure contentieuse
- **Distinguer** les effets de chacun des MARD
- **Montrer** la spécificité de l'arbitrage comme mode de résolution des conflits

Savoirs associés

- La conciliation et la médiation : définition, acteurs, mise en œuvre, issue
- L'arbitrage comme mode spécifique de résolution des conflits : modalités de mise en œuvre, désignation et récusation des arbitres, modalités de la sentence arbitrale et des voies de recours, avantages et inconvénients

PRÉREQUIS

Organisation judiciaire (chapitre 4)

PLAN DU CHAPITRE

COURS : 1. Les MARD : domaines, typologies et avantages • 2. Les MARD judiciaires • 3. Les MARD non judiciaires

DES SAVOIRS AUX COMPÉTENCES : Évaluer les savoirs • Maîtriser les compétences • Préparer l'épreuve

SYNTHÈSE

En cas de conflit, le recours judiciaire constitue le mode traditionnel de résolution. Cette solution suppose le plus souvent un procès long et coûteux. C'est pourquoi, parallèlement aux actions traditionnelles en justice, des modes alternatifs de règlement des différends (MARD) judiciaires ou extrajudiciaires se sont développés.
Ces recours sont soit imposés soit choisis par les parties. Le but peut être de parvenir à une résolution amiable du conflit par le recours à la médiation ou à la conciliation, sans recours à un juge. Les parties peuvent par ailleurs souhaiter soumettre leur litige à un tiers. Ce mode de règlement est qualifié de juridictionnel et sa principale forme est l'arbitrage.

MOTS-CLÉS

Arbitrage • Clause compromissoire • Compromis • Conciliation • Convention de procédure participative • Médiation • Mode alternatif de règlement des différends • Sentence arbitrale

1 Les MARD : domaines, typologies et avantages

Définition

Les **modes alternatifs de règlement des différends** (MARD) favorisent la conclusion d'un litige par voie d'accord amiable entre les parties.

Le recours aux MARD se développe ; le phénomène est général et même encouragé. Des commissions ou institutions chargées de promouvoir la **conciliation** ont été créées et des circulaires favorisent le recours à la transaction pour le règlement des litiges avec l'administration.

Exemples

- Les commissions de règlement des litiges de consommation, de baux commerciaux, avec les établissements de santé publics ou privés, ou encore le médiateur du cinéma, sont autant d'alternatives aux recours judiciaires. Une loi du 18 décembre 1998 a créé les maisons de justice et du droit (MJD), établissements judiciaires de proximité dans lesquels les mesures alternatives de traitement pénal et les actions tendant à la résolution amiable des litiges peuvent s'exercer (art. R. 131-1 al. 3 du Code de l'organisation judiciaire).

A) Les domaines

Le règlement amiable est un recours possible en matière civile, pénale et administrative. Il n'est pas admis dans certains domaines où l'arrangement volontaire est inconcevable (ex. : action publique en cas de crime, état des personnes, matière électorale).

B) Les typologies

1. Les MARD au sein des institutions judiciaires

Le juge a pour mission de trancher un litige mais il doit aussi favoriser la conciliation des intérêts des parties soit lui-même, soit en désignant un tiers par la mise en œuvre d'une conciliation ou d'une **médiation** judiciaire.

2. Les MARD en dehors des institutions judiciaires

Le but est d'écarter le juge de la résolution des différends. Il s'agit de la conciliation, de la médiation et de l'**arbitrage**.

C) Les avantages

Le recours aux MARD évite une procédure longue et coûteuse. Il permet de chercher les solutions les plus adaptées pour résoudre un litige rapidement et en toute discrétion. Il facilite la négociation, ménage les relations futures des parties et génère une image positive auprès des partenaires dans les relations personnelles et professionnelles.

→ COMMENTAIRE DE DOCUMENT 5

2 Les MARD judiciaires

A) La conciliation judiciaire

Définition

La conciliation est un principe directeur de la procédure civile. La loi dispose qu'il entre dans la mission du juge de concilier les parties. Les parties peuvent se concilier d'elles-mêmes ou à l'initiative du juge tout au long de l'instance.

1. Le conciliateur de justice

Le conciliateur de justice est désigné par le juge qui fixe la durée de sa mission (2 mois renouvelables). La procédure est confidentielle. Deux issues sont possibles :

- l'accord est consigné dans un procès-verbal signé par les parties et le juge. Il a valeur de titre exécutoire, ce qui autorise le recours aux procédures d'exécution forcée sur les biens du débiteur ;
- un constat est signé par les parties et le conciliateur de justice qui peut être soumis à homologation judiciaire.

2. Les règles spéciales

Certaines règles prévoient une procédure de conciliation préalable au jugement. Elles varient selon les juridictions et ont un caractère soit facultatif soit obligatoire.

Exemple

- Pour les litiges de moins de 4 000 euros, conformément à la loi une conciliation gratuite préalable est systématiquement tentée (loi du 18 novembre 2016 de modernisation de la justice du 21e siècle).

Devant le conseil de prud'hommes (chapitre 4), le procès débute toujours par une conciliation auprès d'une formation spécialisée : le bureau de conciliation et d'orientation. En cas d'échec, l'affaire est transmise au bureau de jugement.

B) La médiation judiciaire

Personne physique ou association dont le nom est arrêté dans l'ordonnance de désignation prise par le juge après accord des parties, le médiateur (tab. 5.1) est compétent, en principe à n'importe quel stade de la procédure, pour :

- un contentieux privé (droit de la famille, droit commercial, droit du travail) ;
- un contentieux répressif (petites infractions).

Le médiateur doit répondre à des conditions d'honorabilité et de qualification ou justifier d'une formation ou d'une expérience pour régler le litige. Il est tenu à une obligation de confidentialité et au devoir de réserve.

Tableau 5.1. **Coût, déroulement et effets de la médiation**

Coût	La rémunération du médiateur est fixée dans l'ordonnance de désignation, et versée par les parties en fonction de la nature de la mission.
Déroulement	• Le médiateur entend et aide les parties à trouver une solution. • La mission se déroule par périodes, de 3 mois maximum et renouvelables. Le juge peut mettre fin à la mission à tout moment à la demande d'une des parties ou du médiateur, voire d'office.
Effets	• La médiation ne dessaisit pas le juge qui en a le contrôle. • Le médiateur informe le juge de l'accord ou du non-accord intervenu entre les parties. • En cas d'accord, les parties peuvent soumettre celui-ci à l'homologation par le juge qui lui donne force exécutoire.

Des expérimentations de médiation préalable obligatoire sont développées en matière familiale et devant le juge administratif, en application de la loi du 18 novembre 2016 de modernisation de la justice du 21e siècle.

→ CAS 4

3 Les MARD non judiciaires

A) La conciliation conventionnelle

Le conciliateur (tab. 5.2) est une personne figurant sur une liste répondant à des conditions d'honorabilité et justifiant d'une expérience professionnelle dans le domaine juridique. Impartial, il est tenu à une obligation de réserve, règle des litiges portant sur des droits dont les parties ont la libre disposition. Il peut aussi procéder aux tentatives de conciliation prévues par la loi sauf en matière de divorce et de séparation de corps.

Tableau 5.2. **Coût, déroulement et effets de la conciliation**

Coût	• La conciliation est gratuite, le conciliateur exerce à titre bénévole.
Déroulement	• Le conciliateur entend les parties à huis-clos. • La tentative de conciliation des points de vue vise à trouver la solution optimale, dans le respect du cadre légal.
Effets	• Un constat d'accord, signé par les parties, est obligatoire si une des parties renonce à un droit (ex. : remise de dette) ou si la conciliation a été faite à la demande du juge. • En cas de délégation du juge, celui-ci donnera force exécutoire au constat. • En cas d'échec, une saisine de la justice par les parties est possible. • Les délais de prescription de l'action sont suspendus.

B) La médiation conventionnelle

Définition

La médiation conventionnelle est le recours à un médiateur en cas de litige organisé par les parties sans contrainte ni forme imposées.

1. L'accord

Le caractère obligatoire de l'accord est celui attribué par les parties, qui ont la possibilité de le renforcer en demandant au juge de lui conférer force exécutoire.

Exemple

- L'ordonnance du 20 août 2015 facilite pour les consommateurs le recours à une médiation gratuite en cas de litige avec un professionnel. Elle est menée par un médiateur qui présente des garanties de compétence, d'indépendance et d'impartialité.

Outre les litiges spécifiques organisés par la loi (ex. : Sécurité sociale, Poste), des médiations extrajudiciaires sont proposées par des institutions privées, tels les chambres de commerce ou des services de transport (SNCF, RATP).

Pour toute information complémentaire sur la médiation

https://goo.gl/rPqaFh

2. Le cas particulier de la convention de procédure participative (CPP)

La convention de procédure participative permet à des parties de régler leur litige en ayant recours à un avocat.

Définition

Aux termes de l'article 2062 du Code civil, « la **convention de procédure participative** est une convention par laquelle les parties à un différend s'engagent à œuvrer conjointement et de bonne foi à la résolution amiable de leur différend ou à la mise en état de leur litige ».

Fonctions. La CPP vise au règlement amiable du litige et à sa mise en état. La mise en état consiste à contrôler une affaire afin qu'elle puisse être jugée. En principe, elle est effectuée par un juge. La loi du 18 novembre 2016 permet aux parties à la CPP de la réaliser.

Effets. Pendant la durée de la procédure, les parties ne peuvent pas saisir le juge (sauf pour obtenir des mesures urgentes ou conservatoires) et la prescription est suspendue. Deux issues sont possibles :

- En cas d'accord, les parties peuvent obtenir l'homologation du juge.
- En cas de désaccord, elles peuvent demander au juge de trancher leur différend.

Cette procédure n'exclut pas la médiation (sur une question particulière, par exemple).

C) L'arbitrage

Définition

L'arbitrage est un procédé par lequel des parties décident de ne pas recourir aux tribunaux étatiques et choisissent de faire trancher un litige par une personne privée (un particulier ou un organisme) : un arbitre ou un tribunal arbitral.

1. Les conventions de recours à l'arbitrage

L'arbitrage naît (tab. 5.3) :

- Soit d'une **clause compromissoire**. Il s'agit d'une convention par laquelle les parties à un ou plusieurs contrats s'engagent à soumettre à l'arbitrage les litiges qui pourraient naitre de ces contrats.
- Soit d'un **compromis**, convention par laquelle les parties à un litige né le soumettent à l'arbitrage.

Tableau 5.3. Origines de l'arbitrage

	Clause compromissoire	Compromis
Conditions de validité	• Écrit, à peine de nullité. • Dans tous contrats, dès lors que les parties ont accepté cette clause. • Précision du nom de l'arbitre ou de son mode de désignation.	• Écrit, à peine de nullité. • À peine de nullité, précision de l'objet du litige. • Ne peut pas être conclu dans certaines circonstances (ex. : brevets, procédures collectives). • Précision du nom de l'arbitre ou de son mode de désignation.
Effets communs	• Les deux conventions imposent le recours à l'arbitrage. • Si l'une des parties saisissait une juridiction après que le tribunal arbitral eut été saisi, elle se verrait éventuellement opposer une exception d'incompétence. • Les parties peuvent renoncer au compromis ou à la clause compromissoire, soit expressément, soit tacitement (ex. : assignation d'une partie qui ne soulève pas l'exception d'incompétence).	

2. La mise en œuvre de l'arbitrage

CHIFFRES-CLÉS

Une procédure d'arbitrage coûte en moyenne **66 000 €** pour un montant moyen des litiges de **180 000 €** (CMAP, 2017).

Cas de recours. Il est possible de recourir à l'arbitrage :

- quelle que soit la qualité des parties, notamment lors de relations entre particuliers ;
- uniquement pour des droits dont les parties ont la libre disposition (ex. : droit sur un bien meuble) ;
- lorsqu'une partie n'a pas contracté dans le cadre de son activité professionnelle, et qu'elle a signé une clause d'arbitrage. Celle-ci ne le contraint pas. En pratique, elle peut recourir à l'arbitre ou à un tribunal étatique.

L'arbitrage est, en revanche, interdit dans certaines situations (fig. 5.1).

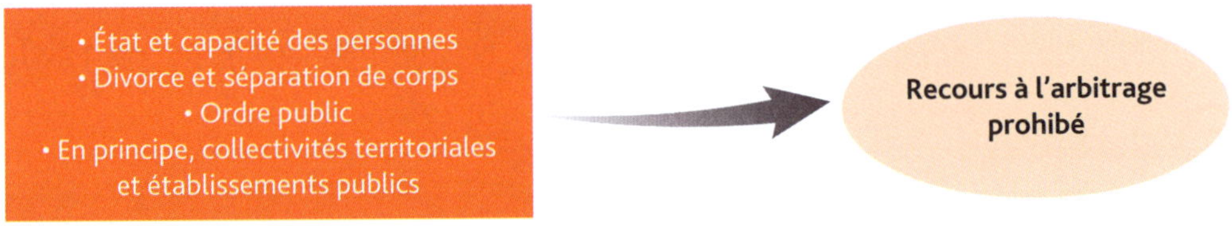

Figure 5.1. Cas d'interdiction de recours à l'arbitrage

L'arbitre. Toujours en nombre impair, les arbitres sont des personnes physiques désignées par les parties, ou à défaut par la personne choisie pour organiser l'arbitrage (tab. 5.4), pour résoudre leur litige. Tenus à une obligation de confidentialité et au devoir de réserve, les arbitres sont indépendants et jouissent de leurs droits civils. L'arbitre doit être indépendant à l'égard de chacune des parties mais aussi à l'égard des autres membres du tribunal arbitral et cela, pour conserver sa liberté de jugement ; à défaut il peut être récusé.

Exemple

Des chambres d'arbitrage ont été créées par les chambres de commerce ou organisées par certaines professions comme les médecins ou les experts-comptables.

Tableau 5.4. Coût, déroulement et effets de l'arbitrage

Coût	Il est généralement élevé puisque, à la rémunération des avocats, s'ajoute celle du ou des arbitres.
Déroulement	• L'arbitre reçoit mission de trancher le litige : mission qu'il doit mener à terme. • Sa mission est limitée à 6 mois à compter de la saisine (sauf fixation d'un délai dans la convention d'arbitrage). • Application des principes fondamentaux de la procédure : loyauté et équité. • Confidentialité de la procédure. • L'arbitre statue conformément au droit applicable ou en équité si les parties lui confient cette mission.
Effets	• Jugement de l'arbitre : sentence arbitrale motivée. Exposé des prétentions des parties, de leurs moyens, visas de tous les arbitres. • La sentence a autorité de la chose jugée mais elle n'a pas force exécutoire. • Nécessité de saisine préalable du juge du TGI pour donner force exécutoire à la sentence. • La sentence n'est pas susceptible d'appel sauf volonté contraire des parties. • Possibilité d'un recours en annulation (à moins que la voie de l'appel soit ouverte par les parties).

3. Les avantages et inconvénients de l'arbitrage

Atouts. La procédure d'arbitrage présente de nombreux intérêts en matière commerciale :

- La décision est rapide grâce à une la procédure simplifiée.
- Une décision discrète, qui n'est pas publiée.
- Le choix d'un arbitre aux compétences techniques certaines. Sa connaissance des milieux professionnels concernés est assurée.
- La prévention des conflits de loi en droit international.

Limites. La procédure d'arbitrage n'est pas exempte de défauts, au premier rang desquels :

- L'absence de force exécutoire. Si les parties refusent d'appliquer la **sentence arbitrale**, l'arbitre ne peut les y contraindre. Seul le juge peut donner force exécutoire à la décision.
- Le non-accès aux éléments de preuve détenus par l'autre partie.
- Le coût de l'arbitre, voire des avocats. Les honoraires dépassent parfois les prévisions des parties.
- Les risques encourus. La sentence peut ne pas être adaptée à la situation des parties.
- L'impossibilité de faire appel, sauf cas particulier.

CHIFFRES-CLÉS

Paris est la **2e** place d'arbitrage international derrière Londres, soit plus de **500** procédures annuelles représentant **100 000** jours-homme de travail (chambre de commerce internationale – ICC, 2017).

→ CAS 2 • CAS 3 • SITUATION PRATIQUE 6

DES SAVOIRS AUX COMPÉTENCES

Évaluer les savoirs — Maîtriser les compétences — Préparer l'épreuve

1 Quiz

Vérifiez l'exactitude des propositions ci-après et justifiez-les.

	Vrai	Faux
1. La médiation intervient après que le juge a été saisi d'un litige.	☐	☐
2. La conciliation est toujours obligatoire.	☐	☐
3. Lorsqu'un tiers est désigné par les parties pour régler un litige, il est nommé conciliateur.	☐	☐
4. L'accord de conciliation lie les parties.	☐	☐
5. Le juge a une mission de conciliation.	☐	☐
6. La médiation pénale est possible pour toutes les infractions.	☐	☐
7. Le rapport du médiateur doit recevoir force exécutoire par le juge.	☐	☐
8. Seul l'arbitre tranche le différend ; le conciliateur et le médiateur aident les parties à trouver un règlement à leur litige.	☐	☐
9. La décision prononcée par un arbitre est une sentence.	☐	☐
10. La décision d'un arbitre a autorité de la chose jugée.	☐	☐
11. La sentence peut faire l'objet d'un appel.	☐	☐
12. La désignation d'un arbitre *a priori* dans le contrat est un compromis.	☐	☐

2 Biz Business ★★★

Un litige est survenu entre le dirigeant du groupe Biz Business et une banque française. Ce litige a fait l'objet d'une procédure judiciaire. Au cours de la procédure judiciaire, les parties ont décidé de recourir à trois arbitres. Parmi ces arbitres, deux étaient bien connus du dirigeant. La sentence arbitrale a été rendue. La banque a été condamnée à verser un montant élevé de dommages et intérêts. Insatisfait de ce montant, le dirigeant a fait appel.

Selon vous, les règles de la procédure d'arbitrage ont-elles été respectées ? Pourquoi ?

3 Recours en tous genres ★★★

Compétence attendue **Distinguer** les effets de chacun des MARD

Pour chaque situation ci-après, précisez le type recours ainsi que ses effets.

1. Un transporteur routier a sous-traité un contrat de transport à l'un de ses concurrents. La marchandise est arrivée abîmée chez le client. M. Leleu a été choisi par les deux transporteurs routiers en conflit pour trancher ce dernier.
2. Un conflit oppose les chauffeurs routiers et les pouvoirs publics à propos du prix du carburant. Une personne a été nommée par le juge pour trouver un accord.
3. Mme Bulot travaille dans la société IPC comme chef comptable depuis plus de vingt ans. La société est rachetée par un groupe suisse et envisage de supprimer le poste de Mme Bulot. Mme Bulot et son nouvel employeur décident de fixer les modalités de départ de Mme Bulot par contrat.
4. Le juge a convoqué les époux Dubos, qui envisagent de divorcer, afin de trouver un règlement amiable.
5. Deux voisins ont un différend à propos des distances qui doivent séparer leurs terrains respectifs et la hauteur des plantations. L'un d'entre eux est plutôt raisonnable et propose, pour éviter les coûts et les délais d'un recours à la justice, d'essayer de régler leur différend à l'amiable.
6. M. Leblond s'est disputé violemment avec son supérieur, M. Lenoir. Un salarié de l'entreprise a dû intervenir pour séparer les protagonistes. La direction décide de sanctionner M. Lenoir. Celui-ci ne veut pas en rester là et veut que justice lui soit rendue. M. Lenoir tient absolument à ce qu'une décision juridictionnelle soit rendue.

4 Analyse économique de la procédure d'arbitrage ★★★

Compétence attendue **Justifier** l'exigence du recours aux MARD avant toute procédure contentieuse

En vous appuyant sur l'annexe et sur vos connaissances, répondez aux questions ci-après.

1. *Donnez une définition de l'arbitrage.*
2. *Différenciez l'arbitrage de la conciliation et la médiation.*
3. *Présentez les avantages et les inconvénients de l'arbitrage.*

Annexe

La résolution électronique des litiges favorise-t-elle le développement de nouvelles stratégies de négociation ?

L'arbitrage est un mode extrajudiciaire de résolution des conflits qui consiste à recourir à une tierce personne choisie par les parties pour obtenir une décision ayant force obligatoire. Dans ce cadre, l'analyse économique s'intéresse à deux problématiques soulevées par l'arbitrage. La première consiste à comprendre pourquoi les parties choisissent de recourir à ce mode de résolution, la seconde comment se forment les sentences arbitrales.... Ce choix ne peut être effectif que si elles anticipent des gains supérieurs à ceux qui résulteraient d'une décision prise par un tribunal.

Les avantages de l'arbitrage les plus souvent évoqués concernent sa flexibilité (même si le degré de formalisme dans les débats a tendance à augmenter), sa rapidité, sa confidentialité et les compétences techniques de l'arbitre. Ces avantages pèsent lourd dans le choix dès lors que l'on prend en compte la complexité des débats devant les tribunaux, la lenteur de la justice « publique », le caractère public des décisions et la compétence « générale » des magistrats.

Cependant, l'arbitrage présente aussi l'inconvénient d'être extrêmement cher. Néanmoins, les coûts supplémentaires encourus sont habituellement surcompensés par les avantages liés à la confidentialité de la décision arbitrale. Cela explique le succès de ce mode de résolution des litiges dans certains domaines comme le commerce international. […]

Ainsi, l'analyse économique a pu montrer que le choix en faveur de l'arbitrage dépend du coût du procès et des risques d'erreurs commises par le juge et par l'arbitre (en considérant que l'arbitre présente un risque d'erreur inférieur en raison de ses compétences spécifiques). […]

B. Deffains et Y. Gabuthy, BETA, Nancy Université et CNRS,
in *Négociations*, 2008/2, n° 10, p. 172, de Boeck

Évaluer les savoirs | Maîtriser les compétences | Préparer l'épreuve

5 Commentaire de document : Michel Ledoux ★★★

20 min

Compétences attendues

- **Justifier** l'exigence du recours aux MARD avant toute procédure contentieuse
- **Distinguer** les effets de chacun des MARD

Rendez-vous MÉTHODE 4

En vous appuyant sur vos connaissances, répondez aux questions ci-après portant sur l'annexe.

Travail à faire

1. *Quelle est la nature de l'annexe ?*
2. *Quelles sont les parties en présence et leur qualité ?*
3. *À quel moment un tel document est-il dressé ? Est-il obligatoire ?*
4. *Quelles sont les obligations auxquelles se soumettent les parties par la signature de ce document ? Justifiez ces obligations.*

Annexe

Conseil de prud'hommes de Rouen
20, rue de la Justice – BP 253, 76000 Rouen
R.G. : N/00233
AFFAIRE Michel LEDOUX contre IMMO
Minute : N/537
République française
Au nom du peuple français
PROCES-VERBAL DE CONCILIATION TOTALE DU 13 MAI N
M. Michel LEDOUX
23 rue des fleurs, 76000 Rouen
DEMANDEUR assisté de M. Paul Lenoir (délégué syndical ouvrier)
Société IMMO
2 place des libertés, 76000 Rouen
DÉFENDEUR représenté par Me Denis Gambae (avocat au barreau de Rouen)
Composition de la formation de référé :
– M. X., président conseiller (E) ;
– M. Y., assesseur conseiller (S) ;
– assistés lors des débats de M. Bastard, greffier en chef.

À l'audience de ce jour, en chambre du conseil, la formation de référé du conseil de prud'hommes a pris acte de l'accord intervenu entre les parties dont la teneur est reproduite ci-après :

AFFAIRE Michel LEDOUX contre IMMO
Audience du 13 mai N
Procès-verbal de conciliation totale
ACCORD INTERVENU

La société IMMO s'engage envers M. Michel LEDOUX à lui payer, à titre d'indemnité forfaitaire transactionnelle et définitive, la somme nette de DEUX MILLE SEPT CENT EUROS.

Le paiement est effectué ce jour par la remise d'un chèque bancaire.

L'accord intervenu vaut compte arrêté, conformément aux articles 2044 et suivants du Code civil et met fin à l'instance entre les parties.

Les parties s'engagent à conserver au présent accord son caractère confidentiel et s'interdisent d'en divulguer les termes et d'en communiquer des photocopies sauf à …

...
la demande des autorités judiciaires, administratives, fiscales ou sociales, dans le cadre des justifications à leur fournir.

L'intégralité du coût de l'exécution forcée par huissier de justice (y compris les frais de l'article 10 du tarif des huissiers) sera à la charge du débiteur en cas d'inexécution volontaire.

M. Michel LEDOUX renonce à toutes réclamations de quelque nature qu'elles soient à l'encontre de la société IMMO relatives au contrat de travail. Les parties se désistent de toutes instances et actions réciproques.

Fait au conseil de prud'hommes, le 13 mai N.

Signature de la partie demanderesse — Signature de la partie défenderesse

Le greffier — Le président

6 Situation pratique : cas Carlo ★★★

30 min

Compétences attendues

- **Distinguer** les effets de chacun des MARD
- **Montrer** les spécificités de l'arbitrage comme mode de résolution des conflits

Rendez-vous MÉTHODE 3

M. Carlo est propriétaire d'un restaurant italien. Ses affaires marchent bien mais il voudrait aménager une terrasse d'hiver et d'été pour augmenter le nombre de couverts. Un accord a été passé avec la société Terabo après de multiples échanges pour obtenir les matériaux voulus et les travaux adaptés à la configuration du lieu. M. Carlo a accepté le devis et versé à la commande 20 % du montant. Afin d'être terminés pour la fin du printemps il est convenu que les travaux démarrent en janvier. Le 15 janvier les premiers travaux de gros œuvre commencent. Les ouvriers sont ensuite appelés sur un autre chantier. Depuis deux mois et malgré de multiples relances, rien ne se passe.

M. Carlo ne souhaite pas intenter une action en justice. Des amis commerçants lui ont parlé du recours à l'arbitrage et d'un ancien élu au tribunal de commerce de leur connaissance très compétent.

Vous êtes consulté par M. Carlo. En vous basant sur vos connaissances, répondez aux questions ci-après.

Travail à faire

1. *Présentez à la société Terabo les avantages que pourrait présenter le recours à l'arbitrage par compromis.*
2. *Proposez une rédaction du compromis.*

Rendez-vous **MÉTHODE**

Rédiger un compromis

Le texte de compromis doit comporter des rubriques précises et clairement identifiables par des « accroches » connues de tous :

- « Entre les soussigné(e)s X. et Y. »
- « Il a été préalablement exposé ce qui suit… » *(exposer sommairement les faits donnant lieu au litige et, de manière très précise, l'objet même du litige, le nom ou le mode de désignation de l'arbitre)*.
- « En conséquence, les parties sont convenues de »
- « Fait en *x* exemplaires, à »

Les phrases doivent être simples et concises.

SYNTHÈSE

Les modes alternatifs de règlement des différends (MARD)

Les MARD : présentation générale

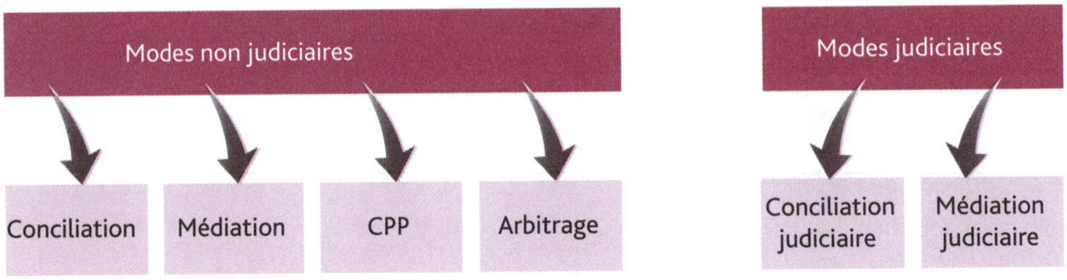

Les types de MARD

Règlements amiables

	Conciliation	Médiation
Domaine	• Le règlement des litiges portant sur des droits dont les parties ont la libre disposition. • Le conciliateur de justice peut aussi procéder aux tentatives de conciliation prévues par la loi sauf en matière de divorce et séparation de corps.	• Contentieux privé (droit de la famille, droit commercial, droit du travail). • Contentieux répressif (petites infractions). • En principe, à n'importe quel stade de la procédure.
Objectif	Amener les parties à trouver une solution à leur différend.	Aider les parties à élaborer elles-mêmes la solution à leur litige.
Organe	Conciliateur désigné par les parties ou sur délégation du juge ; le juge lui-même.	• En droit privé, médiateur désigné par ordonnance du juge après accord des parties. • En droit pénal, médiateur désigné par le procureur.
Décision	Procès-verbal de conciliation.	Information du juge de l'accord ou du désaccord.
Nature juridique de la décision	• Force exécutoire si la conciliation relève d'une délégation du juge. • En cas d'échec, possibilité de saisir la juridiction compétente.	Si l'affaire revient devant le juge, celui-ci peut homologuer l'accord.

Mode juridictionnel : arbitrage

Domaine	• Clause compromissoire valable en matière commerciale et en matière civile pour des raisons professionnelles. • Compromis interdit en matière d'état et de capacité des personnes, et d'ordre public.
Objectif	Juger en droit ou en équité.
Organe	Un ou plusieurs arbitres, personnes physiques choisies éventuellement par les parties.
Décision	Sentence arbitrale.
Nature juridique de la décision	• Autorité de la chose jugée. • Force exécutoire conférée par le juge. • Recours en appel lorsque les parties le prévoient. • Recours en annulation (sauf si les parties ont prévu la voie de l'appel).

1 Situations pratiques ★★★

Rendez-vous MÉTHODE 3

N'hésitez pas à schématiser les situations.

Sarah habite à Troyes (Aube). Après de brillantes études en DSCG, elle a été engagée par la société Comtawell, dont le siège est à Lille, pour travailler dans sa succursale parisienne avec laquelle elle a conclu son contrat de travail. Elle est très performante. Mais, depuis quelques semaines, son supérieur lui reproche des retards matinaux, des rendez-vous manqués avec des clients... Finalement, elle reçoit une convocation à un entretien en vue d'une procédure disciplinaire. Sarah conteste les faits et souhaite intenter une action en justice.

Travail à faire

1. *Sarah peut-elle agir en justice contre son employeur ?*
2. *Quel est le tribunal compétent ?*
3. *Si elle n'avait pas gain de cause, que pourrait faire Sarah ?*

Thomas, un ami de Sarah qui termine ses études à Nancy, est passionné par les produits high tech. Au cours d'un récent week-end avec Sarah, il a acheté le nec plus ultra des smartphones au prix de 999 € dans la boutique Fashion'Tec de Troyes. De retour chez lui, il constate que la vitre de son smartphone est fendue en plusieurs endroits. Il téléphone au vendeur qui refuse d'effectuer un échange standard. Sarah propose de se rendre dans la boutique Fashion'Tec mais aucun arrangement n'est possible. Entre-temps, le smartphone de Thomas s'est mis à dysfonctionner ; sa mémoire était saturée, sans possibilité de recharger l'appareil. Sarah lui conseille d'exercer un recours judiciaire.

Travail à faire

4. *Quel est le tribunal compétent ?*
5. *Comment Thomas pourra-t-il apporter la preuve de son achat ?*

2 Question ★★★

Rendez-vous MÉTHODE 1

Vous développerez une réponse argumentée et structurée sur le thème suivant :
« La procédure d'arbitrage : déroulement et effets. »

3 Commentaire de document ★★★

En vous appuyant sur vos connaissances, vous répondrez aux questions suivantes portant sur l'annexe.

Rendez-vous MÉTHODE 4

Travail à faire

1. *Identifiez les parties et exposez les faits dans cette affaire.*
2. *Quelle est la procédure antérieure ?*
3. *Quel est le problème de droit posé à la Cour de cassation ?*
4. *Quelle est la position de la Cour de cassation ? Justifiez-la.*

Commencez par repérer (surlignage) les paragraphes et les points-virgules. Forgez votre propre analyse de l'arrêt avant de répondre aux questions pour éviter les paraphrases.

Annexe

Cour de cassation, 1re civ., 25 septembre 2013, pourvoi n° 11-25884

Attendu, selon l'arrêt attaqué (Bordeaux, 1er septembre 2011), qu'engagée le 14 avril 2009 en qualité de technicienne financière par la société AGL finances, Mme X… a été licenciée pour faute grave par lettre du 7 septembre 2009 ; que, contestant son licenciement, elle a saisi la juridiction prud'homale de diverses demandes ;

Attendu que l'employeur fait grief à l'arrêt de dire le licenciement sans cause réelle et sérieuse, alors, selon le moyen, que si une partie conteste l'authenticité d'un courrier électronique, il appartient au juge de vérifier si les conditions mises par les articles 1316-1 et 1316-4 du code civil à la validité de l'écrit ou de la signature électroniques sont satisfaites ; qu'en affirmant que le gérant de la société AGL finances « est bien l'auteur et l'expéditeur » d'un courrier électronique dont l'authenticité était contestée, aux motifs que l'employeur « ne rapport (ait) pas la preuve que l'adresse de l'expéditeur mentionnée sur le courriel soit erronée ou que la boîte d'expédition de la messagerie de l'entreprise ait été détournée » et qu'« en tout état de cause, un tel détournement ne pourrait être imputé à Mme X… », sans vérifier, comme elle y était tenue, si ledit courriel avait été établi et conservé dans des conditions de nature à en garantir l'intégrité et s'il comportait une signature électronique résultant de l'usage d'un procédé fiable d'identification, la cour d'appel a privé sa décision de base légale au regard des articles 287 du code de procédure civile, 1316-1 et 1316-4 du code civil ;

Mais attendu que les dispositions invoquées par le moyen ne sont pas applicables au courrier électronique produit pour faire la preuve d'un fait, dont l'existence peut être établie par tous moyens de preuve, lesquels sont appréciés souverainement par les juges du fond ; que le moyen n'est pas fondé ;

PAR CES MOTIFS :

REJETTE le pourvoi ;

Faire grief signifie reprocher.

CHAPITRE 6 Les personnes

PROGRAMME

Compétences attendues

- **Justifier** l'existence d'une personne juridique
- **Identifier** et **caractériser** les attributs de la personnalité juridique
- **Analyser** la capacité d'une personne à accomplir un acte juridique
- **Identifier** un régime de protection adapté à la situation d'un majeur dans une situation donnée

Savoirs associés

- La notion de personne juridique : utilité, acquisition, diversité
- Les personnes physiques : identification, capacité
- Les personnes morales : identification, capacité
- La distinction entre les actes que le mineur peut réaliser seul et les actes qui nécessitent l'autorisation de son représentant légal ou de son tuteur
- Les trois principaux régimes de protection des mineurs : définition, mise sous placement, désignation d'un responsable du majeur, distinction entre acte d'administration et de disposition et conséquence quant à la capacité du majeur protégé

PLAN DU CHAPITRE

COURS : 1. La personne juridique • 2. Les personnes physiques • 3. Les personnes morales • 4. La capacité des mineurs • 5. La capacité des majeurs

DES SAVOIRS AUX COMPÉTENCES : Évaluer les savoirs • Maîtriser les compétences • Préparer l'épreuve

SYNTHÈSE

La scène juridique est animée par des personnes : des individus et des groupements qui, dans une économie moderne, occupent une place déterminante et ont la personnalité juridique. Les personnes présentent un certain nombre de caractères qui leur sont propres et leur permettent d'actionner des droits et de subir des obligations. Lourdes sont donc les conséquences de l'attribution de la personnalité juridique à un individu ou à un groupement, sans compter les cas particuliers que sont les mineurs et les majeurs sous régime de protection.

MOTS-CLÉS

Capacité • Curatelle • Personnalité juridique • Personne physique • Personne morale • Sauvegarde de justice • Tutelle

1 La personne juridique

A) La notion de personne juridique

La distinction entre la personne et les choses est fondamentale en droit civil. Le droit reconnaît à chaque personne une aptitude générale à être titulaire de droits et d'obligations.

Les personnes sont des sujets de droits. Elles sont titulaires de droits subjectifs et débitrices d'obligations.

Exemples

- Le fait d'intenter une action en justice ou de devenir propriétaire est un droit subjectif. Exécuter un contrat, payer des impôts et indemniser une victime constituent des obligations.

B) La diversité des personnes juridiques

La reconnaissance de la **personnalité juridique** (tab. 6.1) est accordée aux êtres humains (**personnes physiques**) et à des entités abstraites qui n'ont aucune réalité biologique (**personnes morales**).

Tableau 6.1. Formes de la personnalité juridique

	Définition	Acquisition de la personnalité juridique	Utilité
Personnes physiques	Les êtres humains uniquement. Tout être humain a la personnalité juridique même si elle est parfois restreinte par certaines incapacités.	La personnalité juridique des êtres humains apparaît et disparaît avec la vie humaine. Elle commence donc en principe à leur naissance et disparaît à leur mort. La reconnaissance de la personne physique peut toutefois être rétroactive lorsque l'enfant naît vivant et viable et qu'il en va de son intérêt.	Une personne physique est un sujet de droits, qui possède un patrimoine, des attributs qui lui sont propres (droits de la personne) et en principe la capacité juridique.
Personnes morales	Ce sont groupements de personnes physiques (société, association) ou de masses de biens (fondation) auxquels la loi a attribué la personnalité juridique.	Une personne morale ne bénéficie de la personnalité juridique qu'à la suite de formalités prévues par la loi.	La personne morale a un patrimoine distinct de celui de ses membres, une capacité juridique.

→ CAS 3

2 Les personnes physiques

A) Les éléments d'identification

Toute personne physique est identifiable par un nom, un domicile et une nationalité (tab. 6.2).

Tableau 6.2. Caractéristiques d'une personne physique

Nom	• Il sert à désigner une personne physique dans sa vie sociale et juridique, dans l'exercice de ses droits et l'accomplissement de ses devoirs. • Toute personne a un nom composé de deux éléments : le nom de famille et ses accessoires, parmi lesquels les prénoms dont le choix est laissé à la liberté des parents. L'attribution du nom de famille découle essentiellement de règles de droit relatives à l'acquisition par la filiation et à l'attribution par mariage.
Domicile	• Il sert à localiser géographiquement la personne physique. L'article 102, al. 1er du Code civil définit le domicile comme le lieu où la personne a son principal établissement. Ce siège légal est choisi librement par la personne. • Les intérêts pratiques qui s'attachent à cette notion sont considérables (ex. : la compétence territoriale pour connaître d'un litige appartient, en principe, au tribunal du domicile du défendeur, CPC, art. 42).
Nationalité	La nationalité est le lien juridique et politique qui rattache une personne à un État.

B) La capacité des personnes physiques

1. La capacité

Aux termes de l'article 1145 du Code civil, toute personne physique peut contracter sauf en cas d'incapacité prévue par la loi. La **capacité** (fig. 6.1) est donc la règle ; l'incapacité, l'exception.

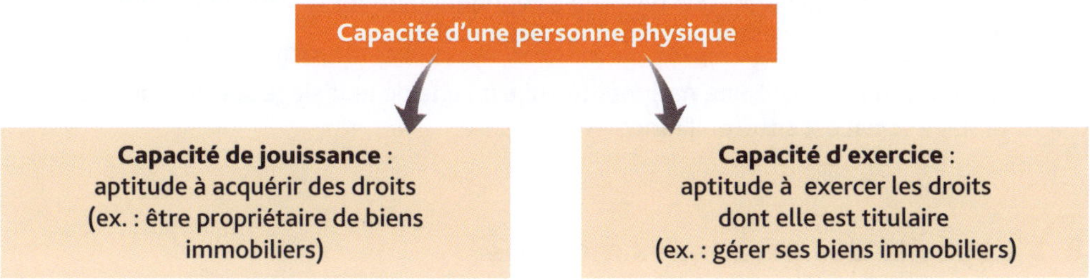

Figure 6.1. Personnes physiques : capacité de jouissance et capacité d'exercice

2. L'incapacité

On distingue :
- l'incapacité de jouissance, toujours spéciale et justifiée par la nécessité de protéger une personne ou reposant sur une mesure de défiance à l'égard d'une autre ;
- l'incapacité d'exercice qui a pour objectif de protéger une personne en l'empêchant d'exercer des droits dont elle est titulaire.

Exemples

Une personne qui a subi certaines condamnations ne peut pas être commerçante, un médecin ne peut pas recevoir de dons de ses patients. Il s'agit d'une incapacité de jouissance.
Un mineur est titulaire du droit de propriété mais son jeune âge et son manque d'expérience l'empêchent de l'exercer. Ainsi, il peut être propriétaire mais ne peut, ni disposer de ses biens, ni les administrer lui-même. Il s'agit d'une incapacité d'exercice.

3 Les personnes morales

A) Éléments d'identification

Toute personne morale est identifiable par un nom, un domicile et une nationalité (tab. 6.3).

Tableau 6.3. Caractéristiques d'une personne morale

Nom	• Le nom permet d'identifier la personne morale. Ainsi une société a une dénomination sociale, choisie librement par les associés. Toutefois, ce choix ne doit porter atteinte, ni aux droits des tiers (imiter l'appellation d'un concurrent ou reproduire un nom de famille autre que celui d'un des associés), ni à l'ordre public et aux bonnes mœurs. • Il est interdit également de rechercher la confusion en choisissant plusieurs appellations pour la même société. • Un régime juridique identique caractérise le choix du nom de l'association.
Domicile	Le domicile permet également de localiser géographiquement la personne morale. Ainsi, une société et une association ont un siège social.
Nationalité	Les personnes morales ont une nationalité qui est celle de leur siège social. Une société dont le siège social est situé en France est française.

B) Capacité des personnes morales

Aux termes de l'article 1145 du Code civil, la capacité des personnes morales (fig. 6.2) est limitée aux actes utiles à la réalisation de leur objet, conformément à leurs statuts et aux actes qui leur sont accessoires. Une personne morale est une fiction, elle ne peut agir que par l'intermédiaire de personnes physiques.

Capacité d'une personne morale

Capacité de jouissance (Code civil, art. 1145)
• Fonction de la nature de la personne morale
• Limitée par la règle de spécialité (objet) (ex. : association de protection de la nature qui ne peut agir que dans ce cadre, toujours sans but lucratif)

Capacité d'exercice
Exercice des droits par les organes représentatifs, soumis au contrôle des pouvoirs publics (ex. : gérant d'une SARL qui agit pour le compte de cette société)

Figure 6.2. Personnes morales : capacité de jouissance et capacité d'exercice

Les status et attributs des personnes morales varient selon leur but.

FOCUS — Nature des personnes morales

• Les sociétés commerciales ou civiles, groupement à but lucratif, jouissent de la personnalité morale à dater de leur immatriculation. Il en est de même des groupements d'intérêt économique (GIE).

• Les syndicats ont la pleine capacité de jouissance. Toutefois, ils doivent respecter le principe de spécialité et se limiter à leur objet.

• Les associations, groupement à but non lucratif n'ont pas toutes la même capacité de jouissance :

- les associations non déclarées n'ont pas de personnalité et donc de capacité juridique ;
- les associations déclarées par leurs fondateurs ont la petite personnalité juridique, ce qui leur permet d'agir en justice, de recevoir des dons manuels, d'acquérir à titre onéreux les locaux et les immeubles strictement nécessaires à leur but, de posséder et d'administrer les cotisations de leurs membres ;
- les associations déclarées reconnues d'utilité publique par décret du Conseil d'État ont la grande personnalité juridique et donc une capacité étendue. Elles peuvent recevoir des dons et legs sans restriction.

→ CAS 3 • CAS 4 • COMMENTAIRE DE DOCUMENT 8

4 La capacité des mineurs

A) Le mineur non émancipé

La loi fixe à 18 ans accomplis l'âge de la majorité. Jusqu'à cet âge, l'individu est frappé d'une incapacité d'exercice. Le mineur doit néanmoins être associé à certaines décisions le concernant.

1. L'autonomie du mineur

Il existe trois types d'actes auxquels le mineur est plus ou moins associé (tab. 6.4).

Tableau 6.4. Types d'actes et autonomie du mineur

Actes concernant la personne du mineur et pour lequel il peut agir seul	Reconnaissance de son enfant, exercice par la mineure célibataire de l'action en recherche de paternité de son enfant, demande en vue d'acquérir ou de perdre la nationalité…
Actes concernant la personne du mineur et exigeant son concours	Consentement au mariage, à l'adoption (mineur d'au moins 13 ans), au changement de prénom (mineur d'au moins 13 ans)…
Actes manifestant une autonomie patrimoniale du mineur	Consentement au contrat de mariage, consentement personnel du mineur de 16 ans au contrat de travail, possibilité d'ouvrir un livret d'épargne sans intervention du représentant légal, possibilité de retirer de l'argent sur ce livret à partir de 16 ans révolus et sauf opposition du représentant légal…

2. Les pouvoirs des parents

Ordonnance n° 2015-1288 du 15 octobre 2015 portant simplification et modernisation du droit de la famille : https://goo.gl/Y2cT6E

Principe. Les parents du mineur non émancipé ont l'administration et la jouissance des biens de leur enfant (art. 386-1 du Code civil). Le droit de jouissance cesse à seize ans accomplis, plus tôt quand le mineur contracte mariage. Il cesse aussi dans d'autres circonstances, notamment quand il est mis fin à l'autorité parentale ou à l'administration légale. À partir de l'âge de 16 ans les revenus du mineur doivent être capitalisés en vue de sa majorité.

Régime d'administration des biens. Certains actes sont interdits aux parents quand d'autres sont soumis à une autorisation du juge des tutelles (tab. 6.5).

Tableau 6.5. Protection du mineur en matière patrimoniale

Actes interdits	Actes soumis à autorisation du juge des tutelles
• Aliénation gratuite des biens ou des droits du mineur • Acquisition par un tiers d'un droit ou d'une créance contre le mineur • Exercice du commerce ou d'une profession libérale au nom du mineur • Transfert dans un patrimoine fiduciaire des biens ou des droits du mineur	• Vente de gré à gré ou apport en société d'un immeuble ou d'un fonds de commerce du mineur • Emprunt au nom du mineur • Renonciation à un droit • Transaction et compromis au nom du mineur • Acceptation pure et simple d'une succession au nom du mineur • Achat ou prise à bail des biens du mineur • Constitution d'une sûreté pour garantir la dette d'un tiers • Réalisation d'un acte portant sur des valeurs mobilières ou instruments financiers dans les cas les plus graves

B) Le mineur émancipé

1. L'émancipation

Le mineur qui a 16 ans révolus peut être émancipé. La demande d'émancipation est effectuée par le représentant légal du mineur. La décision d'émancipation est prise par le juge des tutelles.

2. La capacité du mineur émancipé

L'émancipation confère au mineur la pleine capacité juridique pour tous les actes de la vie civile. Il peut passer tous contrats et exercer toutes actions sans assistance ni représentation. En contrepartie, il doit assumer ses dettes et sa responsabilité peut être mise en cause. Toutefois, il existe certaines limites à cette capacité (ex. : rédaction d'un contrat de mariage, l'exercice d'une activité commerciale).

5 La capacité des majeurs

À partir de 18 ans révolus, la personne est réputée capable de se gouverner elle-même et de gérer son patrimoine seule.

A) Les principes de la protection juridique des majeurs

Les majeurs dont les facultés mentales ou corporelles sont altérées bénéficient d'une protection juridique qui obéit à trois principes (tab. 6.6).

Tableau 6.6. Principes de protection des majeurs

Principe de nécessité	Une personne ne peut être placée sous un régime de protection judiciaire que si elle est « dans l'impossibilité de pourvoir seule à ses intérêts en raison d'une altération médicalement constatée, soit de ses facultés mentales, soit de ses facultés corporelles de nature à empêcher l'expression de sa volonté » (art. 425, al. 1er C. civ.)
Principe de subsidiarité	La liberté de la personne fragile doit être protégée. En conséquence, il convient de privilégier toute mesure moins attentatoire à sa liberté que celle relative aux incapacités.
Principe de proportionnalité	Le régime mis en place dépend de l'état mental et/ou physique de la personne fragile. La mise sous un régime de protection est toujours temporaire.

B) La demande de protection

Elle est accompagnée, à peine d'irrecevabilité, d'un certificat circonstancié rédigé par un médecin autorisé choisi sur une liste établie par le procureur de la République, et formée :
- soit par la personne à protéger elle-même ;
- soit par un membre de sa famille (ex. : conjoint, concubin, partenaire d'un pacs) ;
- soit par le procureur de la République.

C) Les acteurs

- **Le juge des tutelles.** Rattaché au tribunal d'instance, il a un rôle central. Il nomme les organes et exerce une surveillance générale des mesures de protection.
- **Le tuteur, le curateur.** Ils peuvent être choisis par le majeur à protéger. À défaut, la loi détermine un ordre de priorité (conjoint ou partenaire en premier).
- **Le conseil de famille.** Présidé par le juge des tutelles, il est composé d'au moins quatre membres (dont le tuteur ou le curateur) choisis en considération de l'intérêt du majeur à protéger.

D) La décision de protection

CHIFFRES-CLÉS

800 000 personnes sont sous tutelle ou curatelle en France. Un juge traite en moyenne **34 000 dossiers** de demande de protection par an (France Inter, 2017).

La décision de mise sous un régime de protection judiciaire est prise, en principe, par le juge des tutelles. Ce régime protège à la fois la personne du majeur et ses biens.

Le Code civil a prévu trois régimes principaux de protection (tab. 6.7) :

- la **sauvegarde de justice** s'applique à une personne qui a besoin d'une protection juridique temporaire ou d'être représentée pour l'accomplissement de certains actes déterminés ;
- la **curatelle** concerne le majeur qui, sans être hors d'état d'agir lui-même, a besoin, en raison de l'altération de ses facultés, d'être assisté ou contrôlé d'une manière continue dans les actes importants de la vie civile ;
- la **tutelle** destinée au majeur ayant besoin d'être représenté de manière continue dans la vie civile.

Tableau 6.7. Principaux régimes de protection des majeurs

	Mise sous placement	Responsable du majeur
Sauvegarde de justice	• Décision de placement prise par le juge et, dans certains cas, le procureur de la République • Durée d'un an renouvelable une fois	• Personne concernée : adulte capable • Éventuellement, désignation d'un mandataire spécial
Curatelle	• Durée de 5 ans maximum renouvelable. • Mesure de publicité	Désignation d'un curateur par le juge des tutelles
Tutelle	• Durée de 5 ans (10 ans en cas d'altération des facultés personnelles de l'intéressé manifestement non susceptible de connaître une amélioration, C. civ., art. 441). • Renouvelable dans la limite de 20 ans (C. civ., art. 442). • Mesure de publicité	• Mise en place d'un tuteur et d'un conseil de famille dont la composition est désignée par le juge. • Mise en place du conseil de famille si les nécessités de la protection de la personne ou la consistance de son patrimoine le justifient et si la composition de sa famille et de son entourage le permet

Il existe un quatrième régime, l'habilitation familiale :

https://goo.gl/r7a3uc

La capacité du majeur varie selon le régime de protection juridique (tab. 6.8).

Tableau 6.8. Effets du régime de protection sur la capacité du majeur

	Actes d'administration	Actes de disposition
Sauvegarde de justice	• Oui, seul.	• Oui, seul.
	• Les actes peuvent faire l'objet d'une action en rescision pour lésion (annuler un acte pour déséquilibre entre les prestations) ou en réduction pour excès (ramener à de justes limites un *acte* excessif par rapport à la situation financière de la personne). • Ces deux actions se prescrivent par 5 ans à partir du jour où le majeur a eu connaissance de l'acte.	
Curatelle	• Oui, seul. • L'acte peut faire l'objet d'une rescision pour lésion ou d'une réduction pour excès. • Si le majeur a accompli seul un acte pour lequel il aurait dû être assisté, l'acte peut être annulé si le majeur subit un préjudice.	• Avec son curateur. • Si le curateur a accompli seul un acte qui aurait dû être effectué par la personne protégée, soit seule, soit avec son assistance, ou qui ne pouvait être accompli qu'avec l'autorisation du juge, l'acte est nul de plein droit.
Tutelle	• Actes effectués par le tuteur sans autorisation. • L'accomplissement des actes dont la nature implique un consentement strictement personnel ne peut jamais donner lieu à assistance ou représentation de la personne protégée.	• Actes effectués par le tuteur avec autorisation du conseil de famille ou, à défaut, du juge des tutelles sous peine de nullité de plein droit.

→ **APPLICATION 2 • CAS 6 • SITUATION PRATIQUE 7**

DES SAVOIRS AUX COMPÉTENCES

Évaluer les savoirs | Maîtriser les compétences | Préparer l'épreuve

1 QCM

Pour chaque proposition, une ou plusieurs réponses sont possibles. Justifiez-les.

1. L'aptitude à être titulaire de droits et d'obligations caractérise :
   a. la personne physique. ☐
   b. la personne morale. ☐
   c. la personnalité juridique. ☐
2. Une personne juridique a :
   a. la capacité de jouissance. ☐
   b. la capacité d'exercice. ☐
3. Le pouvoir pour une personne de mettre en œuvre ses droits constitue :
   a. la capacité de jouissance. ☐
   b. la capacité d'exercice. ☐
4. Constitue une incapacité d'exercice :
   a. une condamnation pour escroquerie et interdiction de s'installer commerçant. ☐
   b. le placement d'une personne âgée sous tutelle.
   c. le fait d'être mineur. ☐
   d. l'achat par une société d'édition d'un appartement sur la côte d'Azur.
5. Le mineur est frappé :
   a. d'une incapacité de jouissance. ☐
   b. d'une incapacité d'exercice. ☐
6. La tutelle est :
   a. une mesure de contrôle des personnes protégées. ☐
   b. une mesure de représentation des personnes protégées. ☐
   c. une mesure d'assistance des personnes protégées. ☐
7. Un majeur sous curatelle :
   a. ne peut faire aucun acte seul. ☐
   b. peut faire tous les actes seul, ils seront éventuellement annulés *a posteriori*. ☐
   c. peut faire seul les actes conservatoires et d'administration. ☐
   d. peut faire seul les actes touchant à sa vie privée. ☐
8. Un majeur sous sauvegarde de justice :
   a. exerce l'ensemble de ses droits. ☐
   b. est représenté par un tuteur. ☐
   c. est assisté par un curateur. ☐
9. Les actes accomplis par un majeur sous sauvegarde de justice sont :
   a. toujours valables. ☐
   b. toujours nuls. ☐
   c. éventuellement rescindés pour lésion. ☐
   d. éventuellement réduits pour excès. ☐

2 Nicolas et Astrid ★★★

1. Nicolas, 32 ans souffre d'absences. Il a été placé sous curatelle.
Nicolas peut-il effectuer les actes suivants :
a. prendre un abonnement de transport urbain pour se rendre à son travail. ☐
b. retirer 15 000 € sur son livret de caisse d'épargne. ☐
c. déménager. ☐
d. acheter une maison. ☐
e. faire un testament. ☐

2. Astrid, 92 ans, a été placée sous tutelle.
Astrid peut-elle accomplir les actes suivants :
a. signer un contrat de travail avec Danièle, femme de ménage. ☐
b. acheter une place de cinéma. ☐
d. contracter un emprunt pour acheter une voiture. ☐
e. louer son appartement. ☐
c. vendre sa maison. ☐
d. se pacser avec Eugène, 98 ans. ☐

Évaluer les savoirs | Maîtriser les compétences | Préparer l'épreuve

3 La société MSFood Services ★★★

Compétences attendues

- **Justifier** l'existence d'une personne juridique
- **Identifier** et **caractériser** les attributs de la personnalité juridique

En vous appuyant sur vos connaissances, répondez aux questions ci-après portant sur l'annexe.

1. *Justifiez la création d'une personne morale dans le cas de la société MSFood Services.*
2. *Repérez les éléments d'identification de la société.*
3. *Quand la personnalité juridique a-t-elle été attribuée à MSFood Services ?*
4. *Quelle est la capacité de jouissance de la société MSFood Services ?*
5. *Qui pourra agir au nom de la société ? Pourquoi ?*

Annexe

MSFood Services

Aux termes d'un acte sous seing privé en date à Paris du 11 juin 2018, il a été constitué une société présentant les caractéristiques suivantes :

Dénomination sociale : MSFood Services

Forme sociale : Société par actions simplifiée

Siège social : 2, rue Mabillon – 75006 Paris

Objet social : Toutes activités liées à la production de contenus, notamment liés aux métiers de l'image culinaire, à destination des réseaux sociaux ; La création ou l'exploitation de tout fonds ou établissement de cette nature, la prise de participation dans tous secteurs d'activités relevant de l'économie sociale et solidaire.

Durée de la société : quatre-vingt-dix-neuf ans à compter de son immatriculation au registre du commerce et des sociétés,

Capital social : 1 000 € constitué uniquement d'apports en numéraire,

Président : Madame Mathilde Rouxeau de l'Écotais, née le 13 juin 1970 à Ixelles, demeurant 2 rue Mabillon – 75006 Paris pour une durée indéterminée

Commissaire aux comptes : la société ACTIS – AUDIT CONSEIL EXPERTISE COMPTABLE, ayant son siège social au 8, rue Madeleine Brès – 25000 BESANÇON immatriculée au registre de commerce et des sociétés de Besançon sous le numéro 353 377 328.

Les cessions d'actions sont soumises à agrément.

Chaque associé a le droit de participer aux assemblées et chaque action donne droit à un droit de vote.

Immatriculation de la Société au registre du commerce et des sociétés de Paris.

Le Président

Source : https://www.petites-affiches.com

4 Augustin & Co. ★★★

Compétences attendues

- **Identifier** et **caractériser** les attributs de la personnalité juridique
- **Analyser** les capacités d'une personne à accomplir un acte juridique

Augustin, Hakim, Marie et Soraya, étudiants en DCG dans un lycée toulousain, souhaiteraient organiser des soirées et, en fin d'année, un séminaire de révision hors les murs. Les idées de financement ne manquent pas : tombola, confection d'objets divers, réalisation de paquets cadeaux au moment des fêtes.

Pour réaliser ces projets, ils envisagent de créer une association. Augustin, 19 ans, se voit déjà président. L'association ne peut pas être domiciliée dans le lycée.

1. *Justifiez la création d'une association dans ce contexte.*
2. *Attribuez à l'association ses éléments d'identification.*

3. *Quel type d'association est adapté à ce projet ?*
4. *Quelle sera la capacité de jouissance de l'association ?*
5. *Comment les droits de l'association seront-ils exercés ?*
6. *Si Augustin est nommé président de l'association, pourra-t-il effectuer les actes suivants :*
   a. contracter une assurance en responsabilité civile.
   b. acheter des tee-shirts et les revendre.
   c. effectuer des placements financiers.
   d. acheter et revendre du beaujolais.
   e. organiser un voyage d'études.

5 Cas Quentin ★★★

Compétence attendue

Analyser la capacité d'une personne à accomplir un acte juridique

Quentin, 17 ans, est étudiant en première année de classe préparatoire au DCG.

Après avoir qualifié les actes suivants, précisez s'ils peuvent être réalisés par Quentin :

- vente d'un appartement ;
- location d'un véhicule ;
- demande de changement de nom ;
- location d'un immeuble ;
- contrat de travail ;
- consentement au mariage ;
- achat d'un véhicule ;
- demande de nationalité ;
- reconnaissance d'un enfant ;
- souscription d'un abonnement téléphonique.

6 Le grand-père de Stéphane ★★★

Compétence attendue

Identifier un régime de protection adapté à la situation d'un majeur dans une situation donnée

Le grand-père de Stéphane, Aimé Lancien, est affecté depuis quelques mois de profonds troubles de la mémoire. Il refuse de s'alimenter et dilapide son argent. Les membres de la famille s'inquiètent. Ils désirent protéger Aimé, lequel possède un important patrimoine immobilier. Consulté, un ami de la famille conseille le placement d'Aimé sous tutelle.

1. *Qui va décider du placement d'Aimé sous un régime de protection judiciaire ?*
2. *Quelle est la procédure à suivre pour placer Aimé sous un régime de protection judiciaire ?*
3. *Stéphane a été désigné tuteur de son grand-père par le juge des tutelles. Quelles sont les conséquences du placement sous tutelle d'Aimé ?*

Aimé désire à présent effectuer les actes suivants : embaucher une femme de ménage, vendre deux de ses appartements, s'abonner à une revue sur les animaux.

4. *Aimé peut-il effectuer ces actes seuls ? Justifiez votre réponse.*

La semaine dernière, Aimé s'est laissé séduire par une annonce et a décidé d'acheter un appartement de 70 m^2 à Annecy au prix de 500 000 € sans en informer Stéphane. Ce dernier réprouve cet achat. Non seulement Aimé ne peut plus s'y rendre seul mais l'appartement est vétuste et nécessite beaucoup de travaux.
5. *La vente conclue par Aimé peut-elle être annulée ?*

Évaluer les savoirs | Maîtriser les compétences | **Préparer l'épreuve**

7 Situation pratique : Dominique ★★★

30 min

Compétence attendue **Identifier** un régime de protection adapté à la situation d'un majeur dans une situation donnée

Rendez-vous MÉTHODE 3

Dominique, la grand-mère de votre meilleure amie Mégane, est âgée de 82 ans et inquiète son entourage. Elle possède un important patrimoine. Récemment, elle s'est livrée à des achats inconsidérés, accumulant des biens aussi inutiles qu'inesthétiques, le tout à des prix exorbitants. Le dernier épisode date de ce week-end : Dominique a perdu 5 000 000 euros au casino du Touquet. Mégane est allée rechercher sa grand-mère au casino et le personnel lui a appris qu'elle le fréquentait presque tous les jours, entourée d'un groupe de retraités. Mégane fait des études de sport, elle n'a aucune notion de droit. Elle voudrait protéger sa grand-mère mais ignore les démarches à effectuer.

Travail à faire

Quels conseils pouvez-vous donner à Mégane ?

8 Commentaire de document : American Body Center ★★★

30 min

Compétence attendue

- **Justifier** l'existence d'une personne juridique
- **Identifier** et **caractériser** les attributs de la personnalité juridique
- **Analyser** la capacité d'une personne à accomplir un acte juridique

Rendez-vous MÉTHODE 2

En vous appuyant sur vos connaissances, répondez aux questions ci-après portant sur l'annexe.

Travail à faire

1. *Qu'est-ce qu'une association au sens du droit ?*
2. *Justifiez la création de l'association American Body Center.*
3. *Comment délimite-t-on la capacité des associations ? Appliquez ces principes à l'association American Body Center.*
4. *Quels sont les faits dans l'affaire exposée ?*
5. *Quel est le problème juridique posé ?*
6. *Quelle est la décision de la Cour de cassation ? Pourquoi ?*

Annexe

Arrêt de la Cour de cassation, chambre criminelle, 19 octobre 1992

Sur le moyen unique de cassation pris de la violation des articles 37, alinéa second, de l'ordonnance du 1er décembre 1986 sur les prix, 591 et 593 du Code de procédure pénale, défaut et contradiction de motifs, manque de base légale ;

« en ce que l'arrêt attaqué a déclaré la présidente de l'association American Body Center, coupable d'avoir fourni de manière habituelle et lucrative des services alors que ceux-ci ne sont pas prévus par les statuts de ladite association ;

« aux motifs, propres et adoptés des premiers juges, qu'en infraction avec l'article 3 des statuts de l'association, l'ensemble des prestations de caractère sportif, culturiste ou autre dispensées par l'association était ouvert à toute personne, même non membre de l'association, que l'association déterminait pour chaque discipline des tarifs sous la forme soit d'un forfait général par discipline, soit par séance unique, faisait payer en outre un "droit d'entrée" ; que ces prix et droits ne pouvaient s'assimiler à une cotisation d'adhérent, la liste de ceux-ci n'était ni tenue, ni même connue, et aucune carte d'adhérent n'étant délivrée ;

« alors que la Cour, après avoir constaté que l'ensemble des prestations sportives dispensées par l'association était ouvert à tous, même non-membres de l'association, considérant de la sorte qu'il existait dans cette association un certain nombre d'adhérents, n'a pu, sans se contredire, affirmer que les prix et droits ne pouvaient s'assimiler à une cotisation d'adhérent, la liste de ceux-ci n'étant ni tenue, ni même connue et aucune carte d'adhérent n'étant délivrée et conclure néanmoins à une activité de paracommercialisme qui s'adresse à des tiers non-membres de la personne morale, de sorte que la décision attaquée n'est pas légalement justifiée » ;

Attendu qu'il appert de l'arrêt attaqué (Bordeaux, ch. cor., 26 novembre 1991) que pour déclarer Marie-Christine Delmas, épouse Signat président de l'association « American Body Center » coupable de pratique paracommerciale, la cour d'appel, après avoir rappelé l'objet de cette association tel que défini par ses statuts complétés par divers additifs, relève que ladite association assurait en outre des prestations de sauna et de bronzage non prévues statutairement ;

Qu'elle retient qu'en infraction à l'article 3 de ces mêmes statuts, l'ensemble des prestations de caractère sportif, culturel et autres, dispensées par l'association, était ouvert à toute personne, même extérieure à celle-ci ; que ces prestations, objet d'une …

...
campagne publicitaire par voie de plaquettes ou d'affichage mural, étaient tarifées sous forme, soit d'un forfait général ou par discipline, soit par séance unique et, en outre assujetties au paiement d'un droit d'entrée ;

Que la cour d'appel observe que ces prix et ce « droit d'entrée » ne pouvaient être assimilés à une cotisation d'adhérent, alors que la liste de ceux-ci n'était ni tenue ni connue et qu'aucune carte d'adhérent n'était délivrée ; que les juges en déduisent que l'association « American Body Center », non assujettie aux charges fiscales et sociales, s'est ainsi livrée habituellement à des opérations lucratives de type commercial non prévues par ses statuts et de nature à porter préjudice aux commerçants offrant les mêmes prestations ;

Attendu qu'en l'état de ces constatations et énonciations, exemptes de contradiction, et déduites d'une appréciation souveraine par les juges du fond des faits et circonstances de la cause contradictoirement débattus, la cour d'appel qui a caractérisé en tous ses éléments constitutifs la contravention prévue par l'article 37 alinéa 2 de l'ordonnance du 1er décembre 1986 et réprimée par l'article 33 du décret du 29 décembre 1986, seule remise en cause par la demanderesse, a donné une base légale à sa décision ;

D'où il suit que le moyen ne peut qu'être écarté ;

Et attendu que l'arrêt est régulier en la forme ;

REJETTE le pourvoi.

SYNTHÈSE

Les personnes

Personnalité juridique : caractéristiques et attributs

	Personne physique	Personne morale
Nom	Nom de famille et accessoires, notamment prénom	Dénomination sociale choisie librement dans le respect de l'ordre public, des bonnes mœurs et des droits des tiers
Domicile	• Lieu où la personne a son principal établissement • Lieu choisi librement	Siège social précisé dans les statuts
Nationalité	Lien juridique entre une personne et un État	Lieu du siège social
État	• État civil • État politique	• Lieu du siège social • Nationalité du pays siège social
Capacité	• Capacité d'accomplir tous les actes, par elle-même • Sinon incapacité de jouissance ou incapacité d'exercice	• Capacité d'accomplir certains actes rentrant dans l'objet social (société) ou autorisés par la loi (association) • Par représentation (ses organes)

Cas des mineurs

Mineur	Mineur émancipé
• Moins de 18 ans • Autonomie limitée • Principe de représentation • Actes interdits ou soumis à autorisation du juge des tutelles	• 16 à 18 ans • Décision du juge des tutelles • Pleine capacité pour les actes de la vie civile

Cas des majeurs protégés

Demande de mise sous protection judiciaire par :
- la personne concernée
- un membre de sa famille
- le procureur
Sous réserve de certificat médical émis par un médecin habilité

→ Décision du juge des tutelles

→ Durée : 5 ans (sauf sauvegarde de justice : 1 an) renouvelables

Différents régimes de protection de majeurs

	Sauvegarde de justice	Tutelle	Curatelle
Cas d'ouverture	Personne qui a besoin d'une protection juridique temporaire ou d'être représentée pour l'accomplissement de certains actes.	Personne qui a besoin d'être représentée de manière continue dans la vie civile.	Personne qui, sans être hors d'état d'agir elle-même, a besoin, en raison de l'altération de ses facultés, d'être assistée ou contrôlée de manière continue dans les actes importants de la vie civile.
Organes	Aucun.	Tuteur et conseil de famille.	Curateur.
Étendue de l'incapacité	Peut accomplir tous les actes. Les actes pourront faire l'objet d'une action en rescision pour lésion ou en réduction pour excès.	• Actes personnels réalisés par la personne seule. • Actes conservatoires et d'administration effectués par le tuteur sans autorisation du conseil de famille. • Actes de disposition effectués par le tuteur avec autorisation du conseil de famille (à défaut du juge des tutelles).	• Actes personnels, conservatoires et d'administration réalisés par la personne seule. • Actes de disposition effectués avec l'assistance du curateur.

CHAPITRE 7 Le commerçant

PROGRAMME

Compétences attendues

- **Identifier** le commerçant
- **Vérifier** qu'une personne remplit les conditions pour exercer le commerce, dans une situation donnée
- **Distinguer** les différents actes de commerce et présenter leur régime juridique
- **Analyser** le statut et la situation patrimoniale du commerçant
- **Sélectionner** un statut pour le conjoint en fonction d'une situation donnée et en **mesurer** les conséquences juridiques

Savoirs associés

- Le principe de la liberté du commerce et ses limites
- La définition du commerçant
- Les actes de commerce : régime juridique et différentes catégories
- Les obligations et responsabilités du commerçant
- Présentation de l'EIRL, modalité de l'entreprise individuelle permettant une atténuation de la responsabilité du commerçant : création de l'EIRL, insaisissabilité
- Le régime du PACS, les régimes matrimoniaux
- Les caractéristiques des statuts du conjoint du commerçant

PLAN DU CHAPITRE

Cours : 1. La liberté du commerce et de l'industrie et ses limites • 2. Les actes de commerce • 3. La qualité de commerçant • 4. Les obligations du commerçant • 5. Les règles de droit commercial • 6. Le statut personnel du commerçant

Des savoirs aux compétences : Évaluer les savoirs • Maîtriser les compétences • Préparer l'épreuve

Synthèse

Le principe de liberté gouverne l'exercice des activités commerciales mais des limites y sont apportées. Les personnes qualifiées de commerçant exploitent une entreprise individuelle qui se confond avec la personne de l'entrepreneur à qui elle appartient, il en résulte une prise de risque. Le commerçant est soumis à des obligations. Sa situation personnelle (mariage, PACS) est susceptible d'affecter ses biens.

MOTS-CLÉS

Acte de commerce • Action en concurrence déloyale • Communauté des biens • EIRL • Insaisissabilité • Lettre de change • RCS • Séparation des biens • Société commerciale par la forme • Solidarité commerciale

1 La liberté du commerce et de l'industrie et ses limites

A) La liberté : le principe

L'activité commerciale est gouvernée par le principe de liberté (fig. 7.1).

Liberté d'entreprendre Droit pour toute personne physique ou morale d'exercer une activité commerciale de son choix	+	**Liberté d'exploiter** Droit pour le commerçant de conduire ses affaires comme il l'entend (autofinancement, endettement, choix des fournisseurs, stratégie, cessation d'activité)

Figure 7.1. **Eléments de la liberté du commerce et de l'industrie**

B) Les limites de la liberté du commerce et de l'industrie

1. Les limites légales

Les contraintes légales au principe de liberté sont liées :

- aux personnes. Elles concernent essentiellement les mineurs et les personnes frappées d'interdictions (fonctionnaire, officiers publics) ou de déchéances (liées à une condamnation pénale et empêchant une personne d'exercer) ;
- aux activités. Certaines activités contraires à l'ordre public sont interdites (contrebande, maison de tolérance), d'autres sont soumises à une qualification pour des raisons de sécurité ou de santé (ex.: réparation de véhicules), d'autres enfin sont soumises à autorisation préalable (ex. : licence de débits de boissons, un régime particulier est appliqué aux grandes surfaces).

2. Les limites contractuelles

Il s'agit de limites que les acteurs de la vie des affaires s'imposent.

Certains actes juridiques peuvent prévoir une clause de non-concurrence par laquelle une des parties s'engage à ne pas exercer d'activité qui puisse faire concurrence à l'autre.

Exemple

M. Farid vend son fonds de commerce de jeux vidéo ; il s'engage à ne pas se réinstaller dans la même activité à proximité de son ancien fonds afin de ne pas récupérer son ancienne clientèle.

2 Les actes de commerce, la classification du Code de commerce

A) Les actes de commerce par nature

1. Classification

Les **actes de commerce** énumérés dans l'article L. 110-1 du Code de commerce sont naturellement commerciaux. La liste recouvre les secteurs économiques du commerce au sens strict, l'industrie et les services.

Article L. 110-1 du Code du commerce sur les actes de commerce : www.legifrance.gouv.fr

2. Les conditions de la commercialité par nature

La spéculation. Elle se définit comme la recherche d'un bénéfice. Le commerçant achète des produits dans le but de dégager un bénéfice : la jurisprudence fait de la spéculation un critère systématique de distinction entre activités commerciales et activités civiles.

La répétition. Deux types d'actes sont distingués :
- l'acte de commerce isolé, commercial indépendamment de toute répétition ;
- l'acte de commerce effectué dans le cadre d'une entreprise, qui ne devient commercial qu'à la double condition d'émaner d'une structure organisée et être répété.

FOCUS **L'achat de biens meubles pour les revendre (C. com, art. L. 110-1, § 1)**

L'acte d'achat pour revente est le plus fréquent des actes de commerce. Il concerne les biens meubles et implique la réunion de trois conditions :
- l'achat d'un bien, soit tout type de biens meubles (marchandises, outillages, matériels, ou valeurs mobilières) ;
- l'intention de revendre ce bien, volonté de réaliser un profit dès le moment de l'achat préalable ;
- la revente en l'état ou après transformation. Le bien revendu peut faire l'objet d'une transformation mais elle ne doit pas être substantielle. L'élément acheté doit constituer l'essentiel de l'élément vendu. L'opération pourrait être qualifiée d'artisanale si la part de main-d'œuvre est prépondérante.

Ainsi, si M. Sweet achète des bonbons en vrac qu'il vend dans sa boutique dans des vasques, il s'agit bien d'un acte de commerce par nature car les trois conditions sont réunies.

La qualification commerciale concerne toutes les formes de distribution, qu'elles soient physiques ou électroniques.

Loi n° 2004-575 du 21 juin 2004 pour la confiance dans l'économie numérique : https://goo.gl/YPGRLD

Définition

Le commerce électronique est « l'activité économique par laquelle une personne propose ou assure à distance et par voie électronique la fourniture de biens ou de services » (loi du 21 juin 2004, art. 14.).

B) Les actes de commerce par la forme

Les actes de commerce par la forme sont commerciaux quelle que soit la personne qui les effectue. Il en existe deux catégories :

- La **lettre de change** : c'est un titre par lequel une personne, le tireur, donne l'ordre à une autre, le tiré, qui est son débiteur de payer à un tiers bénéficiaire ou à son ordre une somme d'agent.

Exemple

Mme Claron paye les livres de DCG de son fils en rédigeant une lettre de change au profit du libraire. Elle effectue un acte de commerce par la forme mais n'est pas commerçante.

- Les **sociétés commerciales par la forme** : la forme juridique choisie détermine automatiquement la qualification commerciale. Il s'agit des sociétés en nom collectif, des sociétés en commandite simple, des sociétés à responsabilité limitée (SARL) et des sociétés par actions (ex. : SA, SAS).

C) Les actes de commerce par accessoire

Les actes de commerce d'une personne qui a le statut de commerçant dans l'exercice de son commerce sont eux-mêmes commerciaux.

Ce principe est général, c'est-à-dire qu'il s'applique aussi bien :
- en matière contractuelle (ex. : actes d'exploitation accomplis par un commerçant comme la conclusion d'un bail, l'achat d'un véhicule) ;
- qu'en matière extracontractuelle (ex. : délit d'un dirigeant, concurrence déloyale).

La jurisprudence présume que les actes faits par un commerçant relèvent de son commerce et sont donc commerciaux. Cette présomption n'est pas absolue ou irréfragable mais simple (→ chapitre 3) ; on pourra faire la preuve du caractère non professionnel de l'acte accompli.

Exemple

L'achat d'un véhicule ou la location d'un immeuble conclu en dehors de l'exercice de la profession de commerçant, à des fins non professionnelles, revêt un caractère civil.

FOCUS — Les différentes catégories d'activités commerciales

Les activités de l'article L. 110-1 du Code du commerce sont classées en trois catégories :
- le négoce ou la distribution ;
- les activités de transformations, c'est-à-dire l'industrie ;
- les activités de services.

D) Le cas particulier de l'acte mixte

Définition

Lorsqu'un commerçant conclut un acte avec un non-commerçant, l'acte est un acte de commerce pour le commerçant et un acte civil pour le non-commerçant. Un tel acte est qualifié d'acte mixte.

En matière de compétence judiciaire :
- si le demandeur est commerçant, il doit porter le litige devant les tribunaux civils ;
- si le demandeur est non-commerçant, il bénéficie d'une « option de juridiction » civile ou commerciale.

La prescription est de 5 ans. Le recours à un arbitre en cas de litige ne peut pas être prévu dans une clause du contrat (absence de clause compromissoire ↳ **chapitre 10**).

Les moyens de preuve varient selon le statut de la personne (fig. 7.2).

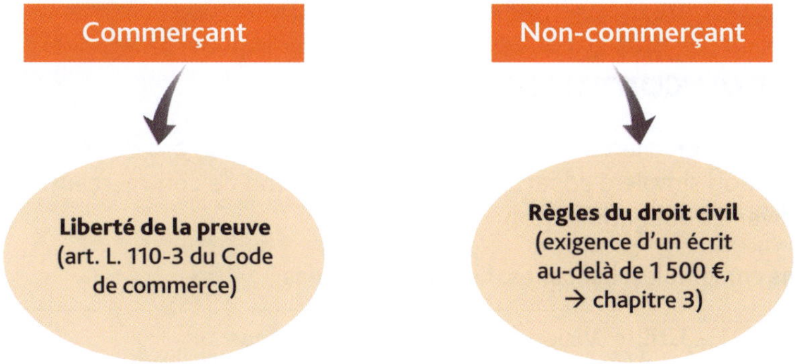

Figure 7.2. **Moyens de preuve contre un commerçant ou un non-commerçant**

→ APPLICATION 2

3 La qualité de commerçant

L'article L. 121-1 du Code de commerce dispose que « sont commerçants ceux qui exercent des actes de commerce et en font leur profession habituelle ».

A) L'exercice d'actes de commerce

Le commerçant doit exercer une activité commerciale. Ce sont les actes de commerce par nature qui font de leur auteur un commerçant.

B) La profession habituelle

1. L'exercice à titre professionnel

La profession. Le commerçant doit faire de l'activité commerciale sa profession habituelle ; elle doit lui permettre de satisfaire ses besoins financiers. La profession doit être exercée à titre principal.

Exemple

- N'est pas commerçant un cordonnier qui achète des produits (cirage, lacets, semelles, objets de maroquinerie) pour les revendre à ses clients dès lors que cette activité est accessoire à son activité principale.

L'habitude. Elle suppose une répétition d'actes.

2. L'exercice à titre indépendant

Seul détient la qualité de commerçant celui qui court le risque du commerce, qui agit de façon indépendante, c'est-à-dire en son nom et pour son compte personnel.

Les professionnels qui exercent une activité relevant du commerce au nom et pour le compte d'autrui (ex. : VRP, agent commercial, gérant) ne sont pas commerçants.

➔ CAS 4 • COMMENTAIRE DE DOCUMENT 8

4 Les obligations du commerçant

L'inscription au Registre du commerce et des sociétés – **RCS** crée, à l'égard de celui qui l'effectue, une présomption simple d'appartenance à la profession de commerçant. Ce dernier est soumis à diverses obligations (tab. 7.1).

Tableau 7.1. Obligations comptables, bancaires, fiscales et sociales

Obligations comptables	• Utilité. Vision financière et économique de l'entreprise qui permet au dirigeant d'assurer une gestion prévoyante. Fonction de preuve des documents comptables à l'égard de la clientèle et des administrations intéressées. • Obligation d'enregistrement comptable des mouvements affectant le patrimoine de l'entreprise. Comptabilité irrégulière passible de sanctions pénales. • Obligation d'archivage pendant 10 ans. Preuve entre commerçants et contre le commerçant qui tient sa comptabilité. Appréciation par le juge de la valeur des écritures comptables (liberté de la preuve en matière commerciale). • Obligation de mise en place d'un logiciel de caisse certifié et sécurisé (lutte contre la fraude).
Obligations bancaires	Détention obligatoire d'un compte bancaire.
Obligations fiscales	• Absence de personnalité juridique et fiscale, contribuable indépendant ayant une existence fiscale (calcul du bénéfice imposable). • Assujettissement notamment à la TVA, à la contribution économique territoriale (CET) et à l'impôt sur les bénéfices industriels et commerciaux (BIC).
Obligations sociales	• Indépendance du commerçant, affiliation au régime de Sécurité sociale des indépendants (disparition progressive du RSI jusqu'au 1er janvier 2020). • Assujettissement à diverses cotisations (assurance-maladie, allocations familiales, assurance-vieillesse) et contributions (CSG-CRDS) calculées sur le revenu professionnel de N–1. S'il emploie du personnel, le commerçant paie la part patronale des cotisations de sécurité sociale.

Le micro-entrepreneur est un entrepreneur individuel qui bénéficie d'un régime ultra simplifié.

FOCUS **Micro-entrepreneuriat**

Le micro-entrepreneur (ou auto-entrepreneur) est une personne physique qui remplit les trois conditions cumulatives suivantes :
- il exerce une activité commerciale ou artisanale, à titre principal ou complémentaire, dans la limite d'un CA fixé depuis le 1er janvier 2018 à 70 000 €, pour les prestations de services ; à 170 000 € pour la vente, l'hôtellerie et la restauration ;
- il bénéficie du régime micro-social ;
- il déclare son activité au Centre de formalités des entreprises (CFE).

Le micro-entrepreneur est tenu de s'immatriculer au RCS.

CHIFFRES-CLÉS

Plus de **1,1 million** de micro-entrepreneurs sont inscrits au RCS pour un CA annuel moyen de **9 816 €** (source : RCS, 2016).

Sur le statut du micro-entrepreneur :

https://goo.gl/1nuvpV

5 Les règles de droit commercial

A) Les obligations commerciales

1. La prescription

Les obligations commerciales ont, en principe, une prescription extinctive de 5 ans qui libère le débiteur du fait de l'inaction prolongée du créancier.

2. Le règlement des litiges

Par les institutions judiciaires. Les litiges sont examinés par les tribunaux de commerce. Les décisions qui portent sur un montant supérieur à 4 000 € sont susceptibles d'appel devant la chambre commerciale d'une cour d'appel. Un pourvoi en Cour de cassation peut être formé.

Par des « juridictions privées ». Les parties peuvent faire appel à des arbitres et des institutions arbitrales pour trancher leurs différends (↪ chapitre 5).

Moyens de preuve. Le principe est la liberté de la preuve. Elle peut donc se faire par tous moyens (écrit, témoignage, présomption, etc.) afin de favoriser la conclusion rapide des opérations commerciales.

3. La solidarité commerciale

Les codébiteurs d'une obligation commerciale sont tenus solidairement, c'est-à-dire que l'un quelconque d'entre eux peut être actionné en paiement, pour le tout, par le créancier. La **solidarité commerciale** peut toutefois être écartée par la volonté contraire des parties.

Exemple

Trois commerçants achètent ensemble un véhicule utilitaire Peugeot Expert d'une valeur de 24 000 € HT au garage concession de la Nouvelle Route, exploité par M. Claude. Chacun est redevable de 24 000 € HT. En cas d'impayé, M. Claude pourra se retourner contre l'un d'entre eux (il choisira le plus solvable) pour le paiement de l'intégralité de la dette, sauf s'il est fait mention dans le contrat que cette règle ne s'applique pas. Chacun est alors engagé à hauteur de 8 000 €.

4. L'application du droit des entreprises en difficulté

Les commerçants en difficulté peuvent bénéficier de procédures spécifiques.

- Un conciliateur peut être désigné par le tribunal de commerce. Il a pour mission d'aider l'entreprise à faire face à ses difficultés.
- L'entreprise peut être placée sous une procédure de sauvegarde lorsqu'elle n'est pas en cessation des paiements et ne peut pas surmonter seule ses difficultés.
- Une entreprise commerciale en cessations des paiements peut fait l'objet d'un redressement ou d'une liquidation judiciaire.

5. Les obligations en matière de concurrence

Principe de loyauté de la concurrence. Le commerçant doit se comporter loyalement. Il peut attirer la clientèle de ses concurrents. Toutefois, cette recherche connaît des limites : il ne peut pas utiliser des moyens contestables ou déloyaux (ex. : dénigrement) et doit respecter les usages commerciaux.

L'action en concurrence déloyale. Un commerçant peut être poursuivi pour concurrence déloyale. L'**action en concurrence déloyale** suppose trois conditions (fig. 7.3).

Figure 7.3. **Action en concurrence déloyale : conditions de mise en œuvre**

FOCUS **Fautes autorisant l'action en concurrence déloyale**

- Dénigrement : atteinte à la réputation ou aux produits d'un concurrent.
- Imitation : copie d'un produit non protégé par une marque ou un brevet.
- Parasitisme : recours aux attributs d'un concurrent pour tromper le client (ex. : un commerçant utilise la réputation d'un autre pour capter sa clientèle).
- Désorganisation. Action volontaire de débauchage (ex. : recrutement d'un ingénieur, ex-directeur du laboratoire de recherche de son concurrent).

B) La responsabilité du commerçant

1. Le principe

En application du principe de l'unité du patrimoine, l'ensemble du patrimoine du commerçant répond de ses dettes professionnelles à l'exception de sa résidence principale.

2. Les atténuations

Insaisissabilité. L'entrepreneur individuel peut déclarer insaisissable tout bien foncier bâti ou non bâti à la double condition que le bien foncier ne soit pas affecté à un usage professionnel et que l'entrepreneur ait effectué au préalable une déclaration d'**insaisissabilité**. La déclaration d'insaisissabilité est établie par un notaire, publiée au service de publicité foncière et mentionnée dans un registre de publicité légale à caractère professionnel (RCS).

Le bien immobilier devient insaisissable uniquement pour les dettes professionnelles nées après la publication de la déclaration. Cette déclaration d'insaisissabilité est opposable aux créanciers professionnels de l'entrepreneur dont la créance est née postérieurement à la publication de la déclaration dans un journal d'annonces légales (JAL).

Statut d'EIRL. Le statut d'entrepreneur individuel à responsabilité limitée (**EIRL**) permet au commerçant de séparer son patrimoine et d'affecter à son activité professionnelle une masse de biens, de droits, d'obligations et de sûretés sans créer une personne morale (↪ **chapitre 6**).

Modèle de déclaration de patrimoine pour l'EIRL :

https://goo.gl/8en2Df

L'entrepreneur dispose de deux patrimoines ; l'un est personnel, l'autre est professionnel. Les créanciers professionnels n'exercent de droits que sur le patrimoine professionnel.

L'entrepreneur doit effectuer une déclaration d'affectation qui comporte : l'évaluation par un expert des biens dont la valeur est supérieure à 30 000 €, l'accord du conjoint pour les biens communs ou indivis, l'intervention d'un notaire pour les biens immobiliers. La déclaration est déposée au registre du commerce et des sociétés (RCS). Elle est opposable de plein droit à tous les créanciers dont les droits sont nés après son dépôt.

3. Les responsabilités civiles et pénales

Responsabilité civile. Le commerçant répond à ce titre de la qualité de ses produits. L'élargissement de ses obligations dans ce domaine est constant (ex. : obligation de renseignement, extension de la garantie contre les vices cachés). Cette responsabilité est contractuelle (↪ **chapitre 12**) ou extracontractuelle (civile délictuelle) en l'absence de contrat avec la victime d'un dommage, et spéciale pour ce qui concerne les produits défectueux (↪ **chapitre 17**).

Responsabilité pénale. La responsabilité pénale (↪ **chapitre 16**) du commerçant peut également être mise en œuvre en cas de non-application de la législation en matière économique et sociale (ex : faux, contrefaçon, etc.).

→ **CAS 5 • COMMENTAIRE DE DOCUMENT 8**

6 Le statut personnel du commerçant

A) L'activité commerciale et l'incapacité

1. Le cas des mineurs

Les mineurs ne peuvent pas, en principe, effectuer des actes de commerce (↪ **chapitre 6**). Par exception, la loi du 15 juin 2010 relative à l'EIRL prévoit que les mineurs émancipés peuvent être commerçants s'ils y ont été autorisés par le juge des tutelles au moment de l'émancipation, ou par le président du TGI après l'émancipation.

2. Le cas des majeurs protégés

Les majeurs protégés peuvent effectuer des actes de commerce à certaines conditions à l'exception du majeur en tutelle qui est écarté du commerce (↪ **chapitre 6**).

B) L'activité commerciale et le mariage

Chacun des deux époux peut librement exercer une activité commerciale.

Code de commerce, art. L. 121-3

- Le conjoint d'un commerçant n'est réputé lui-même commerçant que s'il exerce une activité commerciale séparée de celle de son époux.

1. L'exercice individuel de la profession commerciale : régime matrimonial du commerçant

Définition

Le régime matrimonial s'entend de l'ensemble des règles qui organisent les relations patrimoniales entre les époux et avec les tiers. Les deux principaux régimes sont la **communauté des biens** et la **séparation des biens**.

Communauté légale (ou communauté des biens). C'est le régime le plus courant. La communauté légale est le régime de droit commun, celui que la loi impose aux parties en l'absence de contrat de mariage. Dans ce régime, on distingue les biens propres de chaque époux acquis avant le mariage et les biens communs des époux acquis après le mariage. Le fonds de commerce (↪ **chapitre 11**) est, selon son acquisition, propre ou commun (tab. 7.2).

Tableau 7.2. **Conditions d'exploitation du fonds de commerce**

Exploitation d'un fonds de commerce commun	• Principe. L'époux commerçant a les pouvoirs de gestion les plus étendus. Il accomplit les actes d'administration et de disposition qui sont nécessaires à l'activité commerciale (ex. : achat de matériel, vente de marchandises). • Exception. L'époux commerçant ne peut, seul, ni aliéner, ni grever de droits réels les immeubles, fonds de commerce et exploitations dépendant de la communauté ; il ne peut pas davantage consentir un bail commercial sur l'immeuble commun. • Remarque. Les résultats de l'exploitation entrent en communauté, les bénéfices comme les pertes.
Exploitation d'un fonds de commerce propre	• Principe. L'époux propriétaire de ce fonds a tous les pouvoirs d'administration et de disposition de ce bien, sans aucune restriction et sans que son conjoint puisse normalement y faire obstacle. • Remarque. Les dettes et les bénéfices de l'exploitation entrent en communauté, sauf récompense éventuelle.

Séparation des biens. Chaque époux est propriétaire des biens qu'il a acquis avant ou après son mariage. Il n'y a pas de biens communs. L'époux commerçant est propriétaire du fonds, l'administre et en dispose seul. Il perçoit seul les bénéfices et supporte seul les pertes, protégeant ainsi son conjoint non commerçant.

2. La participation au commerce des deux époux

Le conjoint travaillant dans l'entreprise familiale doit choisir entre trois statuts (tab. 7.3).

Tableau 7.3. Statuts du conjoint du commerçant

Conjoint-collaborateur	• Principe. Statut applicable à tout conjoint qui n'exerce pas parallèlement une autre profession. Collaboration effective à l'entreprise, en principe non rémunérée, mentionné au RCS. • Avantage civil. Dénué de la qualité de commerçant mais présumé (sauf déclaration notariée contraire) avoir reçu mandat du conjoint-commerçant d'accomplir, en son nom, des actes d'administration de l'entreprise • Avantage social. Affiliation personnelle au régime de Sécurité sociale des indépendants et versement de cotisations sociales, en contrepartie de droits propres. Non-éligibilité à l'assurance-chômage.
Conjoint-salarié	• Conditions du contrat de travail entre époux. Participation effective à l'activité commerciale à titre professionnel et habituel, et perception d'un salaire au moins égal au Smic. • Effets. Affiliation au régime général de la Sécurité sociale et application de la législation du travail. Éligibilité à l'assurance-chômage.
Conjoint-associé	• Principe. Possibilité de constitution d'une société familiale entre époux avec l'apport des seuls biens communs. Qualité d'associé pour la moitié des parts souscrites correspondant à l'apport. • Avantage social. Affiliation à titre obligatoire aux régimes maladie, vieillesse et allocations familiales du chef d'entreprise. Choix entre le régime général et le régime des indépendants de la Sécurité sociale.

C) L'activité commerciale et le PACS

Définition

Selon l'article 515-1 du Code civil, un pacte civil de solidarité (PACS) est un contrat conclu par deux personnes physiques majeures, de sexe différent ou de même sexe, pour organiser leur vie commune.

Le PACS est un régime patrimonial qui résulte d'une convention passée par acte authentique ou sous signature privée. Les partenaires doivent faire enregistrer la déclaration conjointe de PACS en s'adressant soit à l'officier d'état civil du lieu de résidence commune, soit à un notaire. Le PACS a des conséquences sur la propriété et la gestion du fonds de commerce (tab. 7.4).

Tableau 7.4. **Effets du PACS sur le commerçant**

	Avant la conclusion d'un PACS	Après la conclusion d'un PACS
Acquisition du fonds de commerce	• La conclusion du PACS n'a aucune conséquence. • Le commerçant conserve la propriété de son fonds et la plénitude de ses pouvoirs de gestion.	• Principe. Le fonds est la propriété exclusive de l'acquéreur. • Exception. Les partenaires peuvent choisir de se soumettre au régime de l'indivision. Le fonds est alors réputé indivis par moitié. • Gestion en cas d'indivision (plusieurs propriétaires pour un même bien). Les actes conservatoires sont accomplis par chaque pacsé agissant seul. Les actes d'administration et de disposition requièrent le consentement des deux quand ils ne ressortent pas de l'activité normale du fonds (ex. : achat de matériel par le pacsé exploitant le fonds, vente du fonds réalisée en commun).
Dettes professionnelles	Le commerçant pacsé supporte seul ses dettes professionnelles. Les biens indivis peuvent être poursuivis pour moitié par les créanciers personnels du commerçant.	
Participation du partenaire à l'activité commerciale	Le partenaire pacsé peut, tout comme le conjoint, choisir parmi les statuts de partenaire-collaborateur, partenaire-salarié et partenaire-associé.	

D) L'activité commerciale et la nationalité

1. Les cas des ressortissants hors UE

Principe de la réciprocité législative. Un étranger non ressortissant européen ne peut, en France, exercer une profession commerciale que si les Français jouissent du même droit dans son pays.

Carte de séjour temporaire. L'étranger qui réside en France et veut y exercer une profession commerciale, industrielle ou artisanale doit obtenir une carte de séjour temporaire autorisant l'exercice d'une activité professionnelle. Il doit justifier d'une activité économique viable et compatible avec l'ordre public.

2. Le cas des ressortissants de l'UE

Les citoyens des pays membres de l'Union sont dispensés de carte de séjour, de même que les étrangers titulaires d'une carte de résident, et les ressortissants des pays de l'Espace économique européen (Norvège, Islande, Liechtenstein) et les Suisses.

3. Les droits et obligations des commerçants étrangers

Le commerçant étranger est soumis aux mêmes obligations fiscales et sociales qu'un commerçant français. S'il n'est pas européen, ses droits sont moins étendus (ex. : professions interdites comme débitant de boissons ou transporteur routier). Il n'est ni électeur, ni éligible aux chambres et tribunaux de commerce.

E) Les incompatibilités et déchéances

Les incompatibilités et déchéances visent à préserver l'indépendance de certaines professions ou à protéger la société contre des actes malveillants (tab. 7.5).

Tableau 7.5. Régime des incompatibilités avec l'exercice du commerce et des déchéances

Incompatibilités	Certaines personnes ne peuvent pas exercer le commerce en raison de leurs fonctions ou de leur profession (ex. : magistrats, fonctionnaires, militaires) ou d'une collusion peu appropriée (ex. : huissiers, notaires).
Déchéances	Dans un souci de moralité commerciale, le législateur frappe de déchéance ceux qui ont déjà fait preuve d'indignités. La loi du 4 août 2008 de modernisation de l'économie a mis en place un système de peines complémentaires aux infractions (ex. : atteintes volontaires à la vie, tromperie). L'interdiction est prononcée pour 10 ans au plus ou à titre définitif.

→ APPLICATION 3 • CAS 6 • SITUATION PRATIQUE 7

1 QCM

Pour chaque proposition, une ou plusieurs réponses sont possibles. Justifiez-les.

1. Les actes de commerce suivants confèrent la qualité de commerçant à leurs auteurs :
   - a. des actes de commerce par nature. ☐
   - b. une lettre de change. ☐
   - c. un acte de commerce par accessoire. ☐
2. La présomption de commercialité des actes effectués par un commerçant est :
   - a. simple. ☐
   - b. irréfragable. ☐
3. M. Camus est commerçant. Il a acheté un portemanteau, des chaises et des étagères. Ces actes sont des actes de commerce :
   - a. par nature. ☐
   - b. isolés. ☐
   - c. par accessoire. ☐
4. La qualité de commerçant s'acquiert par l'exercice d'actes de commerce :
   - a. par nature. ☐
   - b. par accessoire. ☐
   - c. à titre de profession habituelle. ☐
   - d. à titre indépendant. ☐
5. L'entreprise commerciale :
   - a. n'a ni la personnalité juridique, ni la personnalité fiscale. ☐
   - b. n'a pas la personnalité juridique mais a la personnalité fiscale. ☐
   - c. est soumise au régime des BIC. ☐
   - d. est soumise au régime de l'IS. ☐
6. En cas de litige commercial, la preuve :
   - a. est libre. ☐
   - b. peut se faire par tous moyens. ☐
   - c. doit se faire à partir des documents comptables. ☐
   - d. doit se faire par écrit. ☐
7. Les documents comptables :
   - a. doivent être gardés pendant 10 ans. ☐
   - b. doivent être gardés pendant 30 ans. ☐
   - c. font preuve entre commerçants et non-commerçants. ☐
   - d. font preuve au profit du commerçant qui les a tenus. ☐
8. Un commerçant marié sous le régime de la communauté légale :
   - a. peut s'installer commerçant sans l'autorisation de son conjoint. ☐
   - b. est responsable des dettes de son commerce sur les biens communs. ☐
   - c. peut vendre, tout ou partie du fonds de commerce commun. ☐

2 À la fine fleur ★★★

M. Magnolia, commerçant-fleuriste, est propriétaire du fonds de commerce À la fine fleur.

Comment peut-on qualifier les actes suivants : achat d'une console, vente de fleurs à Mlle Bleuet, conclusion du bail du studio de sa fille, achat d'un véhicule utilitaire, souscription d'un prêt à la banque du Centre, rédaction d'une lettre de change en paiement d'un créancier ?

3 Librairie Page Blanche ★★★

Mme Blanche tient, avec son mari, la librairie Page Blanche. Elle s'occupe des commandes, acquitte les factures et gère les contacts avec la banque et les organismes professionnels. Chaque mois, une somme de 450 € lui est personnellement allouée.

1. *Quel est le statut de Mme Blanche ?*
2. *Quelles sont les conséquences de ce statut pour Mme Blanche ?*
3. *Une de ses amies trouve que Mme Blanche manque d'indépendance financière. Quel statut proposez-vous pour remédier à cette situation ?*

Évaluer les savoirs | Maîtriser les compétences | Préparer l'épreuve

4 Louis ★★★

Compétence attendue — **Vérifier** qu'une personne remplit les conditions pour exercer le commerce dans une situation donnée

Louis a exercé plusieurs années les fonctions de commercial en qualité de salarié avant d'accomplir son rêve : créer un commerce de vente de matériel informatique. Passionné, il profite d'une formation proposée par la chambre de commerce pour apprendre à réparer les ordinateurs. Il loue un emplacement à Rennes. Il vend du matériel informatique et propose des services comme la réparation, activité dont le chiffre d'affaires reste marginal.

Quel est le statut de Louis ?

5 Benjamin ★★★

Compétence attendue **Analyser** le statut et la situation patrimoniale d'un commerçant

Célibataire, Benjamin a créé et exploite, depuis octobre N, un magasin de vêtements en centre-ville, sous la forme d'une entreprise individuelle. L'activité, jusqu'à présent florissante, connaît aujourd'hui des difficultés. Il est propriétaire d'un appartement qu'il habite, d'un studio en ville qu'il loue à des étudiants, d'une voiture et d'un compte d'épargne bien garni à la Banque postale. Lors d'un entretien avec son comptable, il apprend qu'il existe une forme d'entreprise individuelle qui conviendrait mieux à sa situation. Benjamin fait appel à vos services.

1. *Pour quelle forme juridique Benjamin pourrait-il opter ?*
2. *Quel intérêt cette forme présente-t-elle pour lui ?*

6 Arielle Lauder ★★★

Compétences attendues

- **Analyser** le statut et la situation patrimoniale d'un commerçant
- **Sélectionner** un statut pour le conjoint en fonction d'une situation simple et en **mesurer** les conséquences juridiques

Arielle Lauder est salariée d'une entreprise installée à Villers (Sarthe). Artiste de formation, elle réalise des modèles originaux de bijoux fantaisie qu'elle décore à la main.

L'employeur d'Arielle prend sa retraite. Arielle souhaite poursuivre son activité en optant pour un statut de commerçant. Elle va en effet vendre les produits d'une marque connue de bijoux fantaisie Panduski. Elle envisage d'acquérir son entreprise au moyen d'un emprunt contracté auprès de la banque Zalard.

Son ami, Rachid, est commercial dans une société de téléphonie mobile. Arielle et Rachid souhaitent se marier et développer l'activité de l'entreprise d'Arielle. Rachid dispose déjà de quelques économies et l'appartement dans lequel le couple va s'installer lui appartient.

1. *Quels conseils pouvez-vous donner à Arielle et Rachid sur leur projet de mariage ?*
2. *Rachid va travailler avec Arielle dans son entreprise. Quel statut lui conseillez-vous ?*

7 Situation pratique : cas El Mondo Bio ★★★

30 min

Compétence attendue

Vérifier qu'une personne remplit les conditions pour exercer le commerce dans une situation donnée

Vincent exploite un commerce de produits bio et de cuisine du monde, El Mondo bio. Vincent, qui a pris peu de vacances dans sa vie, a envie de parcourir le monde. Son fils, Milo, 17 ans, l'aide dans le magasin. Il sert les clients et contacte les fournisseurs. Milo aimerait prendre la succession de son père, il a des idées pour moderniser le magasin. Un ami argentin de Vincent, Joaquín serait également intéressé par la reprise du magasin. Il vit en France depuis 2 ans et remplace Vincent de temps en temps.

Rendez-vous MÉTHODE 3

Vincent ne sait quelle décision prendre. Des aspects affectifs et juridiques se mêlent. Pour l'aider, vous répondrez aux questions ci-après.

Travail à faire

1. *Milo peut-il prendre la succession de son père et tenir le magasin ?*
2. *Joaquín peut-il s'installer commerçant ? Quelles formalités devra-t-il accomplir ?*

8 Commentaire de document : Technigaz entretien ★★★

30 min

Compétence attendue

- **Identifier** le commerçant
- **Vérifier** qu'une personne remplit les conditions pour exercer le commerce dans une situation donnée

En vous appuyant sur vos connaissances, répondez aux questions suivantes portant sur les annexes.

Rendez-vous MÉTHODE 2

Travail à faire

1. *Quels sont les faits dans cette affaire ?*
2. *Quel est le problème de droit ?*
3. *Quelle est la décision de la Cour de cassation et ses motifs ?*

Après avoir lu l'arrêt, et repéré sa construction (les idées sont séparées par des points-virgules), dressez un schéma des parties en présence et identifiez leurs liens juridiques.

Annexe 1

Cour de cassation, chambre commerciale, 11 mars 2008, pourvoi n° 06-20089

Sur le moyen unique :

Attendu, selon l'arrêt attaqué (Versailles, 14 septembre 2006), que M. X..., salarié de la société Technigaz entretien, a donné sa démission ; qu'il s'est alors installé à son compte en qualité de plombier chauffagiste ; que la société Technigaz entretien l'a assigné aux fins de cessation d'agissements de concurrence déloyale ; que M. X... se prévalant de son statut d'artisan a soulevé l'incompétence du tribunal de commerce au profit du tribunal de grande instance ;

Attendu que la société Technigaz entretien fait grief à l'arrêt d'avoir dit que le tribunal de commerce était incompétent pour statuer sur les demandes qu'elle avait formées à l'encontre de M. X... et d'avoir renvoyé la cause et les parties devant le tribunal de grande instance, alors, selon le moyen, que l'activité de fourniture de services, non exclusivement intellectuelle et exercée à titre habituel et lucratif, revêt un caractère commercial ; qu'en estimant que M. X..., plombier chauffagiste, ne pouvait être qualifié de commerçant, tout en relevant que l'intéressé exerçait à titre habituel et lucratif une activité de « production, transformation et prestations de services », à laquelle s'ajoutait une activité accessoire « d'achat de matières premières elles-mêmes revendues », ce dont il résultait que M. X... avait bien la qualité de commerçant, la cour d'appel n'a pas tiré les conséquences légales de ses constatations et a violé l'article L. 110-1,6° du code de commerce ;

Mais attendu que l'arrêt retient que M. X... travaillait seul, sans l'apport d'une main-d'œuvre interne ou externe, qu'il exerçait de manière prépondérante une activité de production, transformation et prestation de services dont il tire l'essentiel de sa rémunération, et que l'achat pour revendre de marchandises représentait, pour l'année 2004, pour lui seulement l'équivalent d'environ 5 % de son résultat d'exploitation, c'est-à-dire était accessoire et marginale ; qu'en l'état de ces constatations et appréciations, la cour d'appel, qui a fait ressortir que M. X... était un travailleur indépendant dont les gains provenaient essentiellement du produit de son travail personnel et qu'il ne spéculait ni sur les marchandises ni sur la main-d'œuvre, a pu statuer comme elle a fait ; que le moyen n'est pas fondé ;

PAR CES MOTIFS :

REJETTE le pourvoi.

Annexe 2

Article L. 101-1 du Code de commerce

La loi répute actes de commerce :

[...] 6°. Toute entreprise de fournitures, d'agence, bureaux d'affaires, établissements de ventes à l'encan, de spectacles publics. [...]

SYNTHÈSE

Le commerçant

Définition du commerçant

Est réputée commerçant toute personne qui exerce des actes de commerce à titre de profession habituelle, en son nom propre et pour son propre compte.

Activités commerciales

Actes de commerce par nature : spéculation et répétition		Actes de commerce par accessoire	
Actes de commerce isolés Achat pour revendre	Actes accomplis dans le cadre d'une entreprise Commerce de biens et services Activités intermédiaires	Présomption de commercialité des actes d'un commerçant	Présomption simple (preuve contraire admise)

Situation et statut personnels du commerçant

	Principe	Effets
Capacité	Le commerçant doit être capable	• Le mineur émancipé peut être commerçant s'il a été autorisé (par le juge des tutelles ou par le président du TGI ensuite). • Le statut de majeur protégé est difficilement compatible avec le statut de commerçant.
Mariage et PACS	Exercice libre de l'activité commerciale par chacun des époux ou partenaires	• Influence du régime matrimonial ou du pacs sur l'engagement des biens. • Statut du conjoint ou partenaire à déterminer (collaborateur, salarié, associé).

	Principe	Effets
Nationalité	• Réciprocité législative • Étranger commerçant et résidant en France : carte de séjour temporaire (hors exceptions) sauf UE et titulaire de carte de résident.	• Mêmes obligations sociales et fiscales que les commerçants français. • Absence de droit de vote aux élections professionnelles
Autres	• Incompatibilités • Déchéances	• Interdictions d'exercer en raison de fonctions ou d'une autre profession • Interdictions liées à la moralité des personnes.

Statut juridique et biens du commerçant

	Entreprise individuelle	Entreprise individuelle à responsabilité limitée (EIRL)
Personnalité morale	Non	Non
Responsabilité	Illimitée	Limitée au patrimoine affecté
Patrimoine	Composé des éléments personnels et professionnels.	Patrimoine affecté à l'EIRL

Obligations et règles applicables au commerçant

Obligations du commerçant	• Inscription au RCS • Obligations comptables • Obligations fiscales • Obligations sociales (RSI jusqu'au 1er janvier 2020)
Règles applicables au commençant	• Règlement des litiges – tribunaux de commerce – arbitres – preuve par tous moyens • Solidarité commerciale • Application du droit des entreprises en difficulté

CHAPITRE 8

Les professionnels de la vie des affaires autres que les commerçants

PROGRAMME

Compétence attendue

Identifier et **analyser** les principes juridiques applicables aux catégories professionnelles suivantes : artisan, agriculteur, professionnel libéral

Savoir associé

Les caractéristiques principales de l'artisan, de l'agriculteur, du professionnel libéral

PRÉREQUIS

Notion de personne (chapitre 6)

LIENS AVEC LE DCG 4

§2. L'impôt sur le revenu des personnes physiques • §5. Taxe sur la valeur ajoutée

PLAN DU CHAPITRE

Cours : 1. L'artisan • 2. L'agriculteur • 3. Les professions libérales

Des savoirs aux compétences : Évaluer les savoirs • Maîtriser les compétences • Préparer l'épreuve

Synthèse

Outre les commerçants, le monde des affaires est peuplé de bien d'autres professionnels assujettis à un statut propre : artisan, agriculteur, profession libérale. Ces professions échappent en partie à l'emprise du droit commercial, sans pour autant tomber dans le domaine du droit civil. On observe une tendance au développement de la réglementation par voie de statut (artisan, agriculteur...).

Afin de les différencier nettement des activités commerciales, il convient de rechercher leurs caractères généraux mais aussi leurs spécificités ; aux métiers réputés « manuels » (artisanat, agriculture...) s'opposent des métiers dits « intellectuels » (professions libérales).

MOTS-CLÉS

Artisan • Agriculteur • Entreprise individuelle • Profession libérale • Répertoire des métiers (RM) • Société

1 L'artisan

A) Qu'est-ce qu'un artisan ?

1. La définition légale

La loi n° 2014-626 du 18 juin 2014 relative à l'artisanat, au commerce et aux très petites entreprises a clarifié la qualité d'**artisan**.

CHIFFRES-CLÉS

Le secteur de l'artisanat compte **1,3 million** d'entreprises (dont 65,6 % n'ont aucun salarié), pour **9,4 %** de la valeur ajoutée du secteur marchand (DGE, 2018).

Loi n° 96-603 du 5 juillet 1996 modifiée par la loi du 18 juin 2014

- Article 19. Doivent être immatriculées au répertoire des métiers [...] les personnes physiques et les personnes morales qui n'emploient pas plus de dix salariés et qui exercent à titre principal ou secondaire une activité professionnelle indépendante de production, de transformation, de réparation ou de prestation de services figurant sur une liste établie par décret en Conseil d'État [...].
- Article 21-I, al. 1er. Les personnes physiques et les dirigeants sociaux des personnes morales relevant du secteur de l'artisanat [...] peuvent se prévaloir de la qualité d'artisan dès lors qu'ils justifient d'un diplôme, d'un titre ou d'une expérience professionnelle dans le métier qu'ils exercent, dans les conditions définies par décret en Conseil d'État [...].

Selon les lois du 5 juillet 1996 et du 18 juin 2014, trois critères permettent à une personne d'obtenir la qualité d'artisan (tab. 8.1).

Tableau 8.1. Critères légaux de caractérisation de l'artisanat

Activité exercée	Activité indépendante : production, transformation, réparation ou prestation de services entrant dans une liste fixée par décret
Immatriculation	Immatriculation au registre des métiers (RM) justifiant de la qualification professionnelle. Demande à effectuer auprès du CFE de la chambre des métiers et de l'artisanat (CMA), un mois avant le démarrage de l'activité
Effectif	Maximum de 10 salariés, hors conjoint-collaborateur ou apprentis

Pour une liste complète des activités d'artisanat :
https://goo.gl/Bu211o

Les métiers de l'artisanat sont variés et concernent des secteurs très différents (alimentation, bâtiment, fabrication et services).

2. Les critères jurisprudentiels

La jurisprudence retient trois critères pour qualifier l'artisan :

- l'artisan est d'abord un travailleur manuel. Cela implique qu'une trop grande « mécanisation » est incompatible avec cette qualité ;
- un artisan emploie un petit nombre de salariés. Le seuil de dix salariés posé par la loi ne semble avoir d'incidence que pour l'inscription au répertoire des métiers.
- Il ne préjuge pas de la qualité d'artisan et cela laisse aux juges une liberté d'appréciation. Aucun seuil n'a été fixé par les tribunaux, celui-ci est fonction de l'espèce. La loi Sapin 2 (9 décembre 2016) autorise des entreprises à s'immatriculer au **répertoire des métiers** (RM), même en cas de dépassement du seuil de 10 salariés. Toutefois, le seuil de 50 salariés ne doit pas, en principe, être dépassé ;

– l'artisan est un professionnel qui tire ses bénéfices d'une activité professionnelle. Il ne doit pas spéculer sur la main-d'œuvre salariée ou sur les marchandises. Les tribunaux exigent que la source principale du revenu de l'artisan provienne de son travail manuel. Mais la frontière qui sépare les artisans des commerçants est faible. Et les juges, pour se forger une opinion, utilisent plusieurs critères d'appréciation (ex. : le maçon qui fait réaliser l'ensemble des constructions est considéré comme un commerçant).

B) Le statut de l'artisan

Un artisan peut exercer son activité sous la forme d'une **entreprise individuelle** (↪ chapitre 9), en tant que micro-entrepreneur (↪ chapitre 7), ou sous la forme d'une **société**.

Des statuts fiscaux, sociaux et juridiques spécifiques s'appliquent (tab. 8.2).

Tableau 8.2. Statut de l'artisan et des activités artisanales

Statut professionnel	• Obligation d'immatriculation au RM (y compris pour les micro-entrepreneurs) • Attribution d'un numéro unique par la chambre des métiers, apposition sur tous les documents officiels
Statut fiscal	• Assujettissement au régime fiscal de l'impôt sur le revenu dans la catégorie des BIC • Exonération de la contribution économique territoriale (CET) en cas de travail seul ou avec le concours d'une main-d'œuvre familiale ou d'un apprenti • Règles de faveur en cas d'apprentissage
Statut social	• Régime de protection sociale des travailleurs indépendants applicable aux artisans, à leurs époux ou partenaires de PACS • Régime concernant les cotisations et contributions sociales personnelles obligatoires
Statut juridique	• Droit civil applicable • Inapplicabilité des règles de comptabilité commerciale • Application de certaines règles du droit commercial : législation sur les baux commerciaux, location-gérance, fonds de commerce (↪ chapitre 10), statut du conjoint, insaisissabilité, EIRL… • Applicabilité du régime des entreprises en difficulté (redressement et liquidation judiciaires)

→ APPLICATION 2

2 L'agriculteur

A) Qu'est-ce qu'un agriculteur ?

1. L'agriculteur exerce des activités agricoles

Est **agriculteur** la personne physique ou morale qui exerce des activités réputées agricoles. L'article L. 311-1 du Code rural délimite le domaine d'activité des agriculteurs.

Code rural, art. L. 311-1

- Sont réputées agricoles toutes les activités correspondant à la maîtrise et à l'exploitation d'un cycle biologique de caractère végétal ou animal et constituant une ou plusieurs étapes nécessaires au déroulement de ce cycle ainsi que les activités exercées par un exploitant agricole qui sont dans le prolongement de l'acte de production ou qui ont pour support l'exploitation.

2. L'agriculteur détient un titre juridique sur des biens fonciers

L'agriculteur, celui qui a la qualité de chef d'exploitation, doit être titulaire d'un titre juridique lui donnant le pouvoir d'exercer l'activité agricole sur le bien foncier support de cette activité. Ce titre découle soit de la propriété ou de l'usufruit (↪ chapitre 10), soit d'un contrat (location, concession, etc.).

La détention d'un titre juridique permet de distinguer le chef d'exploitation des autres personnes qui concourent au fonctionnement de l'exploitation agricole (aides familiales, salariés) et qui exercent eux aussi une activité agricole.

CHIFFRES-CLÉS

La France compte quelque **450 000** exploitants agricoles pour une superficie moyenne de **61 hectares** par exploitation (Agreste, 2017).

B) Le statut de l'agriculteur

Un agriculteur peut exercer son activité sous la forme d'une entreprise individuelle (↪ chapitre 9), en tant que micro-entrepreneur (↪ chapitre 7), ou sous la forme d'une société (ex. : EARL).

Des statuts fiscaux et sociaux spécifiques s'appliquent (tab. 8.3).

Tableau 8.3. Statut de l'agriculteur et des activités agricoles

Nature civile des activités agricoles	• Cette qualification se justifie par le fait que l'agriculteur tire l'essentiel de ses revenus de son activité manuelle, qu'il n'effectue pas des achats pour les revendre mais qu'il vend ce qu'il a produit. • Les litiges sont donc de la compétence des tribunaux civils. Les contrats des agriculteurs sont soumis aux dispositions du Code civil.
Emprise du droit commercial	• Existence de chambres d'agriculture. • Inscription des agriculteurs au registre des actifs agricoles (RAA) au rôle strictement administratif • Existence d'un fonds agricole (loi du 5 janvier 2006), à caractère civil et objet de nantissement • Statut du conjoint, de l'insaisissabilité et de l'EIRL • Applicabilité du régime des entreprises en difficulté avec des spécificités
Détention d'un titre de jouissance sur des biens fonciers	• Indispensable à l'exercice de l'activité d'exploitant agricole • Titre résultant en général soit de la propriété ou de l'usufruit des immeubles exploités (faire-valoir direct), soit d'un contrat de bail à ferme ou à métayage (faire-valoir indirect)

Statut social	Régime de la Mutualité sociale agricole (MSA) : agriculteur, conjoint, descendants et salariés
Statut fiscal	• Assujettissement au régime fiscal de l'impôt sur le revenu dans la catégorie des bénéfices agricoles. • Assujettissement à la TVA : régime simplifié agricole, pour les opérations de nature agricole imposables à la TVA, de plein droit ou sur option

Malgré les similitudes qu'elles entretiennent, les activités agricole et commerciale ne doivent pas être confondues.

FOCUS **Différencier activité agricole et activité commerciale**

Certaines personnes achètent des animaux ou des plants pour les revendre après transformation. Leur activité est qualifiée d'« agricole » si, entre l'achat des animaux ou celui des plants, un cycle biologique s'est accompli.

Certaines activités sont pratiquées par les agriculteurs dans des domaines à la périphérie de leur cœur de métier. Ces activités ne revêtent pas un caractère commercial si elles se situent dans le prolongement de l'acte de production ou encore si elles ont pour support l'exploitation (ex : transformation, commercialisation des produits végétaux et des animaux de l'exploitation). Sont également agricoles les activités de service et d'accueil à la ferme dès lors qu'il existe un lien géographique et économique avec l'activité de production agricole (ex. : ferme pédagogique).

→ APPLICATION 2 • CAS 3 • CAS 4 • SITUATION PRATIQUE 5

3 Les professions libérales

A) Qu'est-ce qu'une profession libérale ?

1. La définition légale

La loi du 22 mars 2012 relative à la simplification du droit et à l'allégement des démarches administratives a précisé les caractéristiques et attributs des **professions libérales** (tab. 8.4).

Loi n° 2012-387 du 22 mars 2012, art. 29

■ Les professions libérales groupent les personnes exerçant à titre habituel, de manière indépendante et sous leur responsabilité, une activité de nature généralement civile ayant pour objet d'assurer, dans l'intérêt du client ou du public, des prestations principalement intellectuelles, techniques ou de soins mises en œuvre au moyen de qualifications professionnelles appropriées et dans le respect de principes éthiques ou d'une déontologie professionnelle, sans préjudice des dispositions législatives applicables aux autres formes de travail indépendant.

Tableau 8.4. Éléments de la définition légale des professions libérales

Exercice d'une activité civile	• Activité exigeant souvent un effort purement intellectuel et donc essentiellement personnel • Spéculation sur la marchandise, le matériel et le travail d'autrui exclue
Caractère indépendant	Activité exercée en son nom et pour son propre compte, sous sa responsabilité
Qualification professionnelle	Formation certifiée par un titre ou un diplôme pour fournir à ses clients une prestation intellectuelle
Soumission à une déontologie professionnelle	• Droits et devoirs résultant de la loi ou d'un code de déontologie édicté par une organisation professionnelle (ex. : ordre des médecins, ordre des experts-comptables) • Existence d'un ordre professionnel sanctionnant (ex. : suspension, radiation) les manquements aux règles qu'il édicte (indépendance, responsabilité professionnelle, secret professionnel)

Les professions libérales se rencontrent dans des secteurs d'activité variés, essentiellement les professions juridiques, les conseils et experts, la santé et l'enseignement.

FOCUS

Questionnements sur le caractère civil de l'activité du professionnel libéral

Le caractère civil peut être mis en doute pour trois raisons principales :
– le travail d'autrui du fait du développement du salariat, ce qui entraîne une spéculation sur le travail d'autrui ;
– le matériel par le recours à une utilisation croissante de technologies (ex. : matériel médical, ressources et matériels informatiques) ;
– le fonctionnement sous forme de société. Certaines activités peuvent être exercées sous la forme de sociétés d'exercice libéral (SEL), lesquelles empruntent largement aux sociétés commerciales (apports, partage des bénéfices ou des économies qui résultent de l'activité).

B) Le statut des professions libérales

CHIFFRES-CLÉS

Le secteur libéral regroupe **800 000** professionnels, hors micro-entrepreneurs (DGE, 2015).

Un professionnel libéral peut exercer son activité sous la forme d'une entreprise individuelle (↪ chapitre 7), en tant que micro-entrepreneur (↪ chapitre 9), ou sous la forme d'une société (ex. : SCM).

Des règles particulières s'appliquent (tab. 8.5).

Tableau 8.5. Nature civile de l'activité et règles applicables

Nature civile de l'activité	Application aux différentes professions des règles du droit civil
Application de règles relevant du droit commercial	• Statut du conjoint, insaisissabilité, EIRL, application du droit des entreprises en difficulté • Reconnaissance de l'existence d'un fonds libéral : la clientèle civile présente un caractère très personnel • Existence d'un *intuitu personae* particulièrement fort. D'où la cession uniquement dans le cadre de conventions dites de présentation (présentation du successeur à la clientèle)
Distinction entre professions réglementées et non réglementées	• Organisation, le plus souvent, en ordres (ex. : médecins) ou en compagnies (ex. : commissaires aux comptes) • Nécessité d'être membre de l'organisation professionnelle pour exercer (ex. : professions juridiques et judiciaires), professions de santé et autres professions techniques) • Existence d'autres professions sans réglementation spécifique ni organisation particulière (ex. : ingénieur-conseil, conseil en patrimoine)

Lorsque les activités libérales sont exercées sous la forme d'une société, qu'elle soit civile ou commerciale, l'activité libérale est soumise au droit commercial.

Déterminer l'activité d'une entreprise – tableau comparatif :

https://goo.gl/qcMVja

FOCUS

Application du droit commercial aux activités non accessoires

Lorsqu'un professionnel libéral ajoute à son activité de nature libérale une activité commerciale, celle-ci est qualifiée de « commerciale » lorsqu'elle n'en constitue pas l'accessoire (ex. : le médecin qui exploite une clinique).

→ CAS 4 • COMMENTAIRE DE DOCUMENT 6

1 QCM

Pour chaque proposition, une ou plusieurs réponses sont possibles. Justifiez-les.

1. L'artisan est :
   a. un commerçant. ☐
   b. assimilé à un professionnel libéral. ☐
   c. un travailleur indépendant. ☐

2. Pour s'inscrire au répertoire des métiers, il faut :
   a. s'inscrire aussi au RCS et employer deux personnes au plus. ☐
   b. employer dix salariés au plus et exercer de manière personnelle et indépendante certaines professions. ☐
   c. ne pas spéculer sur les marchandises. ☐
   d. employer vingt personnes au plus. ☐

3. L'agriculteur est :
   a. un commerçant. ☐
   b. assimilé à un professionnel libéral. ☐
   c. une personne qui exerce une activité agricole. ☐
   d. une personne qui détient un titre de jouissance sur des biens fonciers. ☐

4. L'activité de l'agriculteur est :
   a. civile. ☐
   b. commerciale. ☐
   c. mixte. ☐

5. L'agriculteur :
   a. ne paie pas la TVA. ☐
   b. est assujetti à l'IRPP. ☐
   c. bénéficie du revenu minimum agricole. ☐
   d. est assujetti pour la TVA au régime simplifié agricole. ☐

6. Le professionnel libéral :
   a. exerce une activité civile. ☐
   b. exerce une activité commerciale. ☐
   c. possède une qualification professionnelle. ☐
   d. est soumis à des règles de déontologie. ☐

2 Qui est qui ? ★

Dans chacune des situations ci-après, précisez la qualité des personnes concernées (artisan, agriculteur ou autre). Justifiez votre réponse.

1. Luigi fabrique des pâtes alimentaires. Il s'est spécialisé dans la production de pâtes à format spécial (anneaux, petits carrés, paniers, roues creuses). Il travaille avec son épouse et trois salariés. Il utilise un matériel très sophistiqué qu'il a acquis récemment.
2. Martin Duchamp est propriétaire d'un bien rural que M. Delavallée souhaite exploiter. M. Duchamp transfère à M. Delavallée, par contrat, la jouissance de ses terres en contrepartie du versement, en argent ou en produits, d'une valeur fixe. De quelle forme de titre de jouissance s'agit-il ?
3. M. Lepeintre est peintre-vitrier. Il travaille seul ; il remplace les vitres cassées et effectue des travaux de peinture chez des clients. Il procède à des achats de marchandises dont l'importance et la fréquence sont élevées (peintures, papier peint, miroirs…).
4. M. Ireland conclut un contrat avec un propriétaire terrien, M. Delacampagne aux termes duquel ce dernier lui confère la jouissance de ses biens, moyennant un partage en nature des produits de l'exploitation. Les charges sont aussi partagées entre les deux parties.

3 Sébastien Leblond ★★★

Compétence attendue **Identifier** et **analyser** les principes juridiques applicables aux catégories professionnelles suivantes : artisan, agriculteur, professionnel libéral

Sébastien Leblond achète des poussins à Jacques Piette. Pendant une période de temps variable, il les élève dans son exploitation de Buyon (Landes), les soigne et les nourrit.

Sébastien veille à la qualité du régime alimentaire des poussins. Il souhaite obtenir, dans les années à venir, le label bio-vert. À cette fin, il refuse d'alimenter ses poules avec des aliments préparés par des sociétés spécialisées. Il vend de nombreuses poules et, après quelques années difficiles, il réussit à vivre de son activité.

1. *Quel est le statut de Sébastien ? Justifiez votre réponse.*
2. *Quelles sont les conséquences juridiques de ce statut ?*

Intéressez-vous au cycle biologique de l'animal élevé. Voici les différentes étapes de croissance d'un poussin : semaines 1 à 3 : duvet ; semaines 4 à 6 : emplumage ; semaines 7 à 8 : croissance.

4 Marc Duchâteau ★★★

Compétence attendue **Identifier** et **analyser** les principes juridiques applicables aux catégories professionnelles suivantes : artisan, agriculteur, professionnel libéral

Marc Duchâteau a réussi brillamment les épreuves du diplôme d'expertise comptable (DEC). Il s'apprête à prendre ses fonctions dans le cabinet ABC de Rouen dont le portefeuille client est essentiellement constitué de pharmacies et de grandes et moyennes surfaces. Ses parents sont pharmaciens rue Jeanne-d'Arc à Rouen et son épouse est directrice générale de l'hypermarché Auchan de la ville.

En vous appuyant sur vos connaissances, répondez aux questions ci-après portant sur l'annexe.

1. *Rattachez la profession d'expert-comptable à un statut. Justifiez votre choix.*
2. *Les parents de Marc souhaiteraient lui confier des missions comptables. Cela vous paraît-il possible ? Justifiez votre réponse.*
3. *Le magasin Auchan est un client du cabinet ABC. Quel problème cela pose-t-il ?*
4. *Un ami de Marc, industriel, lui demande de l'aider à optimiser sa fiscalité en cherchant des placements dans des paradis fiscaux. Que conseillez-vous à Marc ? Pourquoi ?*

Annexe

Décret n° 2012-432 du 30 mars 2012
relatif à l'exercice de l'activité d'expertise comptable (extraits)

Article 141 Les dispositions du présent chapitre constituent le code de déontologie des professionnels de l'expertise comptable.

[...] Section 1 : Devoirs généraux

[...] Article 143 Les experts-comptables et les salariés mentionnés respectivement à l'article 83 ter et à l'article 83 quater de l'ordonnance du 19 septembre 1945 susvisée sont tenus de prêter serment dans les six mois de leur inscription au tableau conformément à la formule ci-après :

« Je jure d'exercer ma profession avec conscience et probité, de respecter et faire respecter les lois dans mes travaux. »

Cette prestation de serment a lieu devant le conseil régional de l'ordre. [...]

Article 144. Les personnes mentionnées à l'article 141 s'abstiennent, même en dehors de l'exercice de leur profession, de tout acte ou manœuvre de nature à déconsidérer celle-ci.

Article 145. Les personnes mentionnées à l'article 141 exercent leur activité avec compétence, conscience professionnelle et indépendance d'esprit. Elles s'abstiennent, en toutes circonstances, d'agissements contraires à la probité, l'honneur et la dignité.

...

•••
Elles doivent en conséquence s'attacher :

1° À compléter et mettre à jour régulièrement leur culture professionnelle et leurs connaissances générales ;

2° À donner à chaque question examinée tout le soin et le temps qu'elle nécessite, de manière à acquérir une certitude suffisante avant de faire toute proposition ;

3° À donner leur avis sans égard aux souhaits de celui qui les consulte et à se prononcer avec sincérité, en toute objectivité, en apportant, si besoin est, les réserves nécessaires sur la valeur des hypothèses et des conclusions formulées ;

4° À ne jamais se placer dans une situation qui puisse diminuer leur libre arbitre ou faire obstacle à l'accomplissement de tous leurs devoirs ;

5° À ne jamais se trouver en situation de conflit d'intérêts.

Évaluer les savoirs | Maîtriser les compétences | Préparer l'épreuve

5 Situation pratique : cas famille Agricol ★★★

30 min

Compétence attendue

Identifier et **analyser** les principes juridiques applicables aux catégories professionnelles suivantes : artisan, agriculteur, professionnel libéral

Rendez-vous MÉTHODE 3

Domiciliée à Longpré (Marne), la famille Agricol exerce de père en fils le métier d'agriculteur. Depuis quelques années, ses revenus stagnent. Le dernier des enfants, marié la semaine dernière, ne trouve pas d'emploi. Le père, André Agricol, cherche en vain depuis plusieurs années à accroître les revenus de sa famille. Il vient de décider d'adjoindre à son métier d'agriculteur une activité de tourisme à la ferme. À cette fin, il effectue divers travaux dans l'un des bâtiments du corps de ferme. À terme, il vise la création d'une dizaine de chambres. Pour l'heure, il est encore loin du résultat et seules quatre chambres sont prêtes pour le début de la saison touristique.

Travail à faire

1. *En développant une activité de tourisme à la ferme, M. Agricol devient-il commerçant ? Justifiez votre réponse.*
2. *Au cours des travaux de construction, M. Agricol signe une lettre de change à l'ordre de Mathieu Béton, entrepreneur de travaux publics. Cette lettre de change est venue à échéance hier et, compte tenu du mariage de son fils, M. Agricol n'a pas pu l'honorer. M. Béton l'a alors menacé de poursuites devant le tribunal de commerce. Cette juridiction est-elle compétente ? Justifiez votre réponse.*

3. *Pour équiper ses appartements, M. Agricol a acheté du mobilier à un revendeur spécialisé. En signant le bon de commande, il a accepté une clause attributive de juridiction qui stipule que tout différend entre le vendeur et l'acquéreur sera tranché par M. Loyal, arbitre. Quelle est la validité de cette clause ? Justifiez votre réponse.*

6 Commentaire de document : Éditions Cercle d'Art ★★★

30 min

Compétence attendue

Identifier et **analyser** les principes juridiques applicables aux catégories professionnelles suivantes : artisan, agriculteur, professionnel libéral

Rendez-vous MÉTHODE 2

En vous appuyant sur vos connaissances, répondez aux questions ci-après portant sur l'annexe.

Travail à faire

1. *Identifiez les parties et exposez les faits.*
2. *Quel est le problème de droit posé à la Cour de cassation ?*
3. *Repérez la position des juges de cassation et justifiez-la.*

Annexe

Cour de cassation, chambre commerciale, 30 mars 2005, pourvoi n° 02-18259

Sur le moyen unique :

Attendu, selon l'arrêt attaqué (Paris, 26 juin 2002), que la société Éditions Cercle d'Art, prétendant qu'elle était seule titulaire des droits de propriété incorporelle attachés à une série de vingt-neuf portraits imaginaires de Pablo X..., a assigné pour contrefaçon Mme Y... et M. Z... – Enseigne Stephen Promo-Ceram ; qu'elle a formé contredit à l'encontre du jugement du tribunal de commerce de Paris qui s'est déclaré incompétent au profit du tribunal de grande instance de cette ville au motif que M. Z... n'était pas commerçant mais simple artisan ;

Attendu que la société Éditions Cercle d'Art fait grief à l'arrêt d'avoir rejeté le contredit, alors, selon le moyen :

1/ que l'immatriculation d'une entreprise au répertoire des métiers ne détermine pas ni même ne laisse présumer le caractère de son activité au regard du droit privé, ni la nature commerciale du statut de la personne qui en assure l'exploitation, si bien qu'en se bornant à déduire le statut d'artisan de M. Z... de la seule production de sa carte professionnelle, la cour d'appel n'a pas justifié légalement sa décision, au regard de l'article L. 110-1 du Code de commerce ;

2/ qu'en écartant le statut de commerçant de M. Z..., sans rechercher, en réfutation les conclusions des Éditions Cercle d'Art faisant valoir que M. Z..., à l'enseigne Éditions Promo-Ceram exerçait et revendiquait lui-même une activité d'édition consistant à acheter des reproductions photographiques de lithographies, à les reproduire sur support céramique, à les éditer et à les commercialiser, ce qui caractérisait une activité ...

...

commerciale, si celui-ci ne réalisait pas de façon habituelle des actes de commerce, et si l'activité arguée de contrefaçon n'était pas caractéristique d'une activité commerciale, la cour d'appel n'a pas justifié légalement sa décision, au regard des articles L. 110-1 et L. 121-1 du Code de commerce ;

Mais attendu que la cour d'appel, procédant aux recherches invoquées, a constaté, par motifs propres et adoptés, que dans son assignation la société Éditions Cercle d'Art ne reprochait à M. Z... que la fabrication de reproductions sur céramique d'œuvres de X..., que celui-là était inscrit au registre des métiers et qu'il n'exerçait pas l'activité d'édition au sens de l'article L. 132-1 du Code de la propriété intellectuelle ; qu'elle a pu déduire de ces constatations et appréciations que M. Z... ne pouvait être considéré comme commerçant ; que le moyen n'est fondé en aucune de ses branches ;

PAR CES MOTIFS :

REJETTE le pourvoi.

SYNTHÈSE

Les professionnels de la vie des affaires autres que les commerçants

L'artisan et l'agriculteur

	Artisan	Agriculteur
Définition	• Activité exercée de façon personnelle, indépendante et figurant sur une liste • Effectif limité à 10 salariés • Immatriculation au RM	• Exercice d'activités agricoles • Détention d'un titre de jouissance sur des biens fonciers
Statut	• Dispositions du droit civil • Immatriculation au RM • Bénéficiaire de la législation des baux commerciaux • IRPP – catégorie BIC • Assujettissement à la TVA • Soumission au droit des entreprises en difficulté	• Activité civile • Sur le plan social, affiliation à la MSA • IRPP : catégorie BA • Assujettissement à la TVA • Soumission au droit des entreprises en difficulté

Le professionnel libéral

Définition	• Exercice d'une activité civile • Caractère indépendant • Possession d'une qualification professionnelle • Respect d'une déontologie professionnelle
Statut	• Application des règles de droit civil • Application de certaines règles du droit commercial (ex. : droit des entreprises en difficulté, fonds libéral) • Organisation par statuts particuliers

CHAPITRE 9 Le patrimoine

PROGRAMME

Compétences attendues

- **Discuter** les intérêts et limites des théories du patrimoine
- **Distinguer** entreprise individuelle et EIRL
- **Évaluer** les risques patrimoniaux de l'entrepreneur dans une situation donnée

Savoirs associés

- Les principes de la théorie classique du patrimoine
- La composition du patrimoine : classification des droits et des biens
- Le droit de gage général des créanciers du commerçant et ses limites dans une approche personnaliste du patrimoine
- La thèse du patrimoine d'affectation et ses manifestations dans le droit français

PRÉREQUIS

Notion de personne (chapitre 6)

LIENS AVEC LE DCG 9

§2.2. Organisation comptable • §3.2. Opérations courantes d'investissement et de placement • §4.1. Opérations d'inventaire

PLAN DU CHAPITRE

Cours : 1. La notion de patrimoine • 2. Les conséquences de l'approche personnaliste du patrimoine • 3. La consécration de la théorie du patrimoine d'affectation

Des savoirs aux compétences : Évaluer les savoirs • Maîtriser les compétences • Préparer l'épreuve

Synthèse

En droit français, les notions de patrimoine et de personne sont inséparables. Le patrimoine est déterminant dans la vie des affaires. Toute personne physique ou morale possède un patrimoine constitué par l'ensemble de ses droits et obligations évaluables en argent et constituant une universalité de droit.

De l'approche personnaliste du patrimoine découle le droit de gage général des créanciers. Le droit français tend progressivement vers un patrimoine d'affectation, jugé plus compatible avec la vie des affaires.

MOTS-CLÉS

Approche personnaliste • Biens • Créancier • Droit de gage général • Droit patrimonial • Patrimoine d'affectation • Fiducie • EIRL • Sûreté • Unité du patrimoine

1 La notion de patrimoine

Définition

Le patrimoine peut être défini comme l'ensemble des droits et obligations à caractère pécuniaire d'une personne physique ou morale et son aptitude à en acquérir d'autres.

L'ensemble qui constitue le patrimoine reste fondamentalement distinct des éléments qui le composent. Il forme une universalité de droit (fig. 9.1).

Figure 9.1. Droits et les obligations formant le patrimoine

Le patrimoine constitue le premier des attributs de la personnalité juridique (↪ **chapitre 6**). Les personnes morales comme les personnes physiques ont un patrimoine.

A) Les conséquences du lien personne-patrimoine

Tout patrimoine appartient à une personne, physique ou morale et toute personne a un patrimoine (même celui qui n'a rien).

Toute personne n'a qu'un patrimoine : cette règle, dite de l'**unité du patrimoine**, est posée à l'article 2284 du Code civil et a un impact fort, notamment pratique.

B) La composition du patrimoine

1. Les droits patrimoniaux

Le droit désigne le pouvoir d'une personne sur une chose ou sur une personne (↪ **chapitre 1**). Le **droit patrimonial** se compose de trois types de droits (tab. 9.1).

Tableau 9.1. Décomposition du droit patrimonial

	Définition	Exemples
Droits réels	Pouvoir exercé directement par une personne sur une chose	Propriété d'un bien, meuble ou immeuble
Droits personnels	Pouvoir juridique permettant à une personne (le créancier) d'exiger d'une autre (le débiteur) une prestation ou une abstention	• Possibilité pour le prêteur d'exiger que l'emprunteur lui rembourse les sommes prêtées • Possibilité pour l'acquéreur d'un fonds de commerce d'exiger que le vendeur s'interdise de lui faire concurrence en se rétablissant à proximité (clause de non-rétablissement)

	Définition	Exemples
Droits intellectuels	• Monopole d'exploitation qui porte sur des œuvres de l'esprit (droit d'auteur, propriété industrielle) ou sur une clientèle (fonds de commerce, clientèles civiles) • Opposabilité à tous (droits absolus)	• Brevet, marque, etc. • Chanson, livre, etc.

2. Les biens

Dans un sens courant, les biens désignent les choses qui servent à l'usage des hommes. La chose est ce qui est distinct de la personne.

Selon un critère physique, on distingue les biens corporels, susceptibles d'une appréhension matérielle (ex. : un immeuble, une machine), et les biens incorporels, dématérialisés (ex. : une créance, un brevet).

Le Code civil distingue deux types de biens (tab. 9.2).

Tableau 9.2. Types de biens

		Exemples
Biens immeubles	**Par nature**	Fonds de terre et bâtiments
	Par destination	Objets placés par le propriétaire de l'immeuble pour le service ou l'exploitation de cet immeuble
	Par l'objet auquel il s'applique	Usufruit, actions en revendication d'un immeuble
Biens meubles (tout ce qui n'est pas immeuble)	**Par nature**	Bien transportable d'un lieu à un autre
	Par détermination de la loi	Liste à l'article 529 du Code civil (ex. : actions et obligations)

2 Les conséquences de l'approche personnaliste du patrimoine

Le **créancier** impayé peut saisir un bien quelconque du débiteur, le faire vendre et se payer sur le prix (fig. 9.2) : on parle du **droit de gage général**.

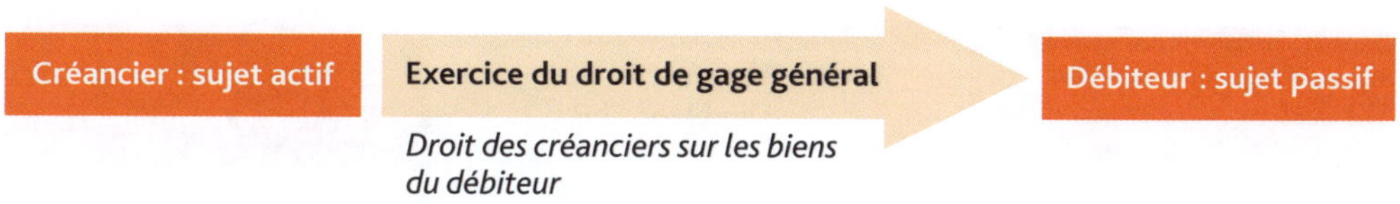

Figure 9.2. Principe d'exercice du droit de gage par un créancier

Ce droit est dit « général » car il ne porte pas sur un bien déterminé, mais sur tous ceux qui appartiennent au débiteur au moment de l'action du créancier. Tous les créanciers d'un même débiteur ont ensemble le même droit de gage général sur les biens du débiteur. Aucun n'est avantagé par rapport à un autre, sauf si sa créance est assortie d'une **sûreté** (ex. : hypothèque sur un immeuble, gage sur un meuble, ↪ chapitre 15).

Les créanciers chirographaires sont dénommés ainsi par opposition aux créanciers « privilégiés ».

Exemple

La société Dépan'24, créancière de M. Sollers peut saisir ses biens, y compris le scooter qu'il a acheté à son fils, les vendre et se payer sur le prix de la vente.

→ APPLICATION 2 • CAS 3

3 La consécration de la théorie du patrimoine d'affectation

A) Les limites de la théorie personnaliste

L'**approche personnaliste** du patrimoine est souvent vue comme un handicap au développement de l'esprit d'entreprise. Le commerçant qui affecte ses biens à ses activités professionnelles les mélange avec ceux qu'il destine à la satisfaction des besoins de sa famille. Quand le commerçant individuel rencontre des difficultés, il ne peut pas préserver sa famille de ses créanciers.

B) Les manifestations de la thèse du patrimoine d'affectation

Dans cette théorie, le patrimoine se définit comme un ensemble de biens affectés à des destinations particulières. En conséquence :
- une personne peut avoir plusieurs patrimoines en fonction des buts qu'elle affecte à chacun d'entre eux ;
- ces patrimoines peuvent être facilement transmis.

1. La fiducie

La **fiducie** est une technique contractuelle permettant à une personne (le constituant) de transférer, de façon temporaire, la propriété d'un droit lui appartenant à une autre personne (le fiduciaire) chargée de l'administrer dans un but déterminé (fig. 9.3).

Figure 9.3. Fonctionnement de la fiducie

La fiducie permet la constitution d'un patrimoine « autonome » ; les biens transférés sortent du patrimoine du constituant sans pour autant intégrer celui du fiduciaire. Ils constituent un **patrimoine d'affectation**.

Il existe deux variantes de la fiducie :

- La fiducie-gestion. Elle est utilisée comme un instrument de gestion grâce auquel le fiduciaire gère librement les biens transmis.

Exemple

M. Debuire, commerçant, possède un important patrimoine immobilier hérité de sa famille. Il transfère par contrat à la banque Crédito, pour une durée de 10 ans, la propriété de ses biens immobiliers. La banque doit les louer et recouvrer les loyers avec pour conséquence leur sortie temporaire du patrimoine de M. Debuire.

- La fiducie-sûreté. Elle est utilisée pour garantir une créance. Dans ce cas, le débiteur transfère un bien à un tiers tant qu'il n'a pas remboursé sa dette.

Exemple

M. Debuire est débiteur de M. Cigale, son créancier. M. Debuire transfère par contrat la propriété d'un de ses biens immobiliers à titre de garantie. Si M. Debuire rembourse M. Cigale, il retrouve la propriété du bien fiducé. Si à l'échéance, M. Debuire ne rembourse pas M. Cigale, ce dernier peut le mettre en demeure de lui transférer définitivement le bien ou de procéder à sa vente pour honorer son obligation.

2. L'entrepreneur individuel à responsabilité limitée (EIRL)

La forme juridique de l'EIRL (↪ chapitre 7) permet à un entrepreneur individuel de séparer son **patrimoine** et d'affecter à son activité professionnelle une masse de biens, droits, obligations et sûretés. Cette affectation aboutit à la constitution de deux patrimoines sans pour autant créer une personne morale (fig. 9.4).

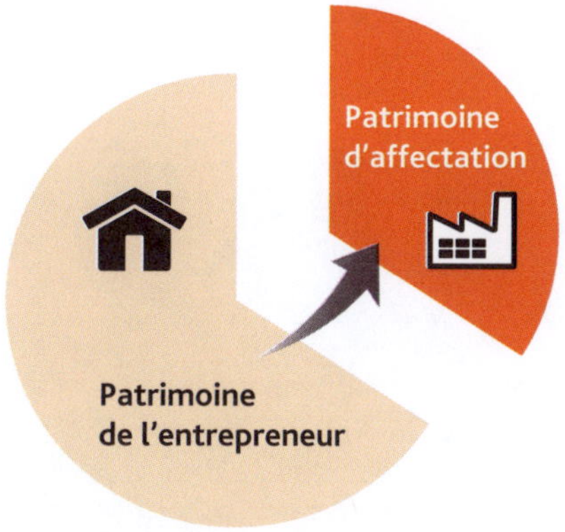

Figure 9.4. Affectation d'un patrimoine à une activité professionnelle

L'affectation du patrimoine se réalise avec un minimum de formalités :

- rédaction d'une déclaration d'affectation ;
- évaluation par un expert (ex. : expert-comptable, notaire) de tout bien d'une valeur supérieure à 30 000 € ;
- intervention d'un notaire pour l'affectation d'un bien immobilier.

La déclaration d'affectation est déposée auprès d'un registre spécialisé (ex. : RCS). Elle est opposable de plein droit à tous les créanciers dont les droits sont nés après le dépôt de la déclaration.

Formulaire pour la création d'une EIRL :

https://goo.gl/aJ4T4R

Site d'information dédié à l'EIRL :

https://goo.gl/L5UEee

Un entrepreneur individuel peut disposer d'autant de patrimoines professionnels qu'il a d'activités.

FOCUS **Création d'une société**

Un patrimoine peut être créé par une personne morale, la société (↳ **chapitre 6**). Il résulte de la mise en commun de fonds d'associés, personnes physiques, souhaitant poursuivre, ensemble, un but commun. La consécration du patrimoine en droit des sociétés se manifeste par la création de formes de sociétés à associé unique (EURL, SASU) et la suppression d'un capital minimum dans la SARL, laquelle peut être constituée avec moins d'un euro.

→ **APPLICATION 2 • CAS 4 • SITUATION PRATIQUE 5**

1 QCM

Pour chaque proposition, une ou plusieurs réponses sont possibles. Justifiez-les.

1. Une personne :
   a. a plusieurs patrimoines. ☐
   b. n'a qu'un seul patrimoine. ☐
   c. parfois n'a pas de patrimoine. ☐
   d. toujours un patrimoine. ☐

2. Le patrimoine est composé :
   a. de droits. ☐
   b. de biens. ☐
   c. d'obligations. ☐

3. Les droits réels :
   a. portent sur une chose. ☐
   b. portent sur les biens meubles. ☐
   c. portent sur les biens immeubles. ☐
   d. recouvrent essentiellement le droit de propriété. ☐

4. Les créanciers chirographaires :
   a. ont un droit de gage général sur tous les biens du débiteur. ☐
   b. ont des droits sur un bien du débiteur. ☐
   c. peuvent faire vendre les biens du débiteur. ☐
   d. ont chacun une partie des droits sur les biens du débiteur. ☐

5. La fiducie :
   a. est une technique relevant de la thèse du patrimoine d'affectation. ☐
   b. est une technique relevant de la thèse personnaliste du patrimoine. ☐
   c. crée plusieurs patrimoines. ☐
   d. fait entrer des biens du constituant dans le patrimoine du fiduciaire. ☐

6. L'EIRL :
   a. crée une personne morale. ☐
   b. crée un patrimoine d'affectation. ☐
   c. est une société commerciale. ☐

2 Sogelec ★★★

Denis est artisan. Il exerce une activité d'électricien sous la dénomination Sogelec. Sa situation est actuellement difficile. Des clients paient avec retard, d'autres l'obligent à des relances voire des actions en recouvrement. Les créanciers de Denis sont inquiets, en particulier son fournisseur grossiste Metrotech chez lequel les impayés augmentent.

1. *Quels sont les biens qui pourraient être saisis par Metrotech en cas de procédure ? Justifiez votre réponse.*
2. *Quels avantages le choix du statut d'EIRL aurait-il présentés pour Denis ?*

Évaluer les savoirs | Maîtriser les compétences | Préparer l'épreuve

3 Famille Samson ★★★

Compétence attendue **Évaluer** les risques patrimoniaux de l'entrepreneur dans une situation donnée

Les époux Samson sont mariés sous le régime de la communauté légale. Ils ont deux enfants, âgés respectivement de 15 et 19 ans. Ils sont propriétaires de leur résidence principale estimée à 320 000 €. Le patrimoine financier, constitué de différents fonds en euros de contrat d'assurance-vie, est de 80 000 € environ.

Le couple dispose d'un revenu mensuel de 5 000 € composé des bénéfices du commerce de vêtements de sport de Monsieur et de l'emploi salarié de Madame à la caisse primaire d'assurance maladie. Ils viennent d'achever le remboursement de leur crédit immobilier lié à l'acquisition de leur résidence principale.

M. Samson exploite son commerce sous le statut d'entrepreneur individuel.

Après l'installation à proximité de son magasin d'une grande enseigne de distribution de vêtements et chaussures de sport, M. Samson a perdu beaucoup de clients. La taille de son commerce ne lui permet pas de pratiquer des prix compétitifs. Les dettes s'accumulent. Les créanciers, qui ne disposent pas de garanties particulières sur ses biens, souhaiteraient que les dettes arrivées à échéance leur soient payées.

1. *Quels sont les biens engagés dans l'activité commerciale de M. Samson ?*
2. *Quel est le statut de ses créanciers ? De quels droits disposent-ils ?*
3. *L'épouse de M. Samson se réjouit d'avoir fini de rembourser le crédit lié à l'achat de la résidence principale du couple. Partagez-vous son point de vue ?*
4. *Jack, fils aîné des Samson, se demande si la situation de sa famille peut avoir des conséquences sur son ordinateur, son matériel de musique professionnel et sa moto, tous achetés par ses parents ?*
5. *M. Jourdain, fournisseur de M. Samson, est persuadé qu'il est prioritaire sur le prix de vente du fonds de commerce pour le remboursement de sa créance qui s'élève à 70 000 €. Partagez-vous son point de vue ?*

4 L'EIRL, un statut par défaut ? ★★★

Compétences attendues
- **Discuter** les intérêts et limites des théories du patrimoine
- **Distinguer** entreprise individuelle et EIRL

Certains acteurs sociaux proposent de consacrer l'EIRL comme la forme par défaut de l'entreprise individuelle en modifiant l'article L. 526-6 du Code de commerce relatif à l'entrepreneur individuel à responsabilité limitée.

En vous appuyant sur vos connaissances et sur les annexes, répondez à la question suivante : que faut-il penser de cette évolution législative possible ? Construisez un développement structuré présentant les règles relatives à l'engagement des biens de l'entrepreneur individuel vis-à-vis de ses créanciers et les avantages de ce statut.

Annexe 1

Article L. 526-6 alinéa 1 du Code de commerce

Tout entrepreneur individuel peut affecter à son activité professionnelle un patrimoine séparé de son patrimoine personnel, sans création d'une personne morale.

Annexe 2

Extraits de la proposition du Sénat enregistrée le 23 mai 2018

Le futur chef d'entreprise est face à deux grandes formes de statut pour l'exercice de son activité : personne physique (autrement dit l'exercice en nom propre) et personne morale.

Dans la pratique, les créations d'entreprise se font très minoritairement sous la forme sociétaire.

En ce qui concerne les travailleurs indépendants, on distingue deux formes d'entreprise individuelle : le statut de l'entrepreneur individuel (EI) et le statut de l'entrepreneur individuel à responsabilité limité (EIRL) lorsque l'entrepreneur décide d'affecter à son activité professionnelle un patrimoine séparé de son patrimoine personnel.

Les entrepreneurs peuvent également choisir une forme de société, même s'ils n'ont pas d'associé : l'entreprise unipersonnelle à responsabilité limité (EURL) qui est une SARL à associé unique, la société par actions simplifiée unipersonnelle (SASU) et, pour les professions libérales, certaines sociétés d'exercice libéral (SEL).

La présente proposition de loi propose d'établir l'EIRL comme la forme par défaut de l'entreprise individuelle, pour tout créateur d'entreprise souhaitant exercer son activité en nom propre.

Cette disposition est motivée par deux caractéristiques essentielles de l'EIRL :

- d'une part, la protection du patrimoine privé de l'entrepreneur (au-delà de la seule insaisissabilité de la résidence principale, déjà accordée à l'entreprise individuelle par la loi n° 2015-990 du 6 août 2015 pour la croissance, l'activité et l'égalité des chances économiques). Cette protection résulte, dans le cadre de l'EIRL, de l'affectation à l'activité professionnelle de l'entrepreneur d'un patrimoine séparé de son patrimoine personnel, sans création d'une personne morale ;

...

...
– d'autre part, la possibilité d'opter pour l'impôt sur les sociétés, sans pour autant subir la charge administrative du formalisme lié à la forme sociétaire.

Consacrer l'EIRL comme la forme par défaut de l'entreprise individuelle est aussi de nature à faciliter le passage de l'entreprise individuelle vers un statut de société.

Évaluer les savoirs | Maîtriser les compétences | Préparer l'épreuve

5 Situation pratique : cas Dolan ★★★

30 min

Compétence attendue **Évaluer** les risques patrimoniaux de l'entrepreneur dans une situation donnée

Rendez-vous MÉTHODE 4

François-Xavier Dolan est entrepreneur individuel. Il vient de conclure un contrat.

En vous appuyant sur vos connaissances, répondez aux questions ci-après portant sur l'annexe.

Travail à faire

1. *Quelle est la nature juridique du document présenté en annexe ? Identifiez et qualifiez les parties.*
2. *Rappelez l'utilité du recours à un tel contrat.*
3. *Identifiez les parties au contrat et leur statut.*
4. *Quelles sont les obligations de chacune des parties ?*
5. *Comment le contrat prendra-t-il fin ?*

Annexe

Contrat (extraits)

Entre les soussignés :

François-Xavier Dolan, commerçant sous statut d'entrepreneur individuel, domicilié 26 avenue de la Paix, 13000 Marseille, immatriculé sous le n° 154789123 à Marseille.

ci-après dénommé « le constituant »,

et

Maître Maréchal, avocat domicilié au 78 rue du tribunal, 13000 Marseille, ci-après dénommé « le fiduciaire »,

Il est préalablement exposé :

François-Xavier DOLAN a contracté auprès de la banque CREDITO, un prêt d'un montant de quatre-vingt-seize mille euros remboursable en seize trimestrialités de six mille euros (6 000 euros) chacune conformément au contrat dont une copie figure en annexe.

Dans le but de garantir le remboursement de ce prêt en capital, intérêts, frais et accessoires, le constituant souhaite transférer provisoirement la propriété des biens désignés en annexe au fiduciaire, afin que ce dernier les conserve dans un patrimoine d'affectation, tant que François-Xavier Dolan ne se sera pas complètement acquitté de sa dette à l'égard de la banque CREDITO, à charge pour le fiduciaire de transférer le patrimoine à la banque CREDITO, bénéficiaire désigné par le constituant, à l'issue du contrat de fiducie, dès lors que la dette de François-Xavier Dolan n'aura pas été totalement remboursée.

[...] Le présent contrat prend effet à sa date de signature et est conclu pour une durée de 48 mois. [...]

Fait à Marseille, le..., en trois exemplaires originaux

Le constituant | Le fiduciaire

SYNTHÈSE

Le patrimoine

Définition du patrimoine

Le patrimoine recouvre l'ensemble des droits et des obligations à caractère pécuniaire d'une personne physique ou morale.

Composition du patrimoine

Biens corporels → matériels

Biens incorporels → immatériels

Droits réels | Droits personnels | Droits intellectuels

Droits réels →

- Biens immeubles → par nature, par destination, par l'objet
- Biens meubles → par nature ou par détermination de la loi

Théorie personnaliste et théorie du patrimoine d'affectation

Théorie **personnaliste**

1 personne, 1 patrimoine

- Droit de gage général
- Patrimoine de l'entrepreneur indifférencié

Théorie du **patrimoine d'affectation**

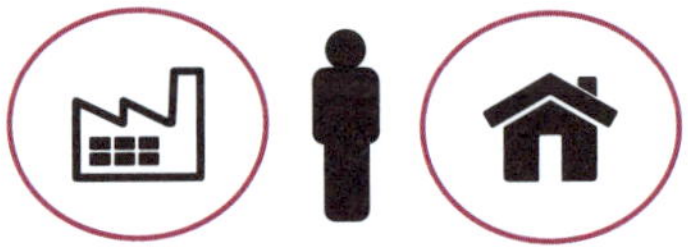

1 personne, plusieurs patrimoines

- Fiducie, EIRL
- Séparation patrimoine personnel / patrimoine professionnel de l'entrepreneur

CHAPITRE 10 La propriété

PROGRAMME

Compétences attendues

- **Identifier** les différents modes d'acquisition dérivée de la propriété
- **Analyser** les prérogatives du propriétaire
- **Analyser** les droits et les obligations de l'usufruitier et du nu-propriétaire
- **Analyser** les limites du droit de propriété

Savoirs associés

- Les attributs et les caractères du droit de propriété
- L'acquisition de la propriété par acte juridique
- Le démembrement du droit de propriété : usufruit (définition, origines, régime, extinction), nue-propriété (définition)
- L'abus de droit et le trouble anormal de voisinage

PRÉREQUIS

Actes juridiques • Faits juridiques • Preuve (chapitre 3)

PLAN DU CHAPITRE

COURS : 1. Les attributs et les caractères du droit de propriété • 2. L'acquisition de la propriété • 3. La propriété démembrée : l'usufruit • 4. L'étendue du droit de propriété

DES SAVOIRS AUX COMPÉTENCES : Évaluer les savoirs • Maîtriser les compétences • Préparer l'épreuve

SYNTHÈSE

Parmi tous les droits subjectifs dont les personnes peuvent se prévaloir, la propriété a longtemps été controversée. Proudhon, célèbre polémiste du 20e siècle, n'a-t-il pas assimilé la propriété à du vol ? En revanche, la Déclaration des droits de l'homme et du citoyen de 1789 considère que la propriété est un « droit naturel ». Aujourd'hui toutes ces controverses sont apaisées et la propriété, notamment privée, est unanimement défendue, même si elle fait l'objet d'atteintes croissantes. Dans ces circonstances, il est aisé de comprendre que le Conseil constitutionnel et la Cour européenne des droits de l'homme appellent à une consolidation du droit de propriété.

La notion de propriété se fonde sur l'unicité de son titulaire. La propriété permet au propriétaire de gérer son bien selon ses propres prévisions, le protégeant des interférences des tiers, États ou voisins.

MOTS-CLÉS

Abus de droit • Droit d'accession • Droit de propriété • Nu-propriétaire • Possession • Servitude • Transfert de propriété • Trouble anormal de voisinage • Usufruit

1 Les attributs et les caractères du droit de propriété

A) Les attributs du droit de propriété

Le **droit de propriété** est le plus complet des droits réels (→ chapitre 1). Il donne la faculté de tirer de la chose toutes les utilités qu'elle est susceptible de procurer (tab. 10.1).

Code civil, art. 544

■ La propriété est le droit de jouir et de disposer des choses de la manière la plus absolue, pourvu qu'on n'en fasse pas un usage prohibé par les lois ou par les règlements.

Tableau 10.1. **Attributs du droit de propriété**

	Définitions	Exemples
Droit d'user de la chose (ou *usus*)	Faculté du propriétaire de se servir de la chose comme il l'entend	Utilisation d'une automobile par son propriétaire pour ses déplacements privés ou professionnels
Droit de jouir de la chose (ou *fructus*)	Faculté du propriétaire de tirer des revenus (fruits) du bien, c'est-à-dire des biens accessoires qui proviennent périodiquement d'un bien principal sans que celui-ci s'en trouve diminué	• Mise en location (bail) d'un immeuble par son propriétaire et encaissement des loyers mensuels • Différent du locataire, qui peut user de la chose et en percevoir les fruits, sur une durée limitée et sans en altérer la substance
Droit de disposer de la chose (ou *abusus*)	Par des actes matériels	Consommation d'une chose consomptible, destruction…
	Par des actes juridiques	Vente, donation, échange (on dit que le propriétaire « aliène » son bien)

FOCUS **L'indivision et la copropriété**

• Dans l'indivision, plusieurs personnes ont des droits identiques sur un même bien sans que leurs parts respectives se trouvent matériellement divisées (ex. : au décès d'une personne, ses biens tombent en indivision).
• Dans la copropriété, la propriété d'un bien est répartie entre plusieurs personnes, chacune disposant d'une partie personnelle et d'une part des parties communes (ex. : plusieurs personnes sont copropriétaires d'un immeuble, chacune étant propriétaire d'un appartement et ayant certains droits sur les parties communes).

B) Les caractères du droit de propriété

Le droit de propriété est un droit opposable à tous. Il présente quatre caractères (tab. 10.2).

Tableau 10.2. **Caractères du droit de propriété**

	Précisions	Exemples de limites
Droit réel	Il porte directement sur la chose qu'il a pour objet soit un bien immeuble, soit un bien meuble.	Aucune
Droit absolu	Le propriétaire dispose des trois attributs (*usus*, *fructus*, *abusus*). En pratique, il existe de nombreuses limites.	Une personne privée peut être dépossédée de son bien immobilier par une personne publique dans un but d'intérêt général (expropriation pour cause d'utilité publique).
Droit exclusif	Le propriétaire peut interdire à toute personne de tirer profit des utilités de sa chose.	Le propriétaire ne peut pas s'opposer au passage de câbles électriques installés par EDF sur sa propriété.
Droit perpétuel	Il dure autant que la chose qui en est l'objet et ne s'éteint pas par le non-usage.	Une entreprise peut être nationalisée ou encore la loi rend possible l'expropriation des immeubles.

→ APPLICATION 2 • SITUATION PRATIQUE 7

2 L'acquisition de la propriété

A) Les différents modes d'acquisition

1. L'acquisition originaire

Le propriétaire doit apporter la preuve de ce qui lui a permis de l'être (ex. : création ou possession).

Définition

La propriété est un droit, la **possession** est un fait juridique. Posséder une chose, c'est se comporter à son égard comme si l'on en était propriétaire et exercer les attributs du droit de propriété, alors même qu'on ne serait pas propriétaire.

La possession s'applique aux biens corporels et incorporels (ex. : créance), meubles et immeubles, et aux autres droits réels.

FOCUS ***Corpus* et *animus***

Composition. Deux éléments constituent la possession : le *corpus* (il consiste à faire les actes matériels qu'un propriétaire fait sur sa chose : l'utiliser, la transformer) et l'*animus* (c'est un état psychologique qui traduit la volonté de se comporter comme le véritable propriétaire de la chose : l'entretenir, la réparer).

Qualités. La possession doit être continue, paisible, publique, non équivoque et de bonne foi.

Effets. Quand elle présente les qualités requises, la possession a des effets (immeubles : prescription acquisitive abrégée de 10 ans ; meubles : application du principe « possession vaut titre » – Code civil, art. 2276).

2. L'acquisition dérivée

Il s'agit du transfert d'un droit de propriété à l'acquéreur, en cas de succession, d'un testament ou d'une vente. Le propriétaire devra apporter la preuve du titre en vertu duquel il est propriétaire (acheteur, successeur). Dans la plupart des cas, la propriété est acquise par un mode dérivé, translatif. Le bien est transmis du précédent propriétaire par un acte juridique : un acte unilatéral (testament) ou un contrat.

B) L'acquisition par un acte juridique : le contrat

Le **transfert de propriété** s'opère lors de la conclusion du contrat (article 1196 du Code civil), lorsque les parties sont d'accord sur la chose et le prix. Ce transfert peut être différé par la volonté des parties, la nature de la chose, objet du contrat ou par l'effet de la loi.

Ce principe présente cependant des limites (tab. 10.3)

Tableau 10.3. Les limites du contrat en matière de propriété

	Régime juridique
Limites nées de la volonté des parties	L'article 1196 n'est pas d'ordre public. Il peut donc être écarté par la volonté des parties (ex. : les parties peuvent retarder le transfert de propriété au paiement complet du prix de la chose). Dans ce cas, elles introduisent dans le contrat une clause de réserve de propriété.
Limites liées à la nature de la chose vendue	• Cas des choses de genre (chose non individualisable, prise dans un ensemble) : le transfert de propriété est réalisé au moment où la chose est individualisée (ex. : ventes de blé, de pétrole). • Cas des ventes de choses à fabriquer : le transfert de propriété n'a lieu que lorsque la chose est effectivement en mesure d'être livrée (ex. : vente d'un meuble fabriqué par un menuisier).
Limites liées à la protection des tiers	• En matière de propriété immobilière, le transfert de propriété n'est opposable aux tiers que si une mesure de publicité a été accomplie sur un registre spécial tenu à la Conservation des hypothèques (ex. : Fabien vend un immeuble à Élodie puis, immédiatement après, le même à Céline. La règle du transfert immédiat veut qu'Élodie soit le propriétaire légitime et que Céline se trouve sans droit. En réalité, on préférera celle des deux acquéreuses qui aura le plus tôt effectué les formalités de publicité foncière). • En matière de propriété mobilière, la possession de bonne foi vaut publicité.

→ APPLICATION 2

3 La propriété démembrée : l'usufruit

A) L'exercice des prérogatives du droit de propriété

Les prérogatives du droit de propriété peuvent être exercées par des personnes différentes. Tel est le cas en matière d'usufruit.

Définition

Aux termes de l'article 578 du Code civil, « l'**usufruit** est le droit de jouir des choses dont un autre a la propriété comme le propriétaire lui-même, mais à la charge d'en conserver la substance ».

L'usufruit peut être établi sur toutes sortes de biens, notamment des choses incorporelles (ex. : valeurs mobilières).

B) La constitution de l'usufruit

1. Par la loi

La loi institue d'office un usufruitier lorsque certaines conditions sont remplies.

Exemples

L'article 382 du Code civil donne, aux pères et mères, la jouissance légale des biens de leurs enfants jusqu'à leurs 16 ans révolus.
L'article 757 du Code civil relatif au conjoint survivant précise que « si l'époux prédécédé laisse des enfants ou descendants, le conjoint survivant recueille, à son choix, l'usufruit de la totalité des biens existants ou la propriété du quart des biens lorsque tous les enfants sont issus des deux époux et la propriété du quart en présence d'un ou plusieurs enfants qui ne sont pas issus des deux époux. »

2. Par la volonté de l'homme

La volonté s'exprime par un contrat à titre onéreux (rare en pratique), par testament ou donation.

C) Les effets de l'usufruit

L'usufruit implique deux acteurs : celui qui a l'usage du bien et qui en recueille les fruits, l'usufruitier, et le nu-propriétaire qui détient l'*abusus*. Chacun a des droits et pouvoirs (tab. 10.4) mais aussi des obligations (tab. 10.5).

Tableau 10.4. Droits de l'usufruitier et du nu-propriétaire

Usufruitier	Nu-propriétaire
• Droit de jouir de la chose comme s'il en était propriétaire. Il en reçoit les fruits (ex. : il habite la maison ; s'il la loue, il en perçoit les loyers). • Pouvoirs de gestion. L'usufruitier a le droit de passer des actes à propos de la chose et d'intenter des actions en justice (ex. : il peut donner à bail l'immeuble qu'il a reçu en usufruit). • Droit de céder son usufruit.	• Droit de disposer de son droit *abusus* (ex. : vente, donation). • Action en justice. Il peut exercer en justice toutes les actions qui lui permettent de faire respecter son droit. • Surveillance de l'usufruit. Il peut agir contre l'usufruitier en déchéance (ex. : en cas de dégradation ou dépérissement de la chose). • Bénéfice des produits. Ils proviennent de la chose soit sans périodicité, soit en en épuisant la substance (ex. : arbres auxquels on laisse atteindre leur complet développement).

Tableau 10.5. Obligations de l'usufruitier et du nu-propriétaire

Usufruitier	Nu-propriétaire
• Obligation de dresser un inventaire des meubles et des immeubles dont il a l'usufruit • Obligation de jouir en personne raisonnable (ex. : il ne doit pas changer la destination de la chose. S'il a reçu un immeuble à usage d'habitation, il ne peut pas le transformer en immeuble à usage commercial) • Obligation de payer les charges usufructuaires (ex. : il paie les impôts, notamment fonciers ; il effectue les réparations d'entretien, comme le ravalement de la façade de l'immeuble) • Sanction du non-respect des obligations d'entretien	• Ne pas nuire aux droits de l'usufruitier (ex. : ne pas changer la destination du bien, notamment transformer un immeuble à usage d'habitation en un immeuble à usage commercial) • Effectuer les grosses réparations (ex. : réfection de la couverture d'un immeuble, réparation des murs porteurs)

D) L'extinction de l'usufruit

1. Le principe

Normalement l'usufruit s'éteint au terme initialement prévu.

Exemples

La mort de l'usufruitier entraîne l'extinction de l'usufruit. L'usufruit constitué en faveur d'une personne morale disparaît trente ans au maximum après sa constitution.

2. Les exceptions

Par exception, il est possible d'envisager une extinction anticipée en cas de :
- renonciation par l'usufruitier ;
- non-utilisation de l'usufruit pendant 30 ans ;
- faute de l'usufruitier (ex. : dégradation du fonds, défaut d'entretien) ;
- destruction totale de la chose (ex. : incendie, dégât des eaux) ;
- consolidation, c'est-à-dire la réunion dans une même personne des qualités d'usufruitier et de **nu-propriétaire** (ex. : l'usufruitier hérite du nu-propriétaire).

3. Les conséquences de l'extinction

L'extinction de l'usufruit entraîne, en principe, la restitution de la chose au nu-propriétaire. Si l'usufruitier a amélioré la chose (ex. : construction élevée sur un terrain donné en usufruit), aucune indemnisation n'est due, en principe, par le nu-propriétaire à l'usufruitier.

→ CAS 3

4 L'étendue du droit de propriété

A) L'objet du droit de propriété

1. Le cas des immeubles

Assiette. L'article 552 al. 1er du Code civil pose que la propriété du sol emporte la propriété du dessus et du dessous.

Exemples

- La propriété du sol entraîne la propriété des arbres du terrain. Le propriétaire peut empêcher que son voisin creuse des galeries sous son terrain.

Accession immobilière. L'article 546 du Code civil pose que la propriété d'une chose, immobilière, donne droit sur tout ce qu'elle produit, et sur ce qui s'y unit, soit naturellement, soit artificiellement. On parle de **droit d'accession**.

2. Le cas des meubles

Le droit d'accession concerne essentiellement le croît des animaux.

Exemple

- Le propriétaire d'une jument qui vient de mettre bas est, en principe, propriétaire du poulain.

B) L'exercice du droit de propriété

1. Les servitudes

Définition

Selon l'article 637 du Code civil, « une **servitude** est une charge imposée sur un héritage pour l'usage et l'utilité d'un héritage appartenant à un autre propriétaire ».

Le terme « héritage » désigne un fonds, c'est-à-dire un immeuble par nature. En conséquence, on peut dire qu'une servitude est une charge pesant sur un immeuble (le fonds servant) au profit d'un autre immeuble (le fonds dominant).

Exemple

- M. Lenoir est autorisé à passer sur le terrain de M. Leblanc (fonds servant), son voisin pour accéder à son propre terrain (fonds dominant).

Les servitudes peuvent être classées selon deux critères (tab. 10.6).

Tableau 10.6. **Mode d'établissement et finalité des servitudes**

Mode d'établissement	Finalité
• Servitudes dérivant de la situation des lieux (ex. : servitude d'écoulement des eaux) • Servitudes établies par la loi (ex. : distances à respecter pour les constructions) • Servitudes établies par le fait de l'homme ou conventionnelles (ex. : contrat entre deux propriétaires autorisant le puisage de l'eau d'un puits) • Servitudes établies par le juge (ex. : servitude de « tour d'échelle » permettant d'accéder au fonds voisin pour l'entretien de son propre fonds)	• Servitudes d'utilité publique : charges imposées à la propriété foncière dans l'intérêt général (ex. : servitudes des propriétés privées pour la pose des canalisations, servitude de passage des conducteurs aériens d'électricité…) • Servitudes d'intérêt privé : charges imposées à la propriété foncière dans l'intérêt de personnes privées (ex. : servitude d'écoulement des eaux, droits de passage…)

2. Les limitations jurisprudentielles liées à l'usage

Principe. L'article 4 de la Déclaration des droits de l'homme et du citoyen (DDHC) de 1789 pose que « la liberté consiste à pouvoir faire tout ce qui ne nuit pas à autrui ». L'exercice du droit de propriété peut donc être entravé quand il est abusif (**abus de droit**) ou lorsqu'il cause un **trouble anormal de voisinage** (tab. 10.7).

Limites. Le droit de propriété est un droit absolu mais il présente des limites.

Tableau 10.7. **Limites à l'exercice du droit de propriété**

Abus du droit de propriété	Troubles anormaux de voisinage
• **Principe.** Le titulaire d'un droit de propriété peut commettre une faute en restant dans les limites légales apparentes de son droit mais en l'utilisant de façon abusive (ex. : une fausse cheminée est installée sur un toit dans le seul but d'obscurcir la maison voisine).	• **Constat.** Dans certaines situations, le propriétaire n'abuse pas de son droit (ex. : une personne construit, après avoir obtenu une autorisation administrative, une porcherie à proximité d'un village, incommodant de nombreuses personnes). • **Principe.** Tout voisinage provoque des contraintes mais, dans certaines situations, celles-ci excèdent la commune mesure d'où la nécessité de recourir à la théorie du trouble anormal de voisinage.
• **Jurisprudence.** Application de la responsabilité civile délictuelle (↪ chapitre 17). Pour obtenir réparation, la victime doit prouver l'existence d'une faute, un dommage et un lien de causalité.	• **Jurisprudence.** Pour engager la responsabilité (sans faute) du propriétaire, la Cour de cassation vise clairement le principe selon lequel nul ne doit causer à autrui un trouble anormal de voisinage.

➔ APPLICATION 2 • CAS 4 • CAS 5 • CAS 6 • SITUATION PRATIQUE 7 • COMMENTAIRE DE DOCUMENT 8

1 QCM

Pour chaque proposition, une ou plusieurs réponses sont possibles. Justifiez-les.

1. Le droit de propriété est :
   - a. un droit réel. ☐
   - b. un droit personnel. ☐
   - c. un droit absolu. ☐
   - d. un droit exclusif. ☐

2. Le caractère exclusif du droit de propriété :
   - a. est opposable aux tiers. ☐
   - b. s'incline devant l'intérêt général. ☐
   - c. signifie qu'une chose ne peut avoir qu'un seul propriétaire. ☐
   - d. signifie que seul le propriétaire peut tirer les utilités d'une chose. ☐

3. Le propriétaire d'une maison peut :
   - a. la louer et percevoir les loyers. ☐
   - b. la transformer. ☐
   - c. la détruire. ☐
   - d. l'habiter. ☐
   - e. la vendre. ☐
   - f. la donner. ☐

4. L'abusus est la prérogative du droit de propriété mise en œuvre dans les cas suivants :
   - a. vente d'une part sociale. ☐
   - b. mise en gage d'une action. ☐
   - c. échange d'une action contre une autre. ☐
   - d. donation d'une action.

5. Le transfert de propriété dans un contrat de vente :
   - a. est immédiat. ☐
   - b. a lieu lors du paiement complet du prix. ☐
   - c. a lieu lors de la remise de la chose par le vendeur à l'acheteur. ☐

6. La possession est :
   - a. un fait juridique. ☐
   - b. un acte juridique. ☐
   - c. ni un fait ni un acte juridique. ☐
   - d. un droit de la personnalité. ☐

7. L'usufruitier d'une maison peut :
   - a. la louer et percevoir les loyers. ☐
   - b. la transformer. ☐
   - c. la détruire. ☐
   - d. l'habiter. ☐
   - e. la vendre. ☐
   - f. la donner. ☐

8. Le trouble anormal de voisinage est :
   - a. un abus du droit de propriété. ☐
   - b. un trouble qui excède ce qu'une personne peut supporter. ☐
   - c. apprécié par le juge en cas de litige. ☐
   - d. un trouble du repos nocturne. ☐

2 Abus de droit ou trouble anormal de voisinage ? ★★★

M. Freeman vit sa vie comme il l'entend. Il joue de la batterie à n'importe quelle heure du jour et de la nuit. Il a planté des cyprès-thuyas d'une hauteur de 2 mètres sous la fenêtre de son voisin. Il s'est opposé à la démolition d'un mur vétuste. Pour ne rien arranger, il vient d'installer un projecteur qui éclaire toute la nuit la façade de ses voisins.

Qualifiez les atteintes au droit de propriété perpétrées par M. Freeman.

3 Mme Lesoubie ★★★

Compétence attendue **Analyser** les prérogatives du propriétaire

Mme Lesoubie est parisienne. Elle est propriétaire d'une maison de campagne en Normandie. Elle aime faire du feu dans sa cheminée et s'adonner à sa passion : la lecture de romans policiers. Elle a fait construire au fond de son jardin un abri à bois, cabane de jardinier qui s'appuie sur le mur de son voisin, M. Chopart. Ce dernier prétend que ce mur a été édifié dans son terrain et que, par conséquent, une partie de l'abri à bois est sur son terrain. M. Chopart exige de Mme Lesoubie qu'elle détruise rapidement cet abri. Mme Lesoubie se demande si elle est tenue de le faire.

1. *Sur quel caractère du droit de propriété M. Chopart se fonde-t-il ?*
2. *M. Chopart peut-il voir son action aboutir ?*
3. *Qu'aurait dû faire Mme Lesoubie ?*

4 Bernard Pinaud ★★★

Compétence attendue **Identifier** les modes d'acquisition de la propriété

Bernard Pinaud est très riche : son patrimoine est évalué à plusieurs dizaines de millions d'euros. Il a commencé ses activités professionnelles par la maçonnerie. Puis il a acheté des maisons en mauvais état qu'il a réhabilitées. Il a ensuite construit un immeuble, puis deux. Il a hérité de son oncle Alfred, lui-même propriétaire de divers immeubles. Enfin, il s'est occupé de sa voisine, Bernadette, qu'il aimait beaucoup. Elle lui a donné de son vivant des terres agricoles situées à quelques kilomètres de la ville et qu'il a mises en fermage. À son décès, il apprend par le notaire qu'elle a souhaité lui transmettre sa maison.

Repérez et identifiez les différents modes d'acquisition de la propriété qui constituent le patrimoine de Bernard Pinaud.

5 Melvin ★★★

Compétence attendue **Analyser** les droits et les obligations de l'usufruitier et du nu-propriétaire

Le père de Melvin, enfant unique, est décédé récemment. Son épouse, Clara, a choisi de garder l'usufruit de la maison familiale, qui mériterait d'être rénovée. Melvin s'interroge notamment sur les obligations qui seront à sa charge alors que ses moyens financiers sont limités.

1. *Quelle est la qualification juridique de la situation ?*
2. *Quel est le statut de Clara et Melvin ?*
3. *Le contrat d'assurance de la maison doit être renouvelé. Qui devra le conclure ?*
4. *Le montant des impôts fonciers vient d'être communiqué par l'administration fiscale. Qui doit les régler ?*
5. *Clara trouve la maison trop grande pour elle. Elle souhaite louer une chambre à un étudiant. Peut-elle conclure un contrat de location ?*
6. *Des travaux importants sur la toiture sont nécessaires. Qui doit les prendre en charge ?*
7. *Melvin souhaiterait vendre la maison. Est-ce possible ?*

6 Briac ★★★

Compétence attendue **Analyser** les limites du droit de propriété

Briac est étudiant en troisième année de DCG. Il a emménagé dans un studio jusqu'à présent tranquille pour réviser. Il vit avec une jeune infirmière qui travaille de nuit. À l'étage supérieur de nouveaux locataires ont emménagé. Dans la journée et tard dans la nuit, Briac et son amie sont dérangés par des pas, des bruits de chocs et de la musique. Un des locataires joue de la guitare électrique. Briac a tenté de discuter avec son voisin, qui se défend en disant qu'il est propriétaire et qu'il peut utiliser les lieux comme il l'entend.

1. *Que pensez-vous de l'argument du voisin de Briac ?*
2. *Sur quel fondement juridique Briac peut-il s'appuyer pour mettre fin à la situation subie ? Justifiez votre réponse.*

7 Situation pratique : cas Xavier ★★★

Compétence attendue **Analyser** les limites du droit de propriété

Rendez-vous MÉTHODE 3

Xavier est propriétaire-occupant d'un appartement place du palais de justice à Rennes. Mme Lafleur habite l'appartement situé au-dessus de celui de Xavier. Elle arrose régulièrement ses plantes. De retour de vacances, Xavier s'aperçoit que son salon d'hiver a été endommagé par les arrosages de Mme Lafleur qui, de surcroît, utilise un engrais chimique ayant provoqué des tâches indélébiles.

Pendant les vacances de Xavier, un bar à vin-pizzeria s'est installé au rez-de-chaussée. Les odeurs de cuisine sont d'autant plus insupportables que le restaurant ferme tard. Les clients fumeurs consomment sur des tables situées à l'extérieur du bar. Des *happy hours* sont organisées les trois derniers jours de la semaine.

Travail à faire

Qualifiez les éventuelles atteintes au droit de propriété de Xavier.

8 Commentaire de document : Flohic éditions ★★★

Compétence attendue **Analyser** les prérogatives du propriétaire

Rendez-vous MÉTHODE 2

M. Lebaron est propriétaire d'un petit château dans la Loire hérité de sa famille. Son architecture élégante suscite la curiosité des promeneurs et touristes. Son épouse découvre des photographies du château dans une revue. M. Lebaron est furieux et souhaiterait intenter une action en justice. Chargé de conseiller M. Lebaron, vous recherchez une affaire similaire étudiée par la Cour de cassation et découvrez celle présentée en annexe.

Travail à faire

1. *Quels sont les faits invoqués par le Cour de cassation ?*
2. *Quel est le problème de droit posé à la Cour de cassation ?*
3. *Quelle est la décision de la Cour de cassation ?*
4. *Quelles conclusions de cet arrêt pouvez-vous communiquer à M. Lebaron pour l'éclairer sur le droit à l'image portant sur son bien ?*

Annexe

Cour de cassation, 1re civ., 5 juillet 2005, pourvoi n° 02-21452

Attendu, selon l'arrêt attaqué (CA 19 février 2002), que la société Flohic éditions a publié, dans un tome d'une collection intitulée « le Patrimoine des communes de France », la photographie d'une maison du 18e siècle, accompagnée de précisions localisatrices, historiques et architecturales ; que Mlles Marie-Laure et Marie-France Massip, sœurs et copropriétaires de l'immeuble, dont le consentement préalable à l'utilisation de cette image n'avait pas été sollicité, ont assigné ladite société en dommages-intérêts ;

Attendu que les sœurs Massip font grief à la cour d'appel d'avoir rejeté leurs prétentions, alors que, selon le moyen, la propriété est le droit de jouir et de disposer des choses de la manière la plus absolue, le propriétaire ayant seul le droit d'exploiter son bien sous quelque forme que ce soit, et que l'exploitation du bien par un tiers, sous la forme de photographie, porte atteinte au droit de jouissance du propriétaire et qu'en décidant du contraire la cour d'appel a directement violé l'article 544 du Code civil ;

Mais attendu que le propriétaire d'une chose, qui ne dispose pas d'un droit exclusif sur l'image de celle-ci, ne peut s'opposer à l'utilisation du cliché par un tiers que si elle lui cause un trouble anormal ; que la cour d'appel, qui a relevé que les sœurs Massip ne versaient pas aux débats le moindre élément propre à établir que la reproduction litigieuse perturbait leur tranquillité et intimité ou que les indications de situation géographique, non critiquées par le moyen sous l'angle de la vie privée, permettaient de redouter en l'espèce un trouble quelconque, a ainsi légalement justifié sa décision ;

PAR CES MOTIFS :

REJETTE le pourvoi.

SYNTHÈSE

La propriété

Théorie générale de la propriété

Fondement	Article 544 du Code civil
Éléments constitutifs	*Usus* + *fructus* + *abusus*
Caractères	Réel + absolu + exclusif + perpétuel

Acquisition par acte juridique

Principe

- Transfert immédiat de la propriété
- Limites posées au principe :
  - par la volonté des parties : clause de réserve de propriété ;
  - par la nature de la chose : chose de genre ;
  - par la protection des tiers : opposabilité si publicité (propriété immobilière) ou possession de bonne foi qui vaut publicité (propriété mobilière)

Propriété démembrée : l'usufruit

Constitution	Par la loi Par la volonté de l'homme	
Effets	**Usufruitier**	**Nu-propriétaire**
	• Droit de jouir de la chose • Pouvoirs de gestion • Droit de céder • Justification des charges • Jouissance en personne raisonnable • Paiement des charges usufructuaires	• Droit de disposer • Respect de sa propriété en justice • Surveillance de l'usufruit • Bénéfice des produits • Non-nuisance aux droits de l'usufruitier • Charge des grosses réparations
Reconstitutionde la propriété	• Principe : au terme prévu • Exception : extinction anticipée (ex. : destruction de la chose)	Conséquence : restitution au nu-propriétaire

Objet de la propriété

Immeuble	Meuble
Assiette : la propriété du sol emporte la propriété du dessus et du dessous Accession immobilière : produits d'une chose	Droit d'accession : cas du croît des animaux

Servitude

- Définition : charge pesant sur un immeuble
- Mode d'établissement : situation des lieux, loi, fait de l'homme, juge
- Finalité : utilité publique ou intérêt privé

Limitations jurisprudentielles	
Abus du droit de propriété	**Trouble anormal de voisinage**
Utilisation abusive du droit de propriété caractérisée par une faute, un dommage et un lien de causalité	Existence d'un trouble qui excède l'acceptable

CHAPITRE 11

Les applications particulières de la propriété

PROGRAMME

Compétences attendues	Savoirs associés
• **Identifier** les éléments constitutifs du fonds de commerce • **Étudier** le bail commercial, la protection du locataire-preneur et les obligations du propriétaire • **Distinguer** propriété industrielle et propriété littéraire et artistique • **Vérifier** les conditions de protection par le brevet, la marque ou le droit d'auteur • **Justifier** les actions possibles an cas d'atteinte à un droit de propriété intellectuelle	• Le fonds de commerce : notion, composition, nature juridique • Le contrat de bail commercial : conditions d'application du statut des baux commerciaux, régime, droit au renouvellement • La propriété industrielle : brevet et marque (conditions, procédure et effet) • La propriété littéraire et artistique : conditions de la protection, droits des personnes protégées

PRÉREQUIS

Commerçant (chapitre 7) • Patrimoine (chapitre 9) • Propriété (chapitre 10)

PLAN DU CHAPITRE

Cours : 1. Le fonds de commerce • 2. Le contrat de bail commercial • 3. La propriété intellectuelle •

Des savoirs aux compétences : Évaluer les savoirs • Maîtriser les compétences • Préparer l'épreuve

Synthèse

La propriété est une notion paradoxale, objet d'un encadrement strict par le législateur et terreau de revendication de libertés tendant à en élargir le champ. Le droit à la propriété a fait l'objet d'extensions concernant le fonds de commerce et la « propriété commerciale ». Le législateur s'est aussi employé à protéger les créations intellectuelles.

MOTS-CLÉS

Action en concurrence déloyale • Bail commercial • Brevet • Contrefaçon • Fonds de commerce • Marque • Propriété littéraire et artistique • Propriété industrielle

1 Le fonds de commerce

A) La composition du fonds de commerce

Il n'existe pas de définition légale du fonds de commerce. Classiquement, on distingue les éléments corporels et incorporels du fonds de commerce.

Définition

Le **fonds de commerce** peut se définir comme l'ensemble des éléments, biens meubles corporels et incorporels, réunis et organisés en vue d'exploiter une clientèle à des fins commerciales.

1. Les éléments corporels

Parmi les éléments corporels, on distingue :
- le matériel, c'est-à-dire l'ensemble des biens mobiliers corporels qui servent durablement à l'exploitation (ex. : équipement, matériel d'entreposage, outillage industriel, mobilier de bureau) ;
- les marchandises, soit les matières premières destinées à être transformées ou les produits et les biens destinés à la vente (ex. : stocks).

2. Les éléments incorporels

La clientèle. Elle désigne l'ensemble des personnes qui s'approvisionnent habituellement ou occasionnellement auprès d'un commerçant. L'existence de la clientèle conditionne l'existence du fonds de commerce.

Les caractères de la clientèle :
- réelle et certaine. Une clientèle virtuelle ou potentielle ne suffit pas. L'existence de cette clientèle détermine l'apparition et la cessation du fonds. Le fonds de commerce est constitué dès la première opération traitée ; il disparaît dès qu'aucun client ne s'y approvisionne plus ;
- personnelle à l'exploitant. La clientèle doit être rattachée en propre au titulaire du fonds.

FOCUS — Protection de la clientèle

La mise en œuvre de l'**action en concurrence déloyale** (↳ **chapitre 7**) suppose la réunion de trois conditions :
- un acte de concurrence fautif, c'est-à-dire un manquement aux usages professionnels (ex. : jeter le discrédit sur un concurrent en le calomniant) ;
- un préjudice (ex. : une perte de chiffre d'affaires) ;
- un lien de causalité entre les deux éléments précédents.

Les autres éléments incorporels. Ils comprennent :
- le nom commercial (nom de famille, pseudonyme, dénomination fantaisiste) est l'appellation sous laquelle le commerçant exerce son activité. Élément du fonds de commerce, le nom est cessible avec lui. Il est protégé essentiellement par l'action en concurrence déloyale dont l'exercice est limité à certains cas (nom original et de notoriété suffisante, détournement ou risque de détournement) ;

- l'enseigne est un signe extérieur qui permet d'individualiser l'établissement, le magasin et sa localisation géographique. Comme le nom, elle est cédée ou louée avec le fonds et protégée par l'action en concurrence déloyale en cas d'imitation ou d'usurpation ;
- le droit au bail commercial, qui est le droit d'occupation des lieux où est exercée l'activité commerciale ;
- les droits de la propriété industrielle (ex. : brevet, marque), qui peuvent être essentiels dans l'exploitation d'une activité commerciale.

B) La nature juridique du fonds de commerce

1. Le fonds de commerce, un bien unitaire

Un ensemble de biens. Le fonds de commerce est envisagé comme un ensemble de biens affectés à l'entreprise. Il est différent des biens qui le composent. Il peut être vendu, loué, donné en garantie et apporté en société en une seule opération juridique.

Un démembrement possible. Le fonds de commerce peut être démembré ; il est possible d'en céder une partie si elle constitue une branche autonome d'activité. Un élément du fonds peut aussi être cédé isolément (cas des marques). Inversement, le fonds de commerce peut être cédé tout en conservant certains éléments.

2. Le fonds de commerce, bien meuble incorporel

Un bien meuble. Le fonds de commerce ne regroupe que des biens mobiliers : l'immeuble n'en fait pas partie. Par conséquent, un commerçant, qui exploite son fonds de commerce dans un immeuble lui appartenant, est propriétaire de deux masses de biens distinctes : l'une mobilière, l'autre immobilière.

Un bien incorporel. Les éléments incorporels y sont prépondérants. L'élément essentiel est la clientèle.

→ CAS 3 • SITUATION PRATIQUE 7

2 Le contrat de bail commercial

Définition

Le bail commercial est un contrat de location de locaux utilisés pour l'exploitation d'un fonds de commerce.

Les dispositions du bail commercial sont d'ordre public : les parties ne peuvent pas y déroger.

A) Les conditions d'application du statut des baux commerciaux

Pour que le statut des baux commerciaux soit applicable, le contrat de bail doit respecter des critères précis (fig. 11.1).

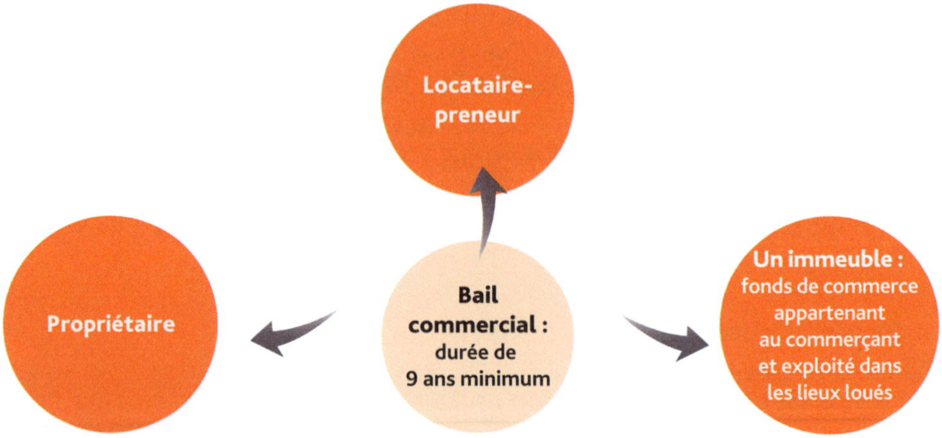

Figure 11.1. **Conditions d'application du statut des baux commerciaux**

B) Les obligations des parties

Le bailleur (celui qui met à disposition le bien immobilier) comme le locataire-preneur sont liés par des obligations réciproques (tab. 11.1).

Tableau 11.1. **Engagements des parties au contrat de bail commercial**

Bailleur	• Délivrer le bien. Le bailleur met l'immeuble à la disposition du preneur. • Entretenir le bien. Pendant toute la durée du contrat, le bailleur effectue les réparations qui lui incombent (ex. : réparation de la toiture après une tempête). • Assurer au locataire une jouissance paisible des lieux. • Garantir l'usage de la chose. Le bailleur indemnise le preneur de la perte résultant des vices ou défauts de la chose louée qui en empêchent totalement ou partiellement l'usage. • Exercer son droit de congé triennal en cas de modification profonde de l'immeuble (ex. : surélévation).
Locataire-preneur	• Exploiter le fonds de commerce en personne raisonnable et en suivant la destination inscrite au bail commercial. • Payer les loyers au terme convenu (privilège spécial du bailleur sur les meubles des lieux loués).

FOCUS La fixation du loyer

Les parties jouissent d'une grande liberté pour la détermination du loyer d'origine.
Le loyer peut être révisé tous les trois ans, en principe à la valeur locative, sans pouvoir la dépasser.
Les parties peuvent déterminer dans le bail initial les conditions de fixation du loyer du bail renouvelé. Il peut être plafonné (sauf pour les baux d'une durée supérieure à 9 ans). Le loyer peut être déplafonné en cas de modification importante des éléments initiaux du bail.

C) Les droits du locataire-preneur

1. La déspécialisation du bail

Déspécialisation simple. Le locataire-preneur ajoute une activité connexe ou complémentaire. Il informe le bailleur qui ne peut pas s'y opposer (ex. : un boulanger qui envisage d'étendre son activité à la pâtisserie).

Déspécialisation totale. Le locataire-preneur souhaite exercer, dans les locaux loués, une ou plusieurs activités différentes de celles prévues au bail. Cette déspécialisation est possible si :
- elle est justifiée par la conjoncture économique et les nécessités de l'organisation rationnelle de la distribution ;
- elle est compatible avec la destination, les caractères et la situation de l'immeuble ;
- elle ne se heurte pas à un motif grave et légitime permettant au bailleur d'opposer un refus au preneur (ex. : exercice par le bailleur de son droit de reprise, existence d'une clause de non-concurrence liant le bailleur à un autre locataire).

Procédure. Le locataire-preneur adresse une demande au bailleur qui informe les créanciers inscrits sur le fonds. Le bailleur propriétaire de plusieurs locaux commerciaux dans une même zone informe les éventuels autres locataires auxquels il aurait promis une clause d'exclusivité menacée par la déspécialisation qui peuvent en obtenir l'interdiction si elle porte atteinte à leurs intérêts.

2. La cession du bail

Comme le droit au bail est un élément du fonds de commerce, le locataire peut vendre son fonds et céder, en même temps, le bail. Il n'a pas à demander d'autorisation au bailleur lorsque le bail est cédé avec l'ensemble du fonds.

3. Le droit de préférence

Lorsque le propriétaire du local envisage de le vendre, il doit en informer le locataire par lettre recommandée avec avis de réception. Cette notification vaut offre de vente. Le locataire dispose d'un mois pour répondre.

4. Le renouvellement du bail

À l'initiative du locataire-preneur (par acte d'huissier ou LRAR, dans les 6 mois précédant l'expiration du bail ou à tout moment en cas de tacite reconduction). Il bénéficie d'un droit au renouvellement de son bail à condition d'être propriétaire du fonds exploité, de l'exploiter réellement et régulièrement conformément aux stipulations du bail, pendant les 3 ans précédant l'expiration du bail et d'être immatriculé au RCS ou au RM (↪ chapitre 7). Le bailleur a 3 mois pour faire connaître sa décision (à défaut, il est réputé avoir accepté).

Indemnité d'éviction. Faute de respect de son droit, le locataire peut prétendre à une indemnité d'éviction dont le montant est égal au préjudice causé par le défaut de renouvellement (valeur marchande du fonds, frais de déménagement et de réinstallation, etc.). Tant que l'indemnité n'est pas versée au locataire, celui-ci a droit au maintien dans les lieux. Il verse au propriétaire une indemnité d'occupation.

Procédure. Le renouvellement s'effectue par acte d'huissier ou LRAR :
- soit à l'initiative du bailleur. Le bailleur propose au preneur un congé avec une offre de renouvellement au moins 6 mois à l'avance. Un nouveau bail est alors rédigé ;

– soit par tacite reconduction. Si aucune des parties ne se manifeste à l'issue des 9 ans du bail, il est renouvelé pour une durée indéterminée.

➜ CAS 3 • CAS 4 • CAS 5 • COMMENTAIRE DE DOCUMENT 8

3 La propriété intellectuelle

La propriété intellectuelle regroupe la propriété industrielle et la propriété littéraire et artistique.

A) La propriété industrielle

Définition

La **propriété industrielle** se définit comme l'ensemble des droits destinés à la protection des créations de nature industrielle ou des signes distinctifs à vocation industrielle et commerciale et énoncés par la loi de façon limitative.

Ces droits sont protégeables au niveau national (INPI, objet de notre étude), européen (OEP) et international (OMPI).

1. Les brevets d'invention

CHIFFRES-CLÉS

16 250 brevets ont été déposés à l'Inpi en 2017, soit une augmentation de **0,6 %** par rapport à 2016. (Source : inpi.fr)

Formulaire de dépôt en ligne :

https://goo.gl/ehvrkD

Définition

Le **brevet** est un titre délivré par l'Institut national de la propriété industrielle (INPI), qui attribue à l'inventeur un monopole d'exploitation sur sa création.

Les conditions de brevetabilité. La protection implique des conditions de fond et de forme (tab. 11.2).

Tableau 11.2. Conditions de protection d'un brevet

Conditions de fond	• Une invention : une solution technique apportée à un problème technique. • Une invention brevetable. Sont exclues du domaine de la brevetabilité les inventions sans application pratique (ex : découvertes, théories scientifiques et mathématiques) et celles qui posent des problèmes moraux (ex. : le corps humain, les races animales). • Une invention nouvelle. L'invention ne doit pas être comprise dans l'état de la technique, soit ce qui a été rendu accessible au public. • Une invention impliquant une activité inventive. Elle ne doit pas découler de manière évidente, pour un homme du métier, de l'état de la technique. • Une invention susceptible d'application industrielle. Son objet doit pouvoir être fabriqué dans tout genre d'industrie. • Une invention conforme à l'ordre public.

Conditions de forme	• La demande est déposée à l'INPI par l'inventeur. • L'invention est décrite dans la demande de façon à permettre à un homme de métier de l'exécuter. • L'INPI procède à un rapport de recherche pour apprécier la brevetabilité de l'invention. • Le brevet est délivré par le directeur de l'INPI au nom du gouvernement. • Un avis est publié au BOPI (Bulletin officiel de la propriété industrielle).

Le breveté. Il s'agit de l'inventeur. Le droit au titre de propriété industrielle lui appartient (ou à son ayant cause). Dans le cas d'une invention développée par un (ou plusieurs) salarié et qui découle des études et recherches qui lui ont été confiées, l'invention appartient à l'employeur.

Les effets de la brevetabilité. Toute personne qui obtient un brevet voit son invention protégée (fig. 11.2).

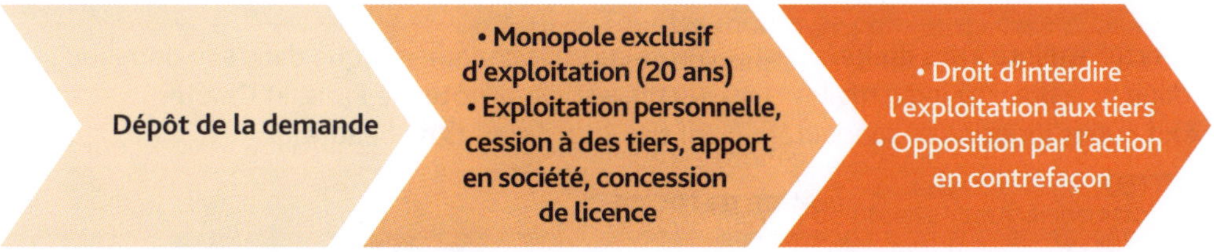

Figure 11.2. **Prérogatives du breveté**

Les obligations du breveté. Le breveté doit :
– verser des taxes annuelles à l'INPI, en contrepartie de son monopole ;
– exploiter lui-même son brevet ou le faire exploiter par d'autres.

FOCUS **La contrefaçon**

Le Code de la propriété intellectuelle (CPI) énumère les atteintes constitutives de **contrefaçon** (ex. : fabrication, commercialisation ou importation de produits portant atteinte au brevet). L'action en contrefaçon est une action réelle qui vise à protéger le droit de propriété. Elle est intentée par l'auteur et s'exerce :
– sur le plan pénal (prescription : 6 ans), contre ceux qui portent atteinte sciemment à la propriété intellectuelle. Ils encourent des peines privatives de liberté et des amendes. Elle se traduit par diverses sanctions, notamment la cessation du trouble ;
– sur le plan civil (prescription : 5 ans). La responsabilité du contrefacteur peut être engagée par une action intentée uniquement devant le TGI de Paris. La victime peut obtenir des mesures réparatrices (ex. : indemnisation, publication de la décision) et des mesures destinées à prévenir des atteintes imminentes au brevet ou d'empêcher la poursuite d'actes de contrefaçon.

2. Les marques de fabrique, de commerce et de service

Définition

La **marque** est le signe qui permet de distinguer un produit ou un service de ceux offerts par la concurrence.

Les marques peuvent revêtir différentes formes : dénominations (mots, lettres, chiffres, sigles, etc.), signes sonores (sons, phrases musicales, etc.), signes figuratifs (logos, étiquettes, etc.) ou combinaisons de couleurs.

Les conditions de la protection. La protection d'une marque implique des conditions de fond et de forme (tab. 11.3).

Tableau 11.3. Conditions de protection d'une marque

Conditions de fond	Exemples
Être licite : non contraire à l'ordre public et aux bonnes mœurs	Interdiction de l'usage commercial des 5 anneaux olympiques
Ne pas être déceptive : ne pas tromper le public	Interdiction de l'expression « lait de soja »
Être distinctive : ne pas être simplement descriptive ou figurative	Impossibilité d'une marque « Yaourt »
Être disponible : ne pas porter atteinte à des droits antérieurs, sauf si le produit et la branche industrielle ou commerciale sont tout autres (principe de spécialité)	Protection de chaque marque dans son domaine : Ritz, prestigieux hôtel de Paris, et Charles of the Ritz, produits de beauté
Condition de forme	
Pour être protégée, la marque doit être déposée à l'INPI. Elle est alors enregistrée et la protection est accordée pendant une durée de 10 ans, indéfiniment renouvelable.	

Formulaire de dépôt en ligne :
https://goo.gl/bXaQjG

Les effets de la protection. Le dépôt de la demande produit des effets (fig. 11.3).

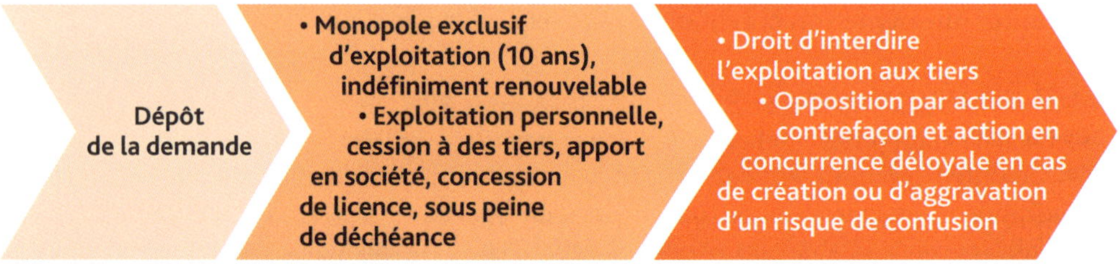

Figure 11.3. Prérogatives du détenteur d'une marque

→ CAS 6

B) La propriété littéraire et artistique

La **propriété littéraire et artistique** recouvre essentiellement le droit d'auteur. Les œuvres protégées au titre du droit d'auteur sont toutes les œuvres à caractère littéraire ou artistique qui revêtent une forme concrète et originale.

Exemples

- Les œuvres de littérature regroupent les romans, les poèmes, les essais, les pièces de théâtre, les paroles de chanson, etc.

Les œuvres audiovisuelles comprennent les films, les documentaires, les créations chorégraphiques, les compositions musicales, les opéras, les comédies musicales, etc.
Les œuvres d'art plastique englobent la peinture, le dessin, la photographie, la sculpture, etc.

Le droit d'auteur protège également les auteurs d'œuvres numériques (site Internet, base de données…), de publicités, d'œuvres architecturales ou cartographiques.

1. Les conditions de protection des œuvres

La protection implique une véritable création présentant des qualités spécifiques (tab. 11.4).

Tableau 11.4. Exigence et qualité de la création

	Contenu	Exemples
Exigences de création	• Une intervention humaine. À l'origine de la création intellectuelle se trouve nécessairement une personne physique • Une intervention consciente. L'auteur doit avoir conscience qu'il crée. La création ne peut pas être spontanée. • Une intervention qui modifie le réel, c'est faire quelque chose qui n'existait pas.	• Rédaction d'un livre, création d'un site Internet. • Les dialogues échangés sur un plateau de télévision ne sont pas protégés par le droit d'auteur. Un discours l'est. • Les découvertes d'un archéologue ne sont pas protégées par le droit d'auteur.
Qualités de la création	• Une forme. Toutes les formes d'expression sont admises. • Une originalité. L'œuvre exprime la personnalité de l'auteur.	• Formes visuelles (ex. : manga), audio (ex. : chanson). • Agencement des couleurs, des scènes (ex. : exposition, mise en lumière).

2. Les personnes protégées : les auteurs

L'auteur est la personne dont la personnalité s'est exprimée dans l'œuvre. L'auteur est nécessairement une personne physique (conception personnaliste).

La preuve de la qualité d'auteur appartient, sauf preuve contraire, à celui ou à ceux sous le nom de qui l'œuvre est divulguée (CPI, art. L. 113-1). Cette règle établit une présomption simple (↪ chapitre 3) qui peut être combattue par tous moyens.

3. Les droits des auteurs

Le droit moral. Ce droit comporte diverses prérogatives (tab. 11.5).

Tableau 11.5. Droits constitutifs du droit moral

Droit à la circulation de l'œuvre	Droit au respect de l'œuvre
• Droit de divulgation : l'auteur décide seul du moment et du procédé de divulgation. • Droit de retrait : il permet de retirer l'œuvre de la circulation.	• Droit de paternité : l'œuvre doit être exploitée sous le nom de l'auteur et celui-ci peut exiger que son nom soit associé à l'œuvre.

Droit à la circulation de l'œuvre	Droit au respect de l'œuvre
• Droit de repentir : il permet à l'auteur de modifier le contenu de sa création.	• Droit au respect de l'esprit de l'œuvre : l'auteur a le droit d'exiger que son œuvre soit communiquée au public comme il souhaite. • Droit à l'intégrité : l'auteur a le droit de s'opposer à toute altération, même minime, de son œuvre.

Les droits patrimoniaux. L'auteur a le droit d'exploiter son œuvre pendant toute sa vie (tab. 11.6). À son décès, ce droit persiste au bénéfice de ses ayants droit pendant l'année civile en cours et les 70 ans qui suivent (L. 123-1 CPI).

Tableau 11.6. Droits constitutifs des droits patrimoniaux

Droit de reproduction	Droit de représentation
Fixation matérielle de l'œuvre par tous procédés qui permettent de la communiquer au public d'une manière indirecte (ex. : imprimerie, photocopie, moulage, gravage).	Communication de l'œuvre au public par un procédé quelconque (ex. : télévision, *streaming*).

4. La défense des droits de l'auteur

Elle s'exerce par deux types d'action :

- La saisie-contrefaçon. C'est un mode de preuve qui permet, sur autorisation d'un juge, au titulaire du droit de propriété intellectuelle s'estimant victime d'une atteinte à ce droit, de faire constater cette atteinte par un huissier de justice habilité qui en saisit les preuves. Elle permet la cessation de toute reproduction ou représentation illicite de l'œuvre, c'est une mesure provisoire.
- L'action en contrefaçon. Elle poursuit deux objectifs (fig. 11.4) : préserver le droit privatif de propriété intellectuelle et réparer le préjudice causé par l'atteinte portée à ce droit.

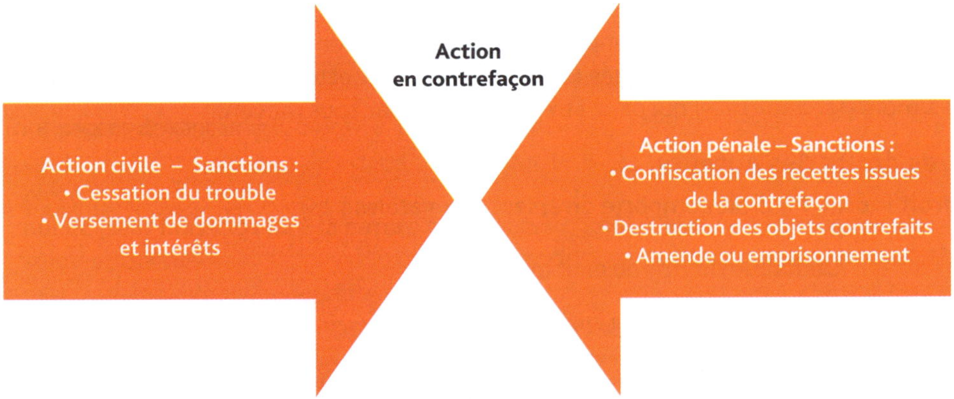

Figure 11.4. La dualité de l'action en contrefaçon

→ APPLICATION 2 • CAS 4 • CAS 6 • CAS 8

DES SAVOIRS AUX COMPÉTENCES

Évaluer les savoirs | Maîtriser les compétences | Préparer l'épreuve

1 QCM

Pour chaque proposition, une ou plusieurs réponses sont possibles. Justifiez-les.

1. Le fonds de commerce est un bien :
   a. meuble corporel. ☐
   b. immeuble. ☐
   c. meuble incorporel. ☐

2. Les éléments suivants font partie du fonds de commerce :
   a. le nom commercial. ☐
   b. l'enseigne. ☐
   c. l'immeuble. ☐
   d. le stock. ☐
   e. la clientèle. ☐
   f. le mobilier. ☐

3. La clientèle :
   a. existe au premier client. ☐
   b. est propre. ☐
   c. est civile ou commerciale. ☐
   d. disparaît avec le commerçant. ☐

4. Pour qu'il y ait bail commercial, il faut que :
   a. le propriétaire soit commerçant. ☐
   b. le locataire soit commerçant. ☐
   c. le bien loué soit un immeuble. ☐
   d. le bien loué soit un meuble ou un immeuble. ☐
   e. le bail soit d'une durée minimum de 3 ans. ☐
   f. le bail soit d'une durée de 9 ans. ☐

5. La propriété industrielle :
   a. est synonyme de « propriété intellectuelle ». ☐
   b. concerne toutes les œuvres créatives. ☐
   c. s'applique aux brevets, marques, dessins et modèles. ☐
   d. s'applique aux logiciels. ☐
   e. s'applique aux œuvres littéraires et artistiques. ☐

6. L'action en contrefaçon protège :
   a. l'enseigne. ☐
   b. le nom commercial. ☐
   c. les brevets. ☐
   d. les marques. ☐
   e. les droits d'auteur. ☐

2 Jean-Pierre Jean ★★★

Jean-Pierre Jean, célèbre chanteur de variétés, est décédé laissant une veuve et quatre enfants. Il avait enregistré un disque qui est sorti trois mois après son décès. Ce disque rencontre un énorme succès et se vend à près de 800 000 exemplaires.

1. *Qui va percevoir les droits d'auteur ?*
2. *Pendant combien de temps ?*
3. *Une jeune chanteuse reprend, sur un rythme électronique, le premier succès de Jean-Pierre Jean enregistré il y a 50 ans. Les héritiers peuvent-ils s'y opposer ? Comment ?*

Évaluer les savoirs — **Maîtriser les compétences** — Préparer l'épreuve

3 La grande Librairie ★★★

Compétence attendue **Identifier** les éléments constitutifs du fonds de commerce

Située dans le centre de Lyon, La grande Librairie (LB) existe depuis plusieurs générations. M. Bouquin est propriétaire des lieux dans lesquels il exerce son activité de libraire. Il a décidé de prendre sa retraite et met l'ensemble de son commerce en vente.

1. *Quel(s) contrat(s) M. Bouquin devra-t-il conclure ?*

M. Page est le principal concurrent de M. Bouquin à Lyon. Sa librairie, Page à page, est installée près des Halles. M. Page exerce depuis une dizaine d'années dans un local qu'il loue. Passionné de voile, il a décidé de vendre son fonds de commerce et de s'installer à La Rochelle où il pourra s'adonner à ses plaisirs favoris, la lecture et la voile. M. Lafeuille est intéressé et décide de reprendre la librairie.

2. *Quels sont les éléments qui feront l'objet de la vente du fonds de commerce de M. Page ?*

Hamit, amateur de littérature fantastique et de science-fiction, vient de terminer ses études en DCG. Son diplôme en poche, il décide d'installer une librairie spécialisée dans une maison à rénover à proximité de la cathédrale et des universités. Il financera cette rénovation grâce à un prêt.

3. *Quand le fonds de commerce d'Hamit existera-t-il ? Quels en sont les éléments ?*

4 Jules Verne ★★★

Compétence attendue **Étudier** le bail commercial, la protection du locataire-preneur et les obligations du propriétaire

Paul a loué pour une durée de 9 ans un local commercial à Nantes appartenant à M. Martin. Il s'est immatriculé au RCS de Nantes et a ouvert une librairie jeunesse, Jules verne. Le local est assez grand et bien agencé.

En vous appuyant sur vos connaissances et sur l'annexe, vous répondrez aux questions suivantes :

1. *Les clauses du bail sont-elles conformes aux dispositions légales ? Dans le cas contraire, émettez une nouvelle proposition de rédaction.*

Nous considérerons que les modifications que vous avez proposées sont effectuées dans le bail. Des livres pour enfants aux livres pour leurs parents, il n'y a qu'un pas, et Paul voudrait désormais proposer, dans le même local, des titres grand public. Paul a aussi l'intention d'en transformer une partie en galerie d'art.

2. *Paul peut-il développer ces deux activités dans le local qu'il loue ?*

La galerie d'art est la seule de la ville. Elle a un tel succès que Paul décide d'abandonner la vente de livres, tout en restant dans les locaux loués, et d'effectuer des travaux d'aménagement.

3. *Paul peut-il procéder à ces changements dans les mêmes locaux ?*

Annexe

Extraits du bail commercial de Paul

Art. 6 : il est interdit au preneur d'apporter un changement à son activité dans le local loué.

Art. 31 : le montant du loyer mensuel est fixé à 2400 euros, les charges s'élèvent à 600 euros. Le bailleur se réserve le droit d'augmenter chaque année le montant du loyer en fonction de l'évolution du chiffre d'affaires. Le versement du loyer se réalisera par virement bancaire automatique sur le compte du bailleur le 30 de chaque mois.

5 Commentaire de document : SARL Bacchus ★★★

Compétence attendue **Étudier** le bail commercial, la protection du locataire-preneur et les obligations du propriétaire

À l'aide de vos connaissances et de l'annexe, répondez aux questions suivantes :

1. *Quelle est la nature juridique du document présenté en annexe ? Identifiez et qualifiez les parties.*
2. *Justifiez la date de fin du contrat stipulée à l'article 1er.*
3. *Dans quelle limite et à quelles dates le loyer prévu à l'article 9 pourra-t-il être modifié ?*
4. *Qualifiez et précisez l'intérêt de la clause contenue à l'article 15 du contrat.*

Annexe

Contrat (extraits)

Entre les soussignés,

M. Pierre LAGARDE, né le 04/07/1977 à Amiens, demeurant 109 lotissement Les Pinsons à Amiens 80000, d'une part,

ET

LA SARL BACCHUS immatriculée au RCS d'Amiens sous le n° 924 803 918, représentée par Mme Margaux BRIAND, demeurant 31 rue du général de Gaulle AMIENS 80000, d'autre part,

Il a été convenu et arrêté ce qui suit : le bailleur loue un local de 25 m^2 environ situé 78 avenue de la République sur la commune d'AMIENS 80000.

Article 1er. Ce bail est consenti pour une durée de neuf années entières et consécutives qui commenceront à courir le 1er décembre N pour prendre fin le 30 novembre N+7. [...].

Article 4. Le présent bail est consenti et accepté sous les charges et conditions suivantes que le preneur s'oblige à exécuter, à savoir :

Destination du commerce :

Le preneur devra utiliser le local loué dans la limite de son objet social, à savoir :

Commerce de détail et de gros de boissons en magasin spécialisé en débit de boissons licence 2, épicerie fine, art de la table, organisation d'évènements.

Entretien et réparations :

Pendant tout le cours du bail, le preneur s'oblige à maintenir :

- l'intégralité des lieux loués en bon état de réparations locatives et d'entretien ;
- la totalité des équipements et installations en parfait état de fonctionnement, [...]

Article 8. Ce bail est conclu aux conditions suivantes pour le bailleur.

Travaux du bailleur. Il est expressément convenu entre les parties que seules les grosses réparations, telles qu'elles sont définies à l'article 606 du Code civil seront à la charge exclusive du bailleur

Non-responsabilité du bailleur. Le bailleur écarte toute responsabilité, vis-à-vis du preneur, dans les cas suivants :

- en cas de vol, de cambriolage ou de toute autre manifestation ayant le caractère d'un délit, et, plus communément, de désordre causé par des tiers par voie de fait, le preneur déclare renoncer à toute jurisprudence contraire à cette clause ;
- en cas d'arrêt du service d'alimentation en eau, en énergie et de toute autre installation de l'immeuble résultant, soit de l'Administration ou du service concessionnaire, soit de travaux, accidents ou réparations, soit de tous autres cas de force majeure.

Article 9. Le présent bail est respectivement consenti et accepté moyennant un loyer annuel de CINQ MILLE QUATRE CENTS EUROS (5 400,00 €) hors taxes. [...]

Article 15. Il est expressément convenu qu'à défaut de paiement d'un seul terme de loyer à son échéance ou d'inexécution d'une seule des conditions du bail, et un mois après un commandement ou une sommation d'exécuter demeurés infructueux,

…

le bail sera résilié de plein droit sans qu'il soit nécessaire de procéder à l'accomplissement de formalités judiciaires.

Le bailleur pourra obtenir de l'autorité compétente l'expulsion du preneur par simple ordonnance de référé, exécutoire par provision.

Fait à Amiens en 2 exemplaires, le 1er décembre N

P. Lagarde MB

Pierre LAGARDE Margaux BRILLANT, SARL Bacchus

6 Les Chocolats de Marc ★★★

Compétences attendues

- **Distinguer** propriété industrielle et propriété littéraire et artistique
- **Vérifier** les conditions de protection par le brevet, la marque ou le droit d'auteur
- **Justifier** les actions possibles an cas d'atteinte à un droit de propriété intellectuelle

Marc Aurel est amateur de chocolat depuis son enfance. Après s'être formé au métier de chocolatier, il s'est installé sur le boulevard des Champs à Bordeaux, sous l'enseigne Les Chocolats de Marc. Il fabrique son chocolat à partir de fèves de cacao de très haute qualité importées. Les chocolats, qui ne contiennent ni œuf ni gélatine, sont déclinés pour toutes les occasions, de Marc Baby (cadeau pour nouveaux-nés) à Marc Wedding (cadeau pour jeunes mariés), en passant par Marc Corporate (cadeau d'entreprise).

Sur les conseils d'un journaliste de la gazette locale, Marc rédige un ouvrage de recettes originales pour les fêtes. De passage à Paris, il glisse son manuscrit chez son éditeur fétiche, Pages gourmandes. À sa grande surprise, Marc constate, quelques mois plus tard, la parution d'un livre fort ressemblant signé par un confrère.

Identifiez les droits de propriété et vérifiez, pour chacun, si les conditions de protection sont réunies. Dans le cas contraire, quelles sont les actions à mettre en œuvre par Marc ?

Évaluer les savoirs | Maîtriser les compétences | Préparer l'épreuve

7 Situation pratique : Tif'Annie ★★★

20 min

Compétence attendue **Identifier** les éléments constitutifs du fonds de commerce

Rendez-vous MÉTHODE 3

La marque Tif'Annie a été déposée par Annie Letif à l'ouverture de son premier salon de coiffure à Grenoble qu'elle exploite encore à ce jour. Elle a depuis créé plusieurs autres salons sous cette marque dans la région.

Une jeune femme prénommée Tiffany installe un salon de coiffure dans le centre-ville de Grenoble à son prénom. Dans la même rue, une cave à vins vient d'ouvrir sous la marque Tiffanie, prénom de sa créatrice.

Travail à faire

Quels conseils donneriez-vous à Annie Letif ?

8 Commentaire de document/rédaction d'une note : Lefebure ★★★

30 min

Compétence attendue **Étudier** le bail commercial, la protection du locataire-preneur et les obligations du propriétaire

Rendez-vous MÉTHODE 2

Par acte sous signature privée, la Société des Courses marseillaises a donné à bail à Paul Lefebure, pour une durée de 9 ans, la concession exclusive de l'installation d'un buffet-buvette sur le champ de courses marseillais. L'accord conclu prévoit que l'activité de Paul Lefebure doit être limitée à l'enceinte de l'hippodrome et réduite aux seules journées de réunions hippiques (10 à 20 réunions par an).

À l'expiration de la période fixée dans l'acte sous signature privée, M. Lefebure a reçu congé de la Société des Courses marseillaises au motif que le bail n'est pas commercial. S'estimant lésé, il envisage d'intenter une procédure contre la société de courses pour violation des dispositions relatives aux baux commerciaux.

Travail à faire

1. *Rappelez les conditions du droit au renouvellement du bail commercial.*
2. *Quel est le problème juridique dans cette affaire ?*
3. *Quels sont les parties et les faits soulevés dans l'arrêt de la Cour de cassation du 28 mai 2013 ?*
4. *Quel est le problème de droit ?*
5. *Quelle est la réponse apportée par la Cour de cassation ?*
6. *Appliquez ce raisonnement au cas de M. Lefebure.*

Annexe

Arrêt de la cour de cassation (extrait), chambre commerciale, 28 mai 2013, pourvoi 12-n° 14-049

Attendu, selon l'arrêt attaqué, que la société La Romana, dont la gérante est Mme X., a donné en location-gérance à la société Queeky une pizzeria exploitée dans des locaux dépendant d'un port de plaisance dont la société Yacht Club a obtenu la concession de la commune de Saint-Laurent-du-Var ; qu'au terme du contrat, la société Queeky s'étant maintenue dans les lieux, la société La Romana l'a fait assigner en restitution du fonds et en réparation de son préjudice ; [...]

Attendu que, pour condamner la société Queeky à payer à la société La Romana la somme de 85000 euros à titre de dommages-intérêts, l'arrêt retient que, si le commerce litigieux, qui est exploité sur le domaine public, ne peut bénéficier du statut des baux commerciaux, sa situation dans la galerie marchande du port de Saint-Laurent-du-Var permet le ralliement de la clientèle puisqu'elle attire les personnes attachées à l'environnement maritime des lieux ;

Attendu qu'en se déterminant ainsi, sans rechercher si la société La Romana exploitait une clientèle attachée à l'activité de la pizzeria qui soit distincte de celle du port de plaisance où elle était exercée, la cour d'appel n'a pas donné de base légale à sa décision.

SYNTHÈSE

Les applications particulières de la propriété

Le fonds de commerce

Éléments corporels	Éléments incorporels
• Matériel • Outillage	• Clientèle • Enseigne • Nom commercial • Droit au bail • Droits de la propriété industrielle

Le bail commercial

Conditions	Régime	Droit au renouvellement
• Un locataire preneur et un bailleur propriétaire • Un local • Une durée	• Durée : 9 ans minimum • Un immeuble : un fonds de commerce appartenant au commerçant et exploité dans les lieux loués	• Principe du droit au renouvellement du bail pour le locataire • Des conditions : être propriétaire du fonds, l'exploiter, être immatriculé au RCS

La propriété industrielle

Objet

Biens incorporels qui procurent à leurs titulaires un monopole d'exploitation

Contenu et protection

Brevet d'invention :
– inventions nouvelles
– impliquant une activité inventive
– susceptible d'application industrielle
– brevetable
– conforme à l'ordre public et aux bonnes mœurs

→ **• Protection de 20 ans (action en contrefaçon)**

Marque de fabrique de commerce et de service
(signes qui permettent de distinguer un produit ou un service de ceux offerts par la concurrence) :
– licite
– distinctive
– non déceptive
– disponible

→ **• 10 ans renouvelables indéfiniment**
• Action en contrefaçon + action en concurrence déloyale

La propriété littéraire et artistique

Droit moral de l'auteur : perpétuel	Droit de circulation de l'œuvre	• Droit de divulgation • Droit de retrait et de repentir
	Droit au respect de l'œuvre : perpétuel	• Droit au respect du nom et de la qualité • Droit de s'opposer à toute altération
Droits patrimoniaux de l'auteur : durée de vie de l'auteur + 70 ans	• Droit de reproduction • Droit de représentation	• Fixation matérielle de l'œuvre • Communication de l'œuvre au public
Saisie-contrefaçon	Saisie des biens contrefaits qui constitue une preuve de contrefaçon et en marque l'arrêt	
Action en contrefaçon	Pénalisation du contrefacteur et réparation du dommage subi par l'auteur	

1 Situations pratiques ★★★

Rendez-vous MÉTHODE 3

Rémi Lecompte, 26 ans, est comptable dans une entreprise de menuiserie de Compiègne (Oise). Il désire désormais travailler à son compte. Fort de ses compétences, il pense qu'il saura gérer un fonds de commerce. Une de ses connaissances, Jean, est commerçant-photographe et envisage de céder sa boutique. Passionné de photographie, Rémi envisage d'acquérir, moyennant un emprunt, le commerce de Jean. Son amie, Julie, est secrétaire dans une entreprise de transport. Elle pense démissionner et rejoindre Rémi dans l'aventure. Elle dispose déjà de quelques économies et l'appartement dans lequel le couple s'apprête à s'installer lui appartient.

Travail à faire

1. *Selon vous, est-il utile que Rémi signe un contrat de mariage chez le notaire.*

Rémi et Julie se sont mariés et le projet de Rémi s'est concrétisé. Il a acheté le fonds de commerce de photographie et devient commerçant. Julie rejoint son mari pour l'aider dans le magasin lorsqu'il part en reportage. Elle prend également en charge des travaux de gestion du fonds de commerce.

Travail à faire

2. *Quel statut conseillez-vous à Julie ?*

Dominique, le frère de Julie âgé de 32 ans, est passionné de moto et de vitesse. Il a été victime d'un accident de la route. Son casque s'est descellé et il a eu de graves blessures à la tête avec des séquelles irréversibles. Il présente de longs moments d'absence et manque de discernement dans certaines situations. Le diagnostic des médecins est très mauvais, ils doutent qu'il puisse guérir.

Travail à faire

3. *Quelle est la protection juridique la plus appropriée au cas de Dominique ?*
4. *Quelles sont les démarches à entreprendre ?*

2 Question ★★★

Rendez-vous MÉTHODE 1

Vous développerez une réponse argumentée et structurée sur le thème suivant :
« La personne morale : définition et capacité. »

3 Commentaire de document ★★★

Rendez-vous MÉTHODE 2

À l'aide de l'annexe, vous répondrez aux questions suivantes. Rédigez une introduction en situant la question dans le cours, développez vos connaissances de manière structurée. Veillez à soigner l'orthographe et la syntaxe.

Travail à faire

1. *Donnez une définition de la franchise.*
2. *Quels sont les faits dans cette affaire ?*
3. *Quel est le problème de droit ?*
4. *Quels sont les motifs de la décision de la Cour de cassation ?*

Annexe

Cour de cassation, 3e civ., 27 mars 2002, numéro de pourvoi : 00-20732

Sur le premier moyen :

Attendu, selon l'arrêt attaqué (Agen, 12 juillet 2000), que les consorts Z..., propriétaires de locaux à usage commercial donnés à bail à la société Climatex, ont renouvelé le contrat de location le 19 août 1979 au profit de la société Confort Service qui, le 16 septembre 1986, a souscrit un contrat de franchise avec la société Conforama ; que le 29 mai 1987, les consorts Z... ont notifié à la société Confort service, aux droits de laquelle viennent désormais les époux X..., un congé avec refus de renouvellement et offre d'une indemnité d'éviction ; que les locataires ont assigné leur bailleur pour avoir paiement de l'indemnité d'éviction ;

[..] Sur le deuxième moyen :

Attendu que les consorts Z... font grief à l'arrêt de faire droit à la demande d'indemnité d'éviction des époux X..., alors, selon le moyen :

1° que, pour qu'un locataire franchisé ait un fonds de commerce en propre, il faut qu'il justifie soit qu'il a une clientèle liée à son activité personnelle indépendamment de son attrait en raison de la marque du franchiseur, soit que l'élément du fonds qu'il apporte, le droit au bail, attire la clientèle de manière telle qu'il prévaut sur la marque ; qu'en se bornant à retenir de manière générale que la société franchisée, aux droits de laquelle viennent aujourd'hui les époux X..., disposait sur les éléments constitutifs de son fonds de l'« abusus », ce même si l'intuitu personae nécessaire à l'exécution du contrat de franchise avait conduit les parties à stipuler au profit du franchiseur un droit d'agrément ou de péremption en cas de cession de capitaux de nature à modifier le poids des associés sans rechercher ni apprécier en quoi le franchisé avait une clientèle liée à son activité personnelle, indépendamment de son attrait en raison de la marque du franchiseur, ou en quoi l'élément du fonds qu'il avait apporté, le droit au bail, attirait la clientèle de manière telle qu'il prévalait sur la marque, la cour d'appel a violé l'article 1er du décret du 30 septembre 1953 ;

2° que si les parties ont la faculté de soumettre leurs rapports au statut des baux commerciaux même si le bail ne présente pas de caractère, encore faut-il que cette volonté soit clairement exprimée ; qu'en retenant, pour considérer que les époux X... pouvaient réclamer le paiement d'une indemnité d'éviction, que les bailleurs savaient lorsqu'ils ont délivré le congé avec offre de payer une indemnité d'éviction le 29 mai 1987 que la société locataire qui exploitait son fonds à l'enseigne Conforama était liée par un contrat de franchise souscrit au mois de septembre 1986, qu'ils ont, nonobstant ce changement dans la situation de leur ...

•••

locataire, continué de reconnaître à celui-ci le bénéfice du statut du décret du 30 septembre 1953 auquel s'étaient référés tous les actes antérieurs et renouvellement du bail et qu'un accord

2° que si les parties ont la faculté de soumettre leurs rapports au statut des baux commerciaux même si le bail ne présente pas de caractère, encore faut-il que cette volonté soit clairement exprimée ; qu'en retenant, pour considérer que les époux X... pouvaient réclamer le paiement d'une indemnité d'éviction, que les bailleurs savaient lorsqu'ils ont délivré le congé avec offre de payer une indemnité d'éviction le 29 mai 1987 que la société locataire qui exploitait son fonds à l'enseigne Conforama était liée par un contrat de franchise souscrit au mois de septembre 1986, qu'ils ont, nonobstant ce changement dans la situation de leur locataire, continué de reconnaître à celui-ci le bénéfice du statut du décret du 30 septembre 1953 auquel s'étaient référés tous les actes antérieurs et renouvellement du bail et qu'un accord s'est par conséquent formé entre les parties, sans caractériser de manière précise et détaillée la volonté non équivoque des consorts Z... de soumettre le bail litigieux au statut des baux commerciaux, la cour d'appel a privé sa décision de base légale au regard de l'article 1er du décret du 30 septembre 1953 ;

Mais attendu qu'ayant relevé, à bon droit, d'une part, que si une clientèle est au plan national attachée à la notoriété de la marque du franchiseur, la clientèle locale n'existe que par le fait des moyens mis en œuvre par le franchisé, parmi lesquels les éléments corporels de son fonds de commerce, matériel et stock, et l'élément incorporel que constitue le bail, que cette clientèle fait elle-même partie du fonds de commerce du franchisé puisque, même si celui-ci n'est pas le propriétaire de la marque et de l'enseigne mises à sa disposition pendant l'exécution du contrat de franchise, elle est créée par son activité, avec des moyens que, contractant à titre personnel avec ses fournisseurs ou prêteurs de deniers, il met en œuvre à ses risques et périls, d'autre part, que le franchiseur reconnaissait aux époux X... le droit de disposer des éléments constitutifs de leur fonds, la cour d'appel en a déduit exactement que les preneurs étaient en droit de réclamer le paiement d'une indemnité d'éviction et a, par ces seuls motifs, légalement justifié sa décision de ce chef ;

PAR CES MOTIFS ;

REJETTE le pourvoi.

CHAPITRE 12 La formation du contrat

PROGRAMME

Compétences attendues

- **Identifier** l'existence d'un avant-contrat à travers le pacte de préférence et la promesse unilatérale
- **Vérifier** la conclusion du contrat et le **classifier**, dans une situation donnée
- **Expliquer** l'intérêt que présente une clause contractuelle donnée pour les parties
- **Analyser** la validité d'un contrat dans son ensemble et d'une clause particulière

Savoirs associés

- Le contrat : définition et classification
- Les principes fondateurs du droit des contrats
- La formation du contrat : phase précontractuelle, conclusion du contrat, conditions de validité et sanction des conditions de validité
- L'identification de clauses particulières : clause exclusive et limitative de responsabilité, clauses pénales, clauses résolutoires, clauses compromissoires, clauses attributives de compétence, clause de réserve de propriété

PLAN DU CHAPITRE

Cours : 1. Le contrat et ses classifications • 2. Les principes fondateurs du droit des contrats • 3. L'avant-contrat • 4. La conclusion du contrat • 5. La formation du contrat • 6. Les clauses contractuelles particulières

Des savoirs aux compétences : Évaluer les savoirs • Maîtriser les compétences • Préparer l'épreuve

Synthèse

Le contrat constitue l'un des instruments essentiels de la vie en société. Il est le moyen de créer volontairement un lien juridique d'obligation et un outil simple, souple et évolutif. Même s'il existe quasiment autant de contrats que de situations, la plupart partagent des règles communes. Il doit être valablement formé pour produire des effets. Sa conclusion est souvent précédée d'une phase préliminaire, source d'obligations. La vie des affaires a développé certaines clauses particulières devenues d'usage courant.

MOTS-CLÉS

Acceptation • Bonne foi • Consentement • Force obligatoire • Liberté contractuelle • Négociation • Nullité • Offre • Pacte de préférence • Promesse unilatérale

1 Le contrat et ses classifications

Définition

L'article 1101 du Code civil définit le contrat comme un « accord de **volontés** entre deux ou plusieurs personnes destiné à créer, modifier, transmettre ou éteindre des obligations ».

A) Les fonctions du contrat

Un contrat peut poursuivre des finalités très différentes.

Exemples

- Créer des obligations : conclure un contrat de travail.
- Modifier des obligations : actualiser un contrat de prêt en modifiant un taux d'intérêt à la baisse.
- Transmettre des obligations : vendre une créance que l'on détient sur une personne pour se procurer des liquidités.
- Éteindre des obligations : reconnaître qu'une dette a été payée.

B) La classification des contrats du Code civil

Le Code civil classe les contrats selon trois critères (tab. 12.1).

Tableau 12.1. Critères de classification des contrats selon le Code civil

Critères	Types de contrat, définitions et exemples
Formation	• Consensuel : formé par le seul échange des consentements (ex. : contrat de vente au comptant) • Solennel : formes particulières requises (ex. : écrit) • Réel : exige, en plus du consentement, la remise de la chose prévue au contrat
	• De gré à gré : librement négocié entre les parties (ex. : contrat de vente au comptant) • D'adhésion : conditions déterminées à l'avance par une des parties (ex. : acquisition d'un titre de transport)
Mode d'exécution	• À exécution instantanée : obligations exécutées en une prestation unique (ex. : contrat de vente au comptant) • À exécution successive : obligations échelonnées dans le temps
Nombre de contractants	• Synallagmatique : obligations réciproques des contractants (ex. : contrat de vente au comptant) • Unilatéral : une personne s'oblige (ex : donation) • Collectif : contrat conclu entre une personne et un groupe de personnes pi entre plusieurs personnes (ex. : convention collective)

Critères	Types de contrat, définitions et exemples
Contenu	• À titre onéreux : échange d'avantages (ex. : contrat de prêt d'une somme d'argent) • À titre gratuit : avantage procuré sans contrepartie
	• Commutatif : chacune des parties s'engage à procurer à l'autre un avantage équivalent à ce qu'elle reçoit (ex. : contrat de vente au comptant) • Aléatoire : les effets du contrat dépendent d'un événement incertain, l'équivalent est incertain
	• Contrat-cadre : accord des parties sur les caractéristiques générales de leurs obligations futures (ex. : contrat liant un grand distributeur à ses fournisseurs) • Contrat d'application : précise les modalités d'exécution
Considération du contractant	• *Intuitu personae* : les qualités du co-contractant entrent dans le champ contractuel
Préexistence d'une réglementation	• Nommé : contrat réglementé (ex. : bail commercial) • Innommé : contrat non réglementé (ex. : la franchise)

→ APPLICATION 3

2 Les principes fondateurs du droit des contrats

A) La liberté contractuelle

1. Le principe

Au stade de la formation du contrat, on peut soutenir que la **liberté contractuelle** dérive de l'autonomie de la volonté. Toute personne capable (↪ chapitre 6) peut donc contracter ou non, choisir son contractant, déterminer librement, en accord avec l'autre partie, les clauses du contrat (C. civ., art. 1102). Cette liberté est aujourd'hui relative (tab. 12.2).

Tableau 12.2. Éléments de la liberté contractuelle et limites

	Limites de la liberté contractuelle
Liberté de contracter (ou de ne pas contracter)	• Certains contrats sont interdits (ex. : une société ne peut pas prêter de l'argent à ses associés). • Certains contrats sont obligatoires (ex. : assurance automobile).
Libre choix du cocontractant	Le libre choix ne doit pas être une discrimination illicite (ex. : le refus de vente au consommateur est interdit).
Libre détermination du contenu du contrat	Des dispositions contraires à l'ordre public et aux bonnes mœurs ne peuvent pas être intégrées dans le contrat (ex. : travail des enfants).

2. Le consensualisme

La volonté suffit à conclure le contrat : tout formalisme est superflu et entrave la souveraineté de la volonté.

3. Le développement du formalisme

Pour des motifs divers, notamment la protection de la partie la plus faible, le législateur tend à encadrer de plus en plus la liberté contractuelle. Ainsi, de nombreux contrats doivent être conclus par écrit.

Exemples

- Les textes relatifs aux contrats de crédit aux consommateurs de biens immobiliers à usage d'habitation imposent la remise à l'emprunteur d'une offre écrite.
  Le contrat d'assurance et ses éventuels avenants doivent être établis par écrit, en français et en caractères lisibles afin de valoir preuve (↪ chapitre 3) en justice.

B) La force obligatoire des contrats

1. Le principe

Le principe de l'effet obligatoire du contrat est posé par l'article 1103 du Code civil.

Code civil, article 1103

■ Les contrats légalement formés tiennent lieu de loi à ceux qui les ont faits.

2. L'irrévocabilité du contrat

Le principe d'irrévocabilité veut que l'on ne puisse pas revenir sur les contrats légalement formés. Toutefois, une modification ou une révocation est possible dans deux cas :

- les parties peuvent annuler le contrat par consentement mutuel. Elles en décident les modalités ;
- les parties peuvent revenir sur leurs engagements.

3. Le juge et la force obligatoire des contrats

La **force obligatoire** du contrat s'impose au juge. Quelques règles d'interprétation sont fournies aux juges du fond par les articles 1188 à 1192 du Code civil. L'article 1188 donne l'esprit dans lequel ce travail doit s'exécuter. Il dispose que « le contrat s'interprète d'après la commune intention des parties plutôt qu'en s'arrêtant au sens littéral de ses termes ». Il existe diverses règles d'interprétation (tab. 12.3).

Tableau 12.3. Interprétation de la force obligatoire du contrat par le Code civil

Règle de raison (art. 1188 al. 2.)	En principe, le contrat s'interprète d'après l'intention commune des parties. Toutefois, lorsque cette intention ne peut pas être décelée, le contrat s'interprète comme le ferait une personne raisonnable.
Règle de cohérence (art. 1189 al. 1er)	Les clauses du contrat s'interprètent les unes par rapport aux autres. Cette interprétation s'effectue en respectant la cohérence du contrat.

Règle de finalité (art. 1189 al. 2)	Si plusieurs contrats concourent à une même opération économique (ex. : contrat d'acquisition d'un bien et de financement de cet achat), les contrats s'interprètent par rapport à la finalité de l'opération.
Règles de faveur (art. 1190 et 1191)	• Envers le débiteur. Dans le contrat de gré à gré, on privilégie le débiteur. Dans le contrat d'adhésion, on favorise celui à qui le contrat est imposé. • Envers le contrat. Si une clause est susceptible de deux sens, on doit privilégier le sens qui confère une portée au contrat.

C) La bonne foi dans les contrats

Le Code civil dispose à l'article 1104 que « les contrats doivent être négociés, formés et exécutés de bonne foi ». L'article 1194 du même code pose que « les contrats obligent non seulement à ce qui y est exprimé, mais encore à toutes les suites que leur donnent l'équité, l'usage ou la loi ».

Définition

En droit des contrats, la **bonne foi** désigne un comportement loyal vis-à-vis des partenaires.

La bonne foi est une exigence générale de comportement entre les parties (tab. 12.4), aussi bien au moment de la formation que lors de l'exécution du contrat (↪ chapitre 13).

Tableau 12.4. Manifestations de la bonne foi dans la vie du contrat

	Bonne foi lors de la négociation et la formation du contrat	Bonne foi lors de l'exécution du contrat
Principe	• Se comporter loyalement vis-à-vis du partenaire. • Ne pas chercher à amener le partenaire à contracter contre son gré.	• Exécuter ses propres obligations de bonne foi, c'est-à-dire procurer à son cocontractant la satisfaction de ce qu'il peut légitimement attendre. • Être de bonne foi dans l'exigence de l'exécution par le cocontractant de ses obligations, par exemple prendre en considération les intérêts légitimes du cocontractant.
Exemples d'absence de bonne foi	• Pratique de surréservation ou surbooking. • Financement par un banquier d'un projet dangereux pour la situation financière de son client.	• Un créancier délivre un commandement de payer à son débiteur en vacances dans l'unique dessein de le mettre dans l'impossibilité d'exécuter les délais. • Un chauffeur de taxi choisit le chemin le plus long, donc le plus onéreux, pour mener son passager à destination.

→ CAS 5 • CAS 6

3 L'avant-contrat

A) La négociation contractuelle

Définition

La **négociation**, ou pourparlers, est une période exploratoire durant laquelle les futurs contractants échangent leurs points de vue, formulent et discutent leurs propositions mutuelles afin de déterminer le contenu du contrat, sans être pour autant assurés de le conclure.

1. La conduite des négociations

La phase des pourparlers est encadrée par deux principes :
- l'initiative et le déroulement sont libres. Nul ne peut être contraint d'entrer en négociation. Chacun mène les négociations librement ;
- elle doit être menée de bonne foi, c'est-à-dire loyalement.

À ces principes s'ajoutent une obligation d'information et un devoir de confidentialité.

2. La rupture des négociations

La rupture est libre à tout moment. Seule la mauvaise foi permet au cocontractant victime de mettre en cause la responsabilité civile délictuelle (↪ chapitre 17) de son partenaire et d'être éligible au remboursement des frais inutilement occasionnés.

B) La promesse unilatérale

Définition

La **promesse unilatérale** est le contrat par lequel une des parties s'engage à conclure le contrat définitif. Les éléments essentiels étant déterminés, le bénéficiaire de cette promesse n'a plus qu'à donner une réponse positive, dans les délais, pour que le contrat soit formé.

Une fois la promesse conclue, deux issues sont possibles :
- le bénéficiaire lève l'option dans les délais ; le contrat est définitivement formé ;
- le bénéficiaire ne lève pas l'option ; le contrat n'est pas formé et la promesse unilatérale devient caduque.

Le contrat conclu en violation de la promesse unilatérale avec un tiers qui en connaissait l'existence est nul.

Exemple

▸ M. Thierry a promis, par contrat, de céder un terrain à M. Vasseur dans les trois mois. Un mois après, M. Thierry vend son terrain à M. Lebon qui connaissait l'existence de la promesse unilatérale et lui a proposé un prix supérieur. Le contrat conclu avec M. Vasseur étant formé, le contrat conclu entre M. Thierry et M. Lebon est nul. ◂

C) Le pacte de préférence

Définition

Le **pacte de préférence** est un contrat unilatéral par lequel une partie s'engage à proposer prioritairement à un bénéficiaire de traiter avec lui dans l'hypothèse où elle déciderait de contracter.

La priorité est maintenue tant que le promettant n'a pas manifesté son intention de contracter ou que le bénéficiaire n'a pas refusé l'offre, à moins que des délais aient été prévus.

Le bénéficiaire est libre d'accepter ou refuser de conclure le contrat définitif lorsque le promettant décide de contracter.

Exemple

- M. Thierry a conclu un pacte de préférence au profit de M. Lebon portant sur la vente d'un terrain. Lorsqu'il décidera de vendre, M. Thierry fera une proposition à M. Lebon, lequel sera libre d'accepter ou de refuser.

→ CAS 7

4 La conclusion du contrat

A) L'offre et l'acceptation

Le contrat est formé par la rencontre d'une offre et d'une acceptation par lesquelles les parties manifestent leur volonté de s'engager (Code civil, article 1113).

1. L'offre

Définition

L'**offre** est une déclaration de volonté par laquelle son auteur manifeste l'intention d'être lié.

L'offre peut présenter différentes formes.

Exemples

- Un produit placé dans un rayon, comportant une étiquette avec indication du prix, constitue une offre de vendre ce produit au prix fixé.
  Un produit dans un catalogue de fournisseur engage cette personne à le vendre.
  Un taxi qui stationne dans la zone réservée à cet effet offre un service de transport de voyageurs.

L'offre doit présenter les éléments essentiels du contrat (tab. 12.5).

Tableau 12.5. Qualités de l'offre

Portée sur des éléments essentiels	L'offre doit être précise (ex. : indication de la chose, du prix, du délai de livraison).
Librement rétractable	La rétractation est possible tant que l'offre n'est pas parvenue à son destinataire.
Assortie d'un délai	• Si le délai est clairement exprimé, l'offre ne peut pas être rétractée avant ce délai. À défaut, la rétractation est possible dans un délai raisonnable. • Si l'offrant ne respecte pas le délai, il engage sa responsabilité civile extracontractuelle (↪ **chapitre 16**).

L'offre est caduque à l'expiration du délai fixé par l'offrant (à défaut, à l'expiration du délai raisonnable). Elle est aussi caduque en cas d'incapacité (↪ **chapitre 6**) ou de décès de l'offrant.

2. L'acceptation

Définition

L'**acceptation** est définie par l'article 1118 du Code civil comme « la manifestation de volonté de son auteur d'être lié dans les termes de l'offre ».

La définition posée par l'article 1118 du Code civil amène diverses questions (tab. 12.6).

Tableau 12.6. Appréhension globale de l'acceptation par le Code civil

Comment l'acceptation se manifeste-t-elle ? (Code civil, art. 1113)	L'acceptation se manifeste par une déclaration (ex. : j'achète cette voiture) ou par un comportement non équivoque de l'acceptant (ex. : client montant dans un taxi).
À quel moment le contrat est-il formé ? (Code civil, art. 1121)	Le contrat est conclu dès que l'acceptation parvient à l'offrant.
En quel lieu le contrat est-il conclu ? (Code civil, art. 1121)	Le contrat est réputé conclu au lieu où l'acceptation est parvenue.
Le silence vaut-il acceptation ? (Code civil, art. 1120)	Le silence ne vaut pas acceptation. Ce principe comporte quatre exceptions : la loi, les usages, les relations d'affaires et des situations particulières.
Le contrat comporte-t-il un délai de repentir ? (Code civil, art. 1122)	La loi ou le contrat peuvent prévoir deux délais de repentir : – un délai de réflexion qui est le délai avant l'expiration duquel le destinataire de l'offre ne peut pas manifester son acceptation ; – un délai de rétractation qui est le délai avant l'expiration duquel son bénéficiaire peut revenir sur son consentement.

B) La conclusion du contrat par voie électronique

1. L'offre

Principe. La voie électronique peut être utilisée pour mettre à disposition des stipulations contractuelles ou des informations sur des biens ou services d'une manière qui permette leur conservation et leur reproduction.

L'achat à distance :

www.service-public.fr/particuliers/vosdroits/F10488

Contenu de l'offre. L'offre comporte :

- Les différentes étapes à suivre pour conclure le contrat par voie électronique.
- Les moyens techniques permettant au destinataire de l'offre, avant la conclusion du contrat, d'identifier d'éventuelles erreurs commises dans la saisie des données et de les corriger.
- Les langues proposées pour la conclusion du contrat au nombre desquelles doit figurer la langue française.
- Le cas échéant, les modalités d'archivage du contrat par l'auteur de l'offre et les conditions d'accès au contrat archivé.
- Les moyens de consulter par voie électronique les règles professionnelles et commerciales auxquelles l'auteur de l'offre entend, le cas échéant, se soumettre.

Rétractation de l'offre. L'auteur de l'offre électronique reste engagé par elle tant qu'elle est accessible par voie électronique.

2. L'acceptation

Conditions. Pour que le contrat soit valablement conclu le destinataire de l'offre doit avoir eu la possibilité de vérifier le détail de sa commande et de corriger les éventuelles erreurs, avant de confirmer celle-ci.

Conclusion du contrat. Le contrat est conclu dès que la confirmation de l'acceptation de l'offre parvient à l'offrant (↪ chapitre 14).

➔ CAS 3 • CAS 4

5 La formation du contrat

A) Les conditions de formation du contrat

1. La capacité

En principe, toute personne peut contracter.

Il existe toutefois des exceptions qui concernent le mineur et le majeur protégé. La capacité de la personne morale est limitée par le principe de spécialité (↪ chapitre 6).

2. La validité du consentement

Le consentement est formé par la rencontre de l'offre et de l'acceptation. Cette rencontre n'est pas suffisante ; non seulement il faut que la personne soit saine d'esprit, mais il faut encore que le consentement soit intègre, c'est-à-dire libre, éclairé et exempt de vices. Le Code civil mentionne trois vices du consentement : l'erreur, le dol et la violence.

L'erreur. Il s'agit d'une croyance fausse portant sur un des termes du contrat (ex. : personne qui croit contracter avec une partie qui est en réalité un homonyme de cette dernière). Pour être admise comme vice du consentement, l'erreur :

- ne doit pas être inexcusable. L'entreprise qui ne vérifie pas le CV d'un directeur qu'elle embauche commet une faute que l'on ne peut pas excuser. Ainsi, elle doit supporter les conséquences de sa « coupable légèreté » ;
- doit avoir été déterminante. Si l'on ne s'était pas trompé, on n'aurait pas contracté. Le caractère déterminant est apprécié *in concreto* (eu égard aux personnes et aux circonstances).

L'erreur (tab. 12.7) peut porter sur :

- les qualités essentielles de la prestation (art. 1133), comme l'origine ou la nature d'un objet. Le non-respect de ces qualités constitue une cause de **nullité** ;
- les qualités essentielles du cocontractant (art. 1134), à condition que la considération de la personne entre dans le champ contractuel (ex. : qualités physique ou civile, compétence, solvabilité...) ;
- les motifs (art. 1135), c'est-à-dire les raisons ayant poussé une partie à contracter (ex. : achat lié à une mutation qui n'a finalement pas lieu). Il ne s'agit pas, sauf exceptions, d'une cause de nullité ;
- la valeur (art. 1136). Ce n'est pas une source de nullité sauf si l'erreur sur la valeur est la conséquence d'une mauvaise appréciation des qualités essentielles de la prestation.

Tableau 12.7. Types d'erreurs et appréhension par le Code civil

Erreur sur les qualités essentielles de la prestation (C. civ, art. 1133)	• Sur la prestation du partenaire (ex. : l'acheteur d'un terrain croit acquérir un terrain constructible alors qu'il ne l'est pas) ou sur la prestation du contractant lui-même (ex. : le vendeur d'un tableau ignorait qu'il était d'un grand maître). • Qualités essentielles au sens de qualités convenues. • Cause de nullité (anéantissement) du contrat.
Erreur sur les qualités essentielles du cocontractant (C. civ., art. 1134)	Cas où la considération de la personne est entrée dans le champ contractuel (ex : contrat de travail, contrat médical ou mandat) : identité civile ou physique ou erreurs portant sur diverses qualités fondamentales (ex. : honorabilité, compétence, solvabilité).
Erreur sur les motifs (C. civ., art. 1135)	• Raisons ayant poussé une partie à contracter (ex. : une personne achète une voiture, pensant obtenir une mutation dans une ville mal desservie par les transports en commun, mais ne l'obtient pas). • N'est pas cause de nullité des contrats sauf exceptions : – motif entré dans le champ contractuel ; – motif non étranger aux qualités essentielles.
Erreur sur la valeur (C. civ., art. 1136)	N'est pas source de nullité sauf si liée à une mauvaise appréciation des qualités essentielles de la prestation.

Le dol. Le dol (fig. 12.1) est une tromperie qui a pour effet de provoquer dans l'esprit du contractant une erreur qui le détermine à contracter.

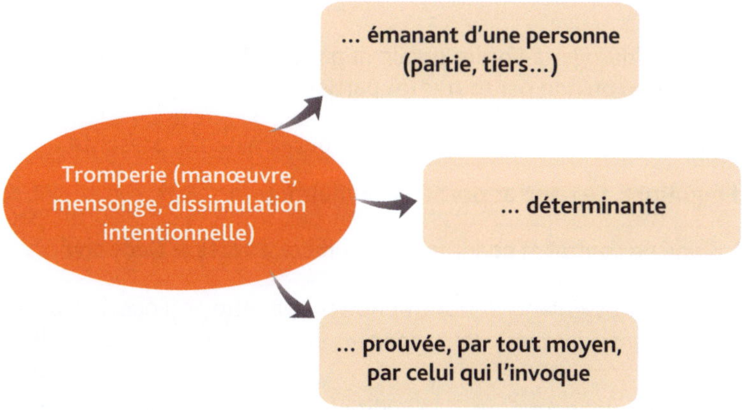

Figure 12.1. Conditions cumulatives du dol, vice du consentement

Exemple

- Un garagiste falsifie le compteur kilométrique d'une auto, le faisant passer de 60 000 km à 20 000 km. Il provoque ainsi l'achat d'un consommateur abusé.

Alors que l'erreur consiste, pour un contractant, à se tromper sur un élément important du contrat, le dol est une faute intentionnelle provoquée par des manœuvres frauduleuses. L'erreur qui résulte d'un dol est toujours excusable.

La violence. Il s'agit d'une contrainte exercée par une partie pour obtenir le consentement de son cocontractant (fig. 12.2).

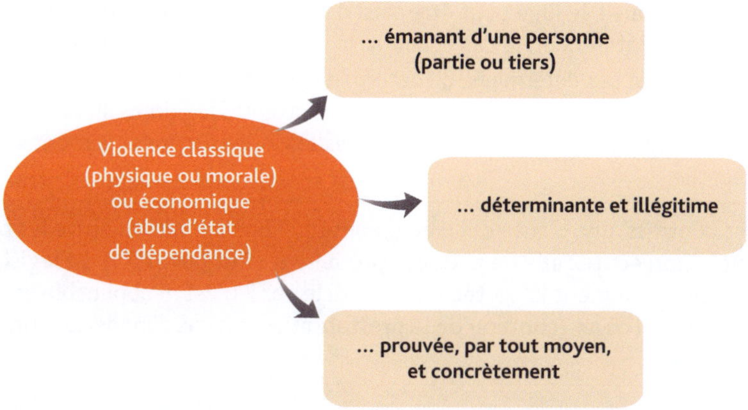

Figure 12.2. Conditions cumulatives de la violence, vice du consentement

3. Le contenu du contrat

Principe. L'article 1128 du Code civil pose qu'un « contenu licite et certain » est nécessaire à la validité du contrat. Les règles concernant cette condition figurent aux articles 1162 à 1171 du Code civil.

Les règles de validité du contrat. Pour être valide, le contrat ne doit pas être contraire à l'ordre public.

Code civil, art. 1162

■ Le contrat ne peut déroger à l'ordre public ni par ses stipulations, ni par son but, que ce dernier ait été connu ou non par toutes les parties.

La prestation doit être possible, déterminée ou déterminable, présente ou future.

Les règles d'équilibre. Le contrat doit être équilibré (tab. 12.8).

Tableau 12.8. Type de contrat et conditions d'équilibre d'après le Code civil

Contrat synallagmatique	• La nullité (anéantissement) du contrat ne peut pas être obtenue en cas de défaut d'équivalence entre les prestations données et reçues (ex. : M. Dufer achète un stylo en plastique et le paie 150 €). • Par exception, la loi peut prévoir la nullité (ex. : cas du majeur protégé ou du mineur non émancipé).
Contrat à titre onéreux	La nullité peut être obtenue si le prix est vil (dérisoire). Ce prix est apprécié au moment de la formation du contrat.
Contrat-cadre	• La fixation du prix peut être unilatérale. Cette liberté est encadrée car le prix devra être motivé en cas de contestation. • Celui qui fixe le prix ne doit pas commettre d'abus sous peine de versement de dommages-intérêts, voire de résolution (anéantissement) du contrat.
Contrat de prestation de service	• Contrat par lequel une partie fournit à l'autre tout avantage (ouvrage, travaux, gestion, conseil, etc.) sauf la fourniture d'un produit contre paiement d'un prix (art. 1165 et 1166). • Si le prix est abusif, le juge peut être saisi d'une demande tendant à obtenir des dommages et intérêts et, le cas échéant, la résolution du contrat (art. 1165). • Si la qualité n'est pas déterminée ou déterminable par une clause contractuelle, le prestataire doit offrir une qualité conforme aux attentes légitimes du client (art. 1166). À cette fin sont considérés la nature de la prestation, les usages et le montant de la contrepartie.
Contrat d'adhésion	Dans ces contrats, une clause qui crée un déséquilibre significatif entre les parties est réputée non écrite : elle ne peut pas produire d'effet (art. 1171). Le législateur limite considérablement la portée de cet article car il n'est ni applicable en cas de déséquilibre sur l'objet (contenu de la prestation), ni en cas d'inadéquation du prix à la prestation.

4. Les conditions de forme

Principe. En vertu du consensualisme (art. 1172 du Code civil), le contrat est valablement formé par l'échange des consentements. Un écrit n'est pas nécessaire ; de la parole donnée résulte bien un engagement.

Exceptions. Les contrats solennels (ex. : contrat de mariage) et les contrats réels (ex. : dépôt, gage) (↪ chapitre 15) impliquent des formalités, à peine de nullité, aux fins de preuve ou d'opposabilité aux tiers.

Exemples

- Le contrat de société donne lieu à immatriculation et à inscription au RCS.
- La vente d'un bien immobilier donne lieu à une publicité à la conservation des hypothèques ; elle devient alors opposable aux tiers.

B) Les sanctions des conditions de formation

1. Les nullités

Nullité absolue ou relative. Il existe deux types de nullité (tab. 12.9), qui ont les mêmes effets et qui sont prescrites par 5 ans. Ce délai met fin à la possibilité d'exercer l'action en nullité.

Tableau 12.9. Comparaison des deux types de nullité

	Nullité absolue	Nullité relative
Intérêt protégé	Sauvegarde de l'intérêt général	Sauvegarde de l'intérêt privé
Demandeurs à l'action	• Toute personne ayant intérêt à agir • La victime, le ministère public et le juge, qui peut relever la nullité d'office	• La personne que la loi a entendu protéger • Représentants légaux de la personne, ayants cause universels ou particuliers (ex. : l'acquéreur d'un bien au sujet duquel la nullité est invoquée) • Créanciers chirographaires (qui ne disposent pas de garanties)
Cas de nullité	Absence d'un élément essentiel de validité, de consentement, atteinte à l'ordre public et, selon la doctrine, absence de forme dans les contrats solennels	• Consentement vicié • Déséquilibre économique (rescision pour lésion) dans certains contrats et à certaines conditions
Confirmation (renonciation à l'action en nullité)	Absence de confirmation : enjeu d'ordre public	Possibilité de confirmation à l'initiative de la personne que la loi entendait protéger

Annulation conventionnelle. Le Code civil, en son article 1178, pose que la nullité doit être prononcée par le juge « à moins que les parties ne la constatent d'un commun accord ».

2. Les effets des nullités

Le contrat frappé de nullité est censé n'avoir jamais existé. La nullité agit rétroactivement, aussi doit-on remettre les choses en l'état (ex. : contrat de vente annulé avec restitution du prix et du bien). Ce principe pose des difficultés d'application, ce qui justifie les exceptions.

Exemple

Dans un contrat de travail, l'employeur ne peut pas rendre au salarié sa force de travail. Le salarié est donc indemnisé.

La nullité d'un contrat est opposable aux tiers.

Exemple

- Si un bien, objet d'une vente nulle, est revendu plusieurs fois, toutes ces ventes sont nulles.

Toutefois, cette rigueur peut faire l'objet d'atténuations.

3. L'évitement de la nullité

Deux techniques sont utilisées pour éviter la nullité : la confirmation et les actions interrogatoires.

Confirmation. Aux termes de l'article 1182, al. 1er, du Code civil, « la confirmation est l'acte par lequel celui qui pourrait se prévaloir de la nullité y renonce » (tab. 12.10).

Tableau 12.10. Mise en œuvre de la confirmation

Domaine	Nullités relatives
Conditions	• Mention de l'objet de l'obligation et du vice affectant le contrat. • Postérieure à la conclusion du contrat. • En cas de violence, nécessité de l'arrêt de celle-ci.
Effets	Limités aux parties (ne peut pas porter préjudice aux droits des tiers).

Actions interrogatoires. Aux termes de l'article 1183 du Code civil, une partie peut demander par écrit à celle qui pourrait se prévaloir de la nullité, soit de confirmer le contrat, soit d'agir en nullité dans un délai de 6 mois à peine de forclusion (↪ chapitre 4). Cet écrit mentionne expressément qu'à défaut d'action en nullité exercée avant l'expiration du délai de 6 mois, le contrat sera réputé confirmé. Cette action interrogatoire suppose que la cause de nullité ait cessé.

→ APPLICATION 2 • CAS 6

6 Les clauses contractuelles particulières

Le contrat permet une expression de la créativité. La vie des affaires a développé un certain nombre de clauses particulières (tab. 12.11) de style (clauses d'usage).

Tableau 12.11. Clauses particulières les plus courantes

	Définition	Commentaires
Clause attributive de compétence ou de juridiction	Désignation à l'avance du tribunal compétent en cas de litige (ex. : tribunal de commerce de Bordeaux)	• Interdiction des clauses relatives à la compétence d'attribution • Autorisation des clauses apparentes dérogeant à la compétence territoriale entre commerçants

	Définition	Commentaires
Clause compromissoire	Décision de ne pas recourir aux tribunaux et de soumettre à l'arbitrage les différends	• Possibilité offerte aux commerçants et pour les contrats conclus à raison d'une activité professionnelle • Clause écrite précisant les conditions de désignation ou l'identité des arbitres
Clause limitative ou exonératoire de responsabilité	• Aménagement de la responsabilité des parties (ex. : montant maximum de dommages-intérêts en cas d'inexécution, d'exécution défectueuse ou de retard) • Réputée non écrite en cas d'atteinte à une obligation essentielle du contrat	• Validité sous réserve du respect de l'ordre public, des textes spécifiques et de l'objet essentiel du contrat. • Nullité en cas de dol ou de faute lourde, ou lorsque la loi le prévoit expressément (ex. : en matière de transport terrestre)
Clause résolutoire de plein droit	• Résolution de plein droit en cas de survenance d'un événement décrit (ex. : défaut de paiement) • Dispense du créancier d'une action en justice	• Mise en demeure à adresser par le créancier au débiteur • Inapplicable en cas d'inexécution résultant d'un cas de force majeure ou lorsque le créancier la met en œuvre de mauvaise foi
Clause pénale	• Engagement d'une partie à quelque chose en cas d'inexécution (ex. : retard de livraison et pénalités afférentes) • « Pénale » au sens de pénalités, montant forfaitaire fixé à l'avance	• Nécessité d'une mise en demeure préalable du débiteur • Interdiction dans certains contrats (contrat de travail) ou réglementation (contrat de consommation, contrat de prêt)
Clause de réserve de propriété	Report du transfert de propriété d'un bien jusqu'au complet paiement du prix	• Nécessairement écrite • Nécessité d'acceptation par l'acquéreur
Clause de révision, de variation ou d'indexation de prix	Variation du prix en fonction des conditions économiques (ex. : le prix sera révisé au moyen de la formule suivante…)	Très fréquente (ex. : contrats à longs délais d'exécution)

➡ **SITUATION PRATIQUE 8 • COMMENTAIRE DE DOCUMENT 9**

1 QCM

Pour chaque proposition, une ou plusieurs réponses sont possibles. Justifiez-les.

1. Un contrat est :
   a. une convention. ☐
   b. un accord de volontés. ☐
   c. un acte juridique. ☐

2. Les erreurs viciant le consentement sont :
   a. le dol. ☐
   b. l'erreur sur les qualités essentielles de la prestation. ☐
   c. l'erreur sur la personne. ☐
   d. la violence. ☐

3. Le contenu du contrat :
   a. correspond à la prestation due au créancier par le débiteur. ☐
   b. doit être licite et certain. ☐
   c. doit être conforme à l'ordre public. ☐
   d. doit exister. ☐

4. Les conditions pour que le contrat soit formé sont :
   a. le consentement. ☐
   b. la capacité. ☐
   c. le mobile. ☐
   d. le contenu. ☐
   e. la cause. ☐

5. La société A loue le local de M. B pour y installer un atelier de contrefaçon. Le contrat est réputé nul en raison :
   a. de son contenu non conforme à l'ordre public. ☐
   b. d'une erreur sur les qualités essentielles du cocontractant. ☐
   c. de la violence qui a caractérisé sa conclusion. ☐
   d. du dol intervenu au cours de sa formation. ☐

6. La nullité absolue :
   a. protège l'intérêt de tous. ☐
   b. peut être invoquée uniquement par le procureur de la République. ☐
   c. se prescrit par 10 ans. ☐
   d. peut faire l'objet d'une renonciation à l'action en justice. ☐

7. La nullité relative :
   a. est susceptible de confirmation. ☐
   b. protège seulement l'intérêt des mineurs et des incapables majeurs. ☐
   c. se prescrit par 5 ans. ☐
   d. est rétroactive. ☐

2 Erreur, dol ou violence ? ★★★

Identifiez le vice de consentement dans les situations suivantes.

1. Hector, garagiste, a vendu une voiture affichant 30 000 km alors qu'elle en avait réellement 90 000 km.
2. Sophie a signé un contrat de travail avec une clause de participation aux bénéfices pendant qu'Alice pensait signer un contrat de société.
3. Sienna dispose de quelques économies qui lui viennent de la vente d'un appartement hérité de sa mère. Sienna veut placer l'argent sur un placement sans risque. Le banquier lui propose d'acquérir des actions. Elle accepte.
4. Oscar croit recruter un salarié ayant obtenu le DCG alors que le candidat qui a un BTS a affirmé vouloir obtenir ce diplôme par la voie de la VAE (validation des acquis de l'expérience).
5. Sophie sait que Pierre entretient une relation amoureuse avec Hanna alors qu'il est marié à Lucie. Sophie compte utiliser cette information pour décrocher le poste de serveuse qu'elle convoite dans le bar de Pierre.

3 Code civil et contrats ★★★

Classez les contrats suivants en fonction des différents critères retenus par le Code civil : contrat de travail, contrat de prêt, contrat avec un opérateur téléphonique.

Évaluer les savoirs | Maîtriser les compétences | Préparer l'épreuve

4 Inès ★★★

Compétence attendue **Vérifier** la conclusion du contrat et le **classifier**, dans une situation donnée

Inès est victime de la mode. Au cours d'une virée avec ses amies, elle essaye un jean dans le magasin I&N. Moyennement convaincue, elle se laisse persuader et règle cet achat d'un montant de 47 € par carte. Elle décide de porter le jean le soir même lors d'une sortie avec son ami, qui ne partage pas son choix. Le lendemain, Inès veut rapporter le jean et se faire rembourser au motif que le jean ne lui plait plus et qu'elle s'est trompée, mais le magasin refuse de le lui reprendre. Il est clair que le jean a été porté. Furieuse, elle veut faire opposition sur le paiement par carte et vous expose son projet.

1. *Le contrat est-il valablement conclu ? Justifiez votre réponse.*
2. *Sur quel principe pouvez-vous vous fonder pour répondre à Inès ?*

5 Gilles ★★★

Compétence attendue

Identifier l'existence d'un avant-contrat à travers le pacte de préférence et la promesse unilatérale

Gilles a trouvé un emploi à Barcelone. Toutefois, il hésite à quitter sa région natale. Ses amis, Tatiana et Alban, apprennent son éventuel départ. Ils ont toujours apprécié sa voiture et souhaitent l'acquérir. C'est un vieux modèle de cabriolet Golf, rouge rutilant, avec intérieur cuir. Pas encore totalement décidé à s'expatrier, Gilles signe un document par lequel il s'engage à proposer le véhicule à ses amis dès qu'il aura pris sa décision. Finalement, Gilles part travailler en Espagne et vend son véhicule à son cousin Félix.

1. *Qualifiez l'engagement de Gilles vis-à-vis de Tatiana et d'Alban.*
2. *Quelles sont les conséquences du contrat conclu avec Félix ?*

6 Duprez et Brico ★★★

Compétence attendue

Analyser la validité d'un contrat dans son ensemble et d'une clause particulière

Qualifiez les situations ci-après et précisez, le cas échéant, s'il y a vice du consentement.

1. M. Duprez vient de terminer des travaux d'aménagement dans le magasin de Mme Sergent. Celle-ci informe M. Duprez de la fermeture de son magasin le soir même pendant 4 semaines. M. Duprez envoie une mise en demeure de paiement à sa cliente.
2. M. Brico a cédé la totalité des parts d'une société exploitant un magasin de bricolage aux époux Defrance. Dans l'acte de cession, M. Brico précise n'avoir connaissance d'aucun événement susceptible d'un effet défavorable sur la situation, l'activité ou le fonctionnement de la société. M. Brico avait pourtant été informé de l'existence d'un projet d'implantation à proximité d'une enseigne de bricolage concurrente.
3. Le docteur Ben a fait l'acquisition d'un appartement en copropriété situé dans le 16e arrondissement de Paris. Peu avant cette acquisition, l'assemblée générale de la copropriété, en présence du vendeur de l'appartement, avait voté un projet de ravalement mettant à la charge de chaque appartement de l'immeuble une participation à ces travaux pour un montant élevé. Le docteur Ben, n'ayant pas eu connaissance de ce projet, se trouve dans une situation financière difficile compte tenu du fait qu'il a dû réaliser un emprunt très important pour financer son acquisition.
4. M. Vincent a vendu un entrepôt à la société Teret pour un prix correspondant à la moitié de sa valeur sur le marché actuel.
5. La société BASL a recruté un technicien spécialiste de la sécurité informatique. Celui-ci se montre rapidement incompétent. L'employeur constate alors qu'il a porté des informations fausses sur son diplôme.

6. Les époux Lenglet, désireux de réaliser une opération de défiscalisation, ont acquis, par acte notarié et sur les conseils du notaire, un terrain à bâtir dans la commune de Blansy. Ils souhaitaient ainsi profiter de la loi mais des redressements leur ont été notifiés par l'administration fiscale au motif qu'ils n'étaient pas éligibles à ces mesures de défiscalisation.

7 De la cause à la clause ★★★

Compétence attendue **Expliquer** l'intérêt que présente une clause contractuelle donnée pour les parties

Qualifiez les clauses ci-après et montrez leur utilité dans un contrat.

1. En cas de retard de livraison, les pénalités journalières seront de 800 €.
2. Tous les litiges survenant à propos de ce contrat seront résolus par M. Dupont, arbitre.
3. Les parties conviennent que le prix du bien variera en fonction du prix de la bauxite.
4. Les parties conviennent que le contrat sera anéanti en cas de pluie dans la première quinzaine du mois d'août.
5. Tout litige à venir sera de la compétence du tribunal de commerce de Paris.
6. La garantie des produits due par le vendeur est limitée, soit au remplacement des produits défectueux, soit à la restitution de leur prix, au choix du vendeur, à l'exclusion de toute autre indemnité ou dommage et intérêts.
7. M. Page, vendeur, conserve la propriété du bien jusqu'au paiement intégral du prix par Mme Livre, acheteur.
8. Les parties conviennent qu'en cas d'incident de paiement survenu après deux termes, et sommation sans effet, le contrat sera résilié de plein droit.

Évaluer les savoirs | Maîtriser les compétences | Préparer l'épreuve

8 Situation pratique : cas Éléonore ★★★

30 min

Compétences attendues

- **Vérifier** la conclusion du contrat et le classifier, dans une situation donnée
- **Analyser** la validité d'un contrat dans son ensemble et d'une clause particulière

Rendez-vous MÉTHODE 3

Éléonore, 16 ans et demi, a réussi brillamment son baccalauréat. Elle s'est inscrite à l'université. Ses cours ne commençant que fin septembre, elle part faire les vendanges dans le Sud-Ouest de la France.

En vous appuyant sur vos connaissances, répondez aux questions ci-après portant sur l'annexe.

Travail à faire

1. *Repérez les parties et leur qualité.*
2. *Classifiez le contrat selon les critères du Code civil.*
3. *Repérez l'expression du consentement des parties.*
4. *Les parties ont-elles la capacité de conclure ce contrat ? Qu'en pensez-vous ?*
5. *Le contrat respecte-t-il les règles d'équilibre ?*

Annexe

Document émis par Le Domaine de Graves

Entre les soussignés,

Entreprise : Le Domaine de Graves, N° SIRET : 404 833 048 00022, Représentée par M. LALANDE, agissant en qualité de gérant, d'une part, et Mlle Éléonore DUBARRY d'autre part.

Il a été convenu et arrêté ce qui suit : l'entreprise engage par contrat à durée déterminée, et sous réserve des résultats de la visite médicale d'embauche, la salariée, laquelle se déclare libre de tout engagement incompatible avec le présent contrat.

Désignation du poste : vendangeur porteur coupeur.

Lieu de travail : Le domaine de Graves 33720 Podensac.

Durée hebdomadaire de travail : temps plein.

Heures supplémentaires : La salariée pourra être amenée à faire des heures supplémentaires selon les conditions légales en vigueur.

Ce contrat à durée déterminée est conclu pour effectuer des travaux liés aux vendanges pendant les vacances universitaires du salarié.

Date de début : 19 septembre N.

Terme du contrat : date de fin du contrat : 29 septembre N, soit 10 jours (*durée maximum : un mois*).

Salaire brut pour les 10 jours : 430 euros.

Accessoires de salaire : la salariée est nourrie et logée au domaine.

Au terme du contrat, aucune indemnité de fin de contrat ne sera due à la salariée, conformément aux dispositions de l'article L. 1243-10 du Code du travail.

Fait en double exemplaire à Podensac, le 4 septembre N,

Pour l'entreprise, M. LALANDE — La salariée, Éléonore DUBARRY

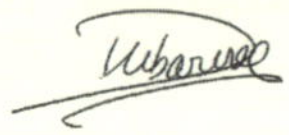

9 Commentaire de document : Garage Dizier ★★★

25 min

Compétence attendue **Analyser** la validité d'un contrat dans son ensemble et d'une clause particulière

En vous appuyant sur vos connaissances, répondez aux questions ci-après relatives à l'annexe.

Rendez-vous MÉTHODE 2

Travail à faire

1. *Identifiez les parties et exposez les faits.*
2. *Quel est le problème de droit posé à la Cour de cassation ?*
3. *Repérez la position des juges de cassation et justifiez-la.*

Annexe

Cour de cassation, 1re chambre civile, 14 octobre 2015, pourvoi n° 14-22695

Donne acte à Mme X… du désistement de son pourvoi en ce qu'il est dirigé contre M. Y… et la société Garage Dizier ;

Sur le moyen unique :

Attendu, selon l'arrêt attaqué (Reims, 10 juin 2014), que Mme X… a vendu, en 2007, à M. Rafik Z… un véhicule de type Porsche 996 Carrera 4, datant de 2005, qu'elle avait acheté d'occasion en 2006 ; qu'ayant appris, à l'occasion d'une opération d'entretien, que le véhicule avait été accidenté en 2005 et les réparations mal réalisées, M. Rafik Z… a assigné Mme X… en résolution de la vente pour vice caché puis a invoqué le dol commis par la venderesse qui lui avait caché l'existence de l'accident ;

Attendu que Mme X… fait grief à l'arrêt d'annuler la vente pour vice du consentement et de la condamner à verser diverses sommes à M. Rafik Z…, alors, selon le moyen, que l'élément intentionnel de la réticence dolosive suppose que soit établie la connaissance, par le vendeur, du caractère déterminant, pour l'acquéreur, de l'information retenue ; qu'en qualifiant de réticence dolosive le simple silence gardé sur l'existence d'un accident, suivi d'une réparation, ayant affecté le véhicule Porsche Carrera, tout en relevant que la venderesse ignorait les insuffisances de la réparation, et sans établir la volonté de Mme X… d'induire sciemment en erreur l'acquéreur sur un élément qu'elle pouvait tenir pour indifférent en l'état de son ignorance du caractère insuffisant de la réparation, la cour d'appel a privé sa décision de base légale au regard de l'article 1116 du code civil ;

Mais attendu qu'après avoir relevé que, certes, Mme X… ignorait que la remise en état du véhicule après l'accident survenu en 2005 avait été insuffisante, mais n'avait, cependant, jamais signalé à M. Rafik Z… que la voiture avait été accidentée alors qu'elle n'ignorait rien de cet état puisque, lorsqu'elle avait acquis le véhicule à peine plus d'un an auparavant, le vendeur le lui avait signalé et lui avait remis les factures de réparation, et que, selon l'expert judiciaire, un sinistre, même parfaitement …

…
réparé, était de nature à entraîner une décote notable sur le marché des automobiles de sport haut de gamme, la cour d'appel a retenu qu'en vendant la voiture litigieuse pour un prix correspondant à la cote Argus d'un véhicule en parfait état, sans signaler l'existence d'un accident antérieur ni communiquer les documents y afférents qui se trouvaient en sa possession, Mme X… avait commis une réticence dolosive qui avait eu pour conséquence de surprendre le consentement de M. Rafik Z… dans l'un de ses éléments déterminants ; qu'ayant ainsi fait ressortir le caractère intentionnel de cette réticence, la cour d'appel a légalement justifié sa décision ;

PAR CES MOTIFS :

REJETTE le pourvoi ;

SYNTHÈSE

La formation du contrat

Le contrat et les principes fondateurs du droit des contrats

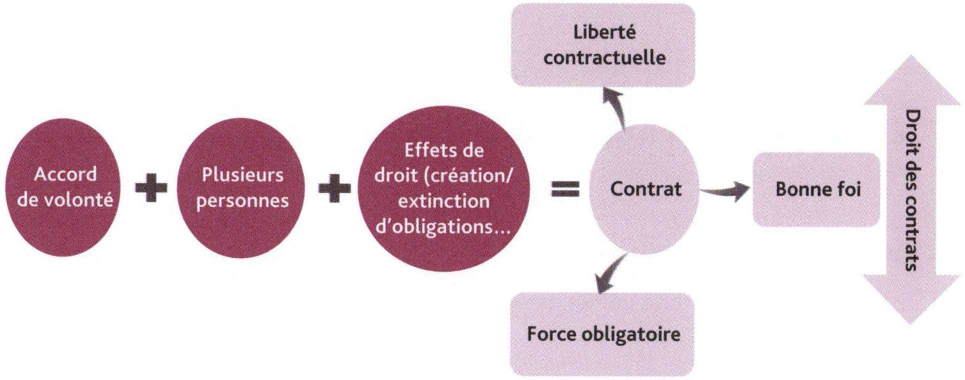

Les conditions de formation du contrat

	Définition	Caractères
Consentement	Offre et acceptation	Intègre (absence de vices du consentement)
Capacité	Aptitude d'une personne à être titulaire de droits et à les exercer	Toute personne peut contracter sauf certains « incapables »
Contenu	Prestation due au créancier par le débiteur	• Prestation présente ou, par exception, future. • Prestation possible, déterminée ou déterminable et conforme à l'ordre public

Les vices du consentement

	Erreur	Dol	Violence
Définition	Croyance fausse portant sur un des termes du contrat	Tromperie qui a pour effet de provoquer, dans l'esprit du contractant, une erreur qui le détermine à contracter	Contrainte exercée par une partie pour obtenir le consentement de son cocontractant

	Erreur	Dol	Violence
Conditions	• Ne pas être inexcusable • Être détermi-nante	• Émaner d'une personne • Être déterminant • Être prouvé par celui qui l'invoque	• Présenter une certaine forme • Émaner d'une per-sonne • Être déterminante • Être prouvée

Les nullités : sanction des conditions de formation

	Nullité absolue	Nullité relative
Intérêt protégé	Intérêt général	L'un des contractants
Demandeurs à l'action	Toute personne ayant intérêt à agir	Personne que la loi a voulu protéger (contractant, ses héritiers…)
Prescription	• 5 ans • Possibilité de confirmation	• 5 ans • Impossibilité de confirmation
Cas de nullité	• Absence de consentement • Atteinte à l'ordre public (atteinte aux bonnes mœurs)	• Erreur, dol, violence • Lésion dans certains cas • Capacité
Effets	• Mêmes conséquences que la nullité relative ou absolue : – le contrat est censé n'avoir jamais existé ; – la nullité agit rétroactivement. • Conséquence : remise des choses en l'état (en principe).	

CHAPITRE 13 L'exécution du contrat

PROGRAMME

Compétence attendue	Savoirs associés
Proposer des sanctions adaptées en cas d'inexécution du contrat	• L'exécution du contrat : les effets du contrat entre les parties (principe de la force obligatoire, renégociation, interprétation par le juge), les effets du contrat à l'égard des tiers (principe de l'effet relatif et exceptions), le paiement, mode normal d'exécution du contrat • L'inexécution du contrat : exception d'inexécution, exécution forcée en nature, réduction du prix, résolution, réparation du préjudice résultant de l'inexécution du contrat (responsabilité civile contractuelle)

PRÉREQUIS

Conditions de formation du contrat (chapitre 12)

PLAN DU CHAPITRE

Cours : 1. Les effets du contrat entre les parties • 2. Les effets du contrat à l'égard des tiers • 3. Le paiement, mode normal d'exécution du contrat • 3. L'inexécution du contrat

Des savoirs aux compétences : Évaluer les savoirs • Maîtriser les compétences • Préparer l'épreuve

Synthèse

Selon l'article 1103 du Code civil, « les contrats légalement formés tiennent lieu de loi à ceux qui les ont faits ». Un contrat valablement conclu a donc force obligatoire et les règles relatives à l'exécution du contrat s'y appliquent.

Si le contrat produit des effets entre les parties, des tiers peuvent également être concernés. Le mode normal d'exécution du contrat est le paiement. Il conduit à l'extinction d'une dette. Si le contrat est inexécuté ou mal exécuté, des sanctions sont mises en œuvre.

MOTS-CLÉS

Ayant cause • Exception d'inexécution • Exécution forcée • Imprévision • Mise en demeure • Promesse pour autrui • Réduction du prix • Résolution • Responsabilité civile contractuelle • Stipulation pour autrui

1 Les effets du contrat entre les parties

A) La force obligatoire du contrat

1. Les obligations voulues par les parties

Les parties sont libres de déterminer le contenu de leur contrat, sous réserve de respecter l'ordre public et les bonnes mœurs. Un contrat peut comporter différents types d'obligations (tab. 13.1).

Tableau 13.1. Les différentes qualifications des obligations

	Définition	Conséquences	Exemple
Obligation de résultat	Le débiteur s'engage à atteindre un objectif préalablement fixé et convenu.	• La seule inobtention du résultat suffit à caractériser l'inexécution (régime de la présomption de responsabilité). • Le débiteur devra apporter la preuve qu'il n'est pas responsable de cette inexécution.	Le transporteur s'engage à livrer une marchandise à un point donné, dans un délai convenu. En cas de retard ou de défaut, le transporteur est présumé responsable. Pour s'exonérer de sa responsabilité, il devra prouver que l'inexécution est due, par exemple, à un cas de force majeure.
Obligation de moyens	Le débiteur s'oblige à mettre en œuvre tous les moyens à sa disposition pour atteindre un objectif fixé.	Il incombe au créancier de prouver que l'inobtention du résultat est due à une faute du débiteur (régime de la faute prouvée).	Le médecin ne s'engage pas à guérir son malade. Si le malade n'est pas guéri et qu'il estime que le médecin a commis une faute, il devra la prouver.
Obligation de garantie	Le débiteur garantit tous les cas d'inobtention du résultat.	Le débiteur ne peut pas s'exonérer en prouvant l'existence d'un cas de force majeure.	En cas de contrat de transport de marchandise à délai garanti, le transporteur est responsable du retard de livraison quel qu'en soit le motif.

2. Les obligations imposées par le juge

Code civil, article 1194

■ Les contrats obligent non seulement à ce qui y est exprimé, mais encore à toutes les suites que leur donnent l'équité, l'usage ou la loi.

Sur le fondement de l'article 1194 du Code civil, les juges ont créé deux obligations générales (tab. 13.2) qui ont désormais une grande portée.

Tableau 13.2. Les obligations créées par le juge

	Définition	Conséquences	Exemple
Obligation d'information	Obligation pour l'une des parties de fournir à l'autre des informations permettant une bonne exécution du contrat.	Celui qui est légalement ou contractuellement tenu d'une obligation particulière d'information doit rapporter la preuve de l'exécution de cette obligation par tous moyens. Cette obligation a été étendue par la jurisprudence à de nombreux professionnels (médecin, avocat…) les incitant à préconstituer la preuve complète de l'exécution de leur obligation.	Le vendeur doit informer l'acheteur sur les conditions d'utilisation de la chose achetée afin qu'il en retire toute l'utilité attendue et puisse s'en servir de façon satisfaisante.
Obligation de sécurité	Le débiteur ne doit pas causer de dommage corporel à son cocontractant pour l'exécution du contrat.	Cette obligation, quand elle est reconnue, doit être qualifiée par le juge d'obligation de résultat ou de moyens.	L'exploitant d'une piscine est tenu d'une obligation de sécurité des personnes qui fréquentent ses installations.

→ SITUATION PRATIQUE 8

B) La renégociation du contrat

Le contrat conclu s'impose aux parties. Il est néanmoins possible d'envisager une modification du contrat par les parties ou par le juge.

1. La modification du contrat par les parties

Par l'accord des parties. Elles peuvent modifier le contrat à condition que cette modification ne soit pas contraire à la loi. Cette volonté commune peut même mettre fin au contrat alors même qu'il n'a pas été exécuté.

FOCUS — La novation

Il y a « novation » lorsque la modification du contrat par les parties est telle qu'elle constitue un nouveau contrat. Dans certains domaines, la modification importante du contrat n'entraîne pas novation. Ainsi, la modification du contrat de travail, notamment de sa durée, ne constitue pas un nouveau contrat et permet au salarié de conserver les avantages liés à son ancienneté.

Par la volonté d'une seule des parties. La force obligatoire la contraint à exécuter celui-ci tel qu'il a été conclu. Elle ne peut pas imposer unilatéralement une modification.

Par des clauses spécifiques. Les parties insèrent parfois dans leurs contrats des clauses autorisant des modifications au fur et à mesure de l'écoulement du temps (ex. : clause d'indexation, clause de variation de prix).

Par un droit de révocation unilatérale exceptionnel. Il est :
- accordé par le législateur à certains contractants (ex. : droit de repentir exercé par le consommateur dans la vente à distance) ;
- prévu par les contractants eux-mêmes au moyen d'une clause de dédit qui permet à l'un d'entre eux de se désengager en échange du versement d'une indemnité (ex. : clause de dédit-formation permettant à un salarié de rompre le contrat de travail alors qu'il vient de bénéficier d'une formation allant au-delà des obligations légales de l'employeur).

FOCUS L'imprévision

L'**imprévision** est le changement important des circonstances économiques dans lesquelles s'insérait le contrat et dont il résulte un déséquilibre important au détriment de l'une des parties. L'imprévision autorise l'une des parties à demander à l'autre la renégociation du contrat (ex. : les coûts d'exploitation d'un puits de pétrole peuvent s'accroître et occasionner des difficultés économiques à l'exploitant). L'imprévision est consacrée à l'article 1195 al. 1er du Code civil.

Sa mise en œuvre est soumise à trois conditions :
- d'abord, il faut un changement de circonstances imprévisible au moment de la formation du contrat ;
- ensuite, il faut que le cocontractant n'en ait pas assumé le risque (ex. : si le cocontractant garantit le prix, il assume le risque et ne peut pas mettre en œuvre la renégociation du contrat) ;
- enfin, il faut que l'exécution du contrat soit devenue excessivement onéreuse.

Pendant la période de renégociation, le contrat est exécuté aux conditions initiales.

2. La modification du contrat par le juge

Principe. En application de la liberté contractuelle, le juge n'intervient pas dans la vie du contrat soit pour imposer des clauses, soit pour le modifier. Toutefois, il existe des exceptions.

Le recours au juge en application de la théorie de l'imprévision. À la demande d'une des parties, le juge peut intervenir dans l'économie du contrat.

Un pouvoir donné au juge par la loi. Le législateur donne aussi le pouvoir au juge de modifier le contrat dans certains cas.

Exemples

- L'article 1231-5 alinéa 2 du Code civil donne au juge le pouvoir de modérer ou d'augmenter une clause pénale si elle est manifestement excessive ou dérisoire.
  La loi sur le surendettement des particuliers donne pouvoir au juge de reporter ou d'échelonner le paiement de certaines dettes.

C) L'interprétation du contrat

Les contrats peuvent présenter des ambiguïtés ou des contradictions soumises à l'interprétation du juge.

1. La règle

Le droit français des contrats est fondé sur le principe de l'autonomie de la volonté. L'interprétation sert donc principalement à rechercher les intentions des parties plutôt qu'à s'attacher au sens littéral des termes contractuels (Code civil, art. 1188).

Il existe diverses règles d'interprétation (→ chapitre 12).

2. Le rôle du juge

Le juge n'est pas lié par la qualification donnée par les parties ; il peut qualifier un contrat, interpréter des clauses douteuses et introduire des dispositions destinées à combler des lacunes du contrat.

FOCUS **Le contrôle de la Cour de cassation**

La Cour de cassation juge le droit. Toutefois, elle casse les décisions des juges du fond ayant refusé d'appliquer une clause « claire et précise » ou l'ayant dénaturée (contrôle de dénaturation). Elle contrôle également la qualification donnée au contrat par les juges du fond. Enfin, elle intervient dans un but d'unification des clauses contenues dans les contrats types.

2 Les effets du contrat à l'égard des tiers

A) L'effet relatif du contrat

1. Principe

Le contrat ne crée d'obligations qu'entre les parties (article 1199 al. 1er du Code civil). Sauf exceptions (stipulation et promesse pour autrui, contrats collectifs), le contrat n'oblige que les parties, il n'a aucun effet obligatoire sur les tiers (ceux qui n'ont pas contracté).

2. L'opposabilité du contrat aux tiers : délimitation du principe

Le contrat peut créer une situation juridique qui s'impose à tous (ex. : vente-transfert de la propriété d'un bien).

Les tiers peuvent opposer le contrat aux parties. Un tiers peut invoquer un contrat auquel il n'est pas partie à titre d'élément de preuve (ex. : tentative de dissimulation d'une réalité par les parties).

Les parties peuvent opposer le contrat aux tiers. Les tiers doivent respecter la situation juridique créée par le contrat et ils peuvent engager leur responsabilité s'ils incitent une personne à violer ses engagements contractuels (ex. : un employeur qui incite un salarié à rompre son contrat de travail pour l'embaucher).

B) La transmission du contrat aux ayants cause

Définition

L'**ayant cause** est celui qui tient son droit d'une autre personne appelée « auteur ».

Il existe deux catégories d'ayants cause :

- Les ayants cause universels ou à titre universel. Ils continuent la personne du défunt et deviennent donc partie aux contrats qu'ils reçoivent par la succession. Ils acquièrent le patrimoine tout entier de son auteur (ayant-cause universel) ou une fraction de celui-ci (ayant-cause à titre universel). Ils succèdent aux droits et aux créances de son auteur. Ils sont tenus des dettes (ex. : l'héritier d'un immeuble devient débiteur de la banque qui a émis le prêt d'accession à la propriété).

- Les ayants cause à titre particulier. Ce sont des personnes qui reçoivent un ou plusieurs droits (ou biens) particuliers de leur « auteur ». Il s'agit alors de déterminer si celui qui reçoit ce droit (ou bien) devient débiteur ou créancier à la place de son auteur. La loi ou la jurisprudence en donnent des exemples (ex. : transmission du bail à l'acquéreur d'un immeuble, art. 1743 du Code civil).

Certains contrats (↪ chapitre 12) sont conclus *intuitu personae* (ex. : contrat de travail) : le décès d'une des parties met fin au contrat.

C) Les dérogations au principe de l'effet relatif qui résultent de la loi

1. La stipulation pour autrui

Définition

La **stipulation pour autrui** est un contrat conclu entre deux personnes : le stipulant et le promettant.

La stipulation pour autrui (fig. 13.1) prévoit que le promettant exécutera une prestation pour un tiers au contrat : le bénéficiaire (ex. : assurance-vie).

Figure 13.1. La stipulation pour autrui

2. La promesse pour autrui

Définition

La **promesse pour autrui** ou promesse de porte-fort est l'engagement pris, par une personne envers une autre, qu'un tiers fera quelque chose.

Si l'engagement n'est pas tenu par le porte-fort, ce dernier est redevable de dommages-intérêts ; sa responsabilité contractuelle est alors mise en œuvre.

Exemple

Un imprésario signe un contrat avec un organisateur de spectacles et se porte fort que la vedette l'acceptera, alors que son mandat ne le lui permet pas. Sa responsabilité est alors engagée.

→ APPLICATION 2 • APPLICATION 3 • COMMENTAIRE DE DOCUMENT 9

3 Le paiement, mode normal d'exécution du contrat

A) Les parties au paiement

Le paiement met en présence deux parties : le *solvens* et l'*accipiens* (fig. 13.2).

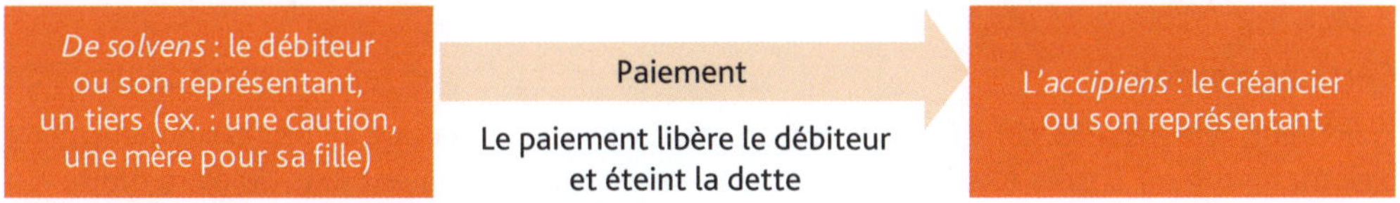

Figure 13.2. **Qualité des parties au paiement**

B) L'objet du paiement

Définition

Le paiement est l'exécution de la prestation. Le débiteur doit payer exactement ce qui est dû, ni plus ni moins.

La monnaie de paiement est la monnaie qui a cours légal. En France, c'est l'euro. Conformément au principe du nominalisme monétaire, le débiteur paie en espèces ou en monnaie scripturale (effets de commerce, chèques ou virements).

FOCUS — **Le cas du paiement en espèces**

Entre particuliers (achat d'une voiture ou d'un tableau par exemple), le montant n'est pas limité, mais un écrit est indispensable au-delà de 1 500 € pour prouver les versements (↪ **chapitre 3**).
Pour le paiement d'un particulier à un professionnel ou entre professionnels, le seuil est fixé à 1 000 € (en espèces ou en monnaie électronique), lorsque le débiteur réside en France, sous peine d'amende. Le débiteur et le créancier sont solidairement responsables du paiement de cette amende.

C) Les modalités de paiement

Les conditions du paiement sont fixées par les parties dans la limite du cadre légal (tab. 13.3).

Tableau 13.3. **Caractéristiques du paiement**

Date de paiement	Fixée par les parties.
Délais de paiement entre professionnels	• Délai maximal négocié : – 60 jours (calendaires) à compter de la date d'émission de la facture *ou* – 45 jours fin de mois à compter de la date d'émission de la facture, s'il est stipulé dans le contrat et ne constitue pas un abus manifeste à l'égard du créancier. • En l'absence de mention de délai dans le contrat, délai maximal fixé au 30e jour suivant la réception des marchandises.

Frais de paiement	Sauf convention contraire, supportés par le débiteur.
Lieu du paiement	Désigné dans le contrat. À défaut, c'est le domicile du débiteur. Il existe de nombreuses exceptions.

Une clause peut également prévoir les modalités en cas de retard de paiement.

FOCUS **Le retard de paiement**

En cas de retard de paiement, une pénalité est exigible sans rappel, fixée au minimum à trois fois le taux d'intérêt légal. À défaut de clause, le taux est égal au taux d'intérêt de la Banque centrale européenne majorée de 10 points. La facture mentionne le taux applicable. Par ailleurs, tout professionnel en situation de retard de paiement doit, de plein droit, au créancier une indemnité pour frais de recouvrement dont le montant est fixé par décret.

D) La preuve du paiement

C'est à celui qui se prétend libéré de prouver que sa dette est éteinte (C. civ., art. 1353 al. 2). La charge de la preuve incombe donc au débiteur.

Le Code civil prévoit que « le paiement se prouve par tout moyen » (C. civ., art. 1342-8, ↪ chapitre 4).

→ CAS 4 • CAS 6

4 L'inexécution du contrat

Un créancier impayé peut recourir à diverses sanctions.

A) Les sanctions visant à l'exécution du contrat

1. L'exception d'inexécution

Définition

L'**exception d'inexécution** est un moyen d'inciter l'autre partie au contrat à exécuter ses obligations.

En cas d'exception d'inexécution, une partie au contrat fait pression sur son cocontractant en refusant d'exécuter ses propres obligations.

Exemple

Un acheteur qui n'a pas reçu livraison d'une marchandise refuse de payer le solde du prix.

Un certain nombre de conditions doivent cependant être réunies (tab. 13.4).

Tableau 13.4. **Conditions de mise en œuvre de l'exception d'inexécution**

Contrat synallagmatique	Nécessité d'obligations interdépendantes entre parties
Inexécution d'une obligation	• Raison indifférente • Gravité suffisante • Notification de l'inexécution dans les meilleurs délais
Suspension d'exécution de l'obligation	Proportionnalité et licéité de la suspension Riposte proportionnée au manquement contractuel

L'exception d'inexécution ne met pas fin au contrat, elle suspend l'exécution des obligations contractuelles et offre plusieurs issues :
- le débiteur exécute son obligation ;
- le créancier demande l'exécution forcée ;
- le créancier décide de mettre fin au contrat (résolution).

2. L'exécution forcée de l'obligation

Définition

L'**exécution forcée** consiste en le recours aux tribunaux ou à la force publique pour contraindre le débiteur à s'exécuter, même en l'absence de dommage par le créancier.

La mise en demeure du débiteur. C'est un préalable nécessaire à l'exécution forcée.

Définition

La **mise en demeure** est un acte qui constate le retard du débiteur et apporte la preuve du caractère volontaire de l'inexécution.

Par exception, la mise en demeure (tab. 13.5) peut être écartée par une clause du contrat qui prévoit que l'arrivée du terme vaut automatiquement mise en demeure du débiteur (C. civ., art. 1344).

Tableau 13.5. **Fonctions et formes de la mise en demeure**

Rôles de la mise en demeure	• Point de départ des dommages-intérêts moratoires (intérêts de retard de paiement) par jour de retard • Point de départ de dommages-intérêts compensatoires (compensation financière du préjudice) • En cas d'obligation de livrer consécutive à une vente, la mise en demeure met à la charge du vendeur les risques de perte ou de détérioration des objets vendus
Formes de la mise en demeure	• Par sommation : un acte signifié par huissier de justice • Par tout acte équivalent : demande en justice ou lettre recommandée (dans les rapports commerciaux), simple lettre • Par injonction de payer : requête auprès du juge civil ou commercial

Action judiciaire. Elle est nécessaire pour obtenir un titre exécutoire (décisions de justice, PV de conciliation signé par le juge…) permettant, au besoin, de recourir à la force publique.

Sur l'injonction de payer : https://www.village-justice.com

Obligations de payer une somme d'argent. Muni d'un titre exécutoire, le créancier peut procéder à des saisies sur des sommes d'argent si le débiteur est solvable, sur des biens mobiliers ou immobiliers ou sur des droits de créance. Le débiteur a la possibilité de solliciter auprès du juge une procédure accélérée permettant d'obtenir rapidement un titre exécutoire (procédure d'injonction de payer).

Autres obligations. Le créancier peut demander des dommages-intérêts.

Cas particulier de l'astreinte. Il s'agit d'une condamnation pécuniaire destinée à faire pression sur un débiteur afin de l'inciter à s'exécuter. Son montant est fixé par le juge par période de retard (jour, semaine, etc.). L'astreinte est donc temporaire.

3. La réduction du prix

Définition

Le créancier d'une obligation imparfaitement exécutée peut solliciter du débiteur une **réduction** proportionnelle **du prix** sans recours au juge.

Deux situations :
- Le prix n'a pas encore été versé. Le créancier doit préalablement mettre en demeure le débiteur d'exécuter parfaitement son obligation. En l'absence d'exécution, le créancier notifie sa décision de réduire le prix dans les meilleurs délais.
- Le prix a été versé. Le créancier demandera le remboursement du prix à hauteur de la réduction envisagée.

Exemple

Si un bien aux caractéristiques inférieures à la commande a été livré, l'acheteur peut :
- s'il l'a déjà payé, soit garder le bien en demandant une réduction du prix à payer, soit le retourner contre remboursement intégral ou livraison conforme ;
- s'il ne l'a pas déjà payé, mettre en demeure le débiteur d'exécuter son obligation de livraison conforme.

CHIFFRES-CLÉS

Les cours d'appel françaises ont à connaître, chaque année, de près de **42 000** affaires relatives au droit des contrats, soit **19,4 %** de leur activité (ministère de la Justice, 2016).

Rôle du juge. La saisie du juge n'est pas nécessaire. S'il est saisi il devra apprécier le caractère « imparfait » de l'exécution du contrat et la proportionnalité de la réduction proposée par le créancier.

Aménagement contractuel. Une clause de réduction du prix peut être prévue dans le contrat.

B La résolution, une sanction visant à l'anéantissement du contrat

1. Les types de résolution

Il existe trois types de **résolution** (tab. 13.6) :
- La clause résolutoire prévoit qu'en cas d'inexécution de telle ou telle de ses obligations par le débiteur, la résolution du contrat interviendra de plein droit.
- La résolution par notification consiste à laisser au créancier la possibilité de résoudre le contrat par voie de notification mais à ses risques et périls.
- La résolution judiciaire est prononcée par le juge.

Tableau 13.6. **Conditions de mise en œuvre de la résolution**

	Clause résolutoire	Résolution par notification	Résolution judiciaire
Conditions	• Précision des obligations dont l'inexécution peut entraîner la résolution. • Nécessité d'une mise en demeure préalable qui doit être infructueuse (possibilité d'écarter cette formalité). • Impossibilité de mise en œuvre dans certains cas, notamment légaux (ex. : bail commercial).	• Inexécution suffisamment grave. • Mise en demeure du débiteur défaillant de satisfaire à son engagement dans un délai raisonnable. • Notification au débiteur de la résolution si l'inexécution persiste.	• Absence de procédure collective à l'encontre du débiteur. • Inexécution de l'obligation suffisamment grave.
Rôle du juge	Possibilité de sanctionner la mauvaise foi du créancier dans la mise en œuvre de la clause (ex. : volonté de placer le débiteur dans une situation d'inexécution irrémédiable).	Appréciation de la réalité du manquement du débiteur : – si le manquement est suffisamment grave, le juge prononce la résolution ; – si le manquement est insuffisamment grave, le juge peut octroyer un délai au débiteur ; – si le manquement ne peut pas être prouvé, le créancier peut être condamné au maintien forcé de la relation.	Possibilité : – d'accorder au débiteur un délai de grâce ; – d'accepter une offre d'exécution du débiteur ou prescrire l'exécution ; – d'allouer des dommages – intérêts sans prononcer la résolution ; – de prononcer la résolution avec ou sans dommages-intérêts.

2. Les effets de la résolution

La fin du contrat. La date de fin est, soit la date d'acquisition de la résolution fixée au contrat, soit la date de réception par le débiteur de la notification du créancier, soit la date fixée par le juge ou, à défaut, celle de l'assignation en justice.

La disparition du contrat rétroactive ou prospective. Elle est prospective lorsque les prestations échangées ont trouvé leur utilité au fur et à mesure de l'exécution réciproque du contrat (ex. : contrat à exécutions successives visant à la livraison de matériaux de construction). Elle est rétroactive lorsque le contrat ne pouvait se concevoir que de façon globale (ex. : contrat visant à délivrer une formation professionnelle sanctionnée par un diplôme).

Cas des tiers. La résolution produit les mêmes effets que la nullité à l'égard des tiers (↪ chapitre 12).

C) Les sanctions visant à la réparation : la responsabilité civile contractuelle

1. Les conditions de la responsabilité civile contractuelle

Pour que la **responsabilité civile contractuelle** soit mise en œuvre, trois conditions doivent être réunies (fig. 13.3).

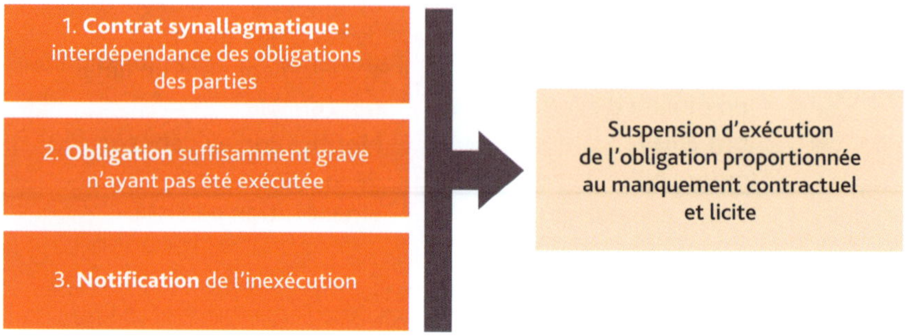

Figure 13.3. **Mise en œuvre de la responsabilité civile contractuelle**

2. Le fait générateur et la qualification de l'obligation contractuelle

Le fait générateur correspond ici à l'inexécution des obligations contractuelles ou à leur exécution tardive, incomplète ou défectueuse. La qualification de l'obligation contractuelle est essentielle.

- En cas d'obligation de résultat, le débiteur qui ne valide pas ce résultat est présumé fautif. Toutefois, il peut écarter sa responsabilité en établissant l'existence d'une cause d'exonération (tab. 13.7).
- En cas d'obligation de moyens, le créancier doit prouver une faute du débiteur (ex. : négligence, imprudence) car, si le résultat n'est pas obtenu, le débiteur n'est pas présumé fautif.

3. Les causes d'exonération

Dans certains cas, la responsabilité du débiteur est écartée (tab. 13.7).

Tableau 13.7. **Cas d'exonération de la responsabilité du débiteur**

Force majeure	Événement échappant au contrôle du débiteur, qui ne pouvait être raisonnablement prévu lors de la conclusion du contrat et dont les effets ne peuvent pas être évités par des mesures appropriées (ex. : intempéries exceptionnelles).
Faute du créancier	Participation du créancier à la réalisation du dommage dont le comportement peut exonérer, au moins en partie, le débiteur (ex. : protection insuffisante lors du transport d'un bien).
Fait d'un tiers	Acte émanant d'une personne autre que les cocontractants et présentant les caractères de la force majeure (ex. : braquage du camion d'un transporteur).

4. La mise en œuvre de la responsabilité civile contractuelle

Mise en demeure. La mise en œuvre de la responsabilité contractuelle commence par la mise en demeure du débiteur de s'exécuter dans un délai raisonnable.

Réparation. Le créancier peut obtenir du tribunal une réparation en nature. (ex. : échange standard). La réparation s'effectue toutefois souvent par équivalent : la victime reçoit des dommages-intérêts.

3. Les aménagements conventionnels

Des clauses peuvent concerner les conditions d'existence de la responsabilité ou avoir pour objet le montant des réparations (↪ chapitre 12). Ces clauses peuvent aggraver ou limiter la responsabilité du débiteur. Les clauses pénales sont de plus en plus utilisées. Toutes ces clauses sont encadrées par la loi.

→ **APPLICATION 2 • CAS 4 • CAS 5 • CAS 7 • SITUATION PRATIQUE 8 • COMMENTAIRE DE DOCUMENT 9**

DES SAVOIRS AUX COMPÉTENCES

Évaluer les savoirs — Maîtriser les compétences — Préparer l'épreuve

1 QCM

Pour chaque proposition une ou plusieurs réponses sont possibles. Justifiez-les.

1. Les contrats :
   - a. n'ont d'effet qu'entre les parties contractantes. ☐
   - b. profitent aux tiers. ☐
   - c. profitent aux tiers dans les cas prévus par la loi. ☐
   - d. ne nuisent pas aux tiers. ☐
2. Le paiement est :
   - a. une somme d'argent. ☐
   - b. toujours effectué par le débiteur. ☐
   - c. prouvé par tout moyen. ☐
   - d. l'exécution des obligations contractuelles. ☐
3. L'astreinte est :
   - a. une somme d'argent forfaitaire. ☐
   - b. une contrainte physique sur la personne du débiteur. ☐
   - c. une somme d'argent par période de retard. ☐
   - d. fixée par le créancier. ☐
   - e. fixée par le juge.
4. L'exécution forcée :
   - a. est le recours à la force publique par le créancier. ☐
   - b. est le recours aux tribunaux par le créancier. ☐
   - c. suppose la mise en demeure du débiteur. ☐
   - d. n'exige pas la mise en demeure du débiteur dans une première phase. ☐
   - e. est une exécution en nature de l'obligation dans tous les cas. ☐
5. La résolution :
   - a. peut être prévue dans le contrat. ☐
   - b. est toujours judiciaire. ☐
   - c. met fin au contrat pour l'avenir. ☐
   - d. est rétroactive. ☐
6. La mise en œuvre de la responsabilité civile contractuelle suppose :
   - a. la preuve d'une faute du débiteur. ☐
   - b. un dommage et une faute. ☐
   - c. un dommage, un lien de causalité et une faute. ☐
   - d. suppose un fait générateur, un dommage et un lien de causalité les liant. ☐

2 Henri Duflot ★★★

Henri Duflot, commerçant, décède avant d'avoir remboursé un emprunt contracté auprès de sa banque. Son fils Léo hérite de son patrimoine. S'il accepte la succession, il devient propriétaire du fonds.

Léo est-il tenu de rembourser le solde de l'emprunt contracté par son père ?

3 Arthur ★★★

Arthur achète un fonds de commerce de bijouterie à Dorothée.

Arthur est-il tenu par les contrats suivants conclus par Dorothée ?

1. Un emprunt pour moderniser le magasin.
2. Un contrat d'exclusivité avec un fournisseur de montres.
3. Le bail commercial.
4. Un nantissement sur le fonds donné en garantie à la banque.
5. Le contrat de travail avec sa vendeuse, Fatima.

Évaluer les savoirs | Maîtriser les compétences | Préparer l'épreuve

4 BalloonKidz ★★★

Compétence attendue

Proposer des sanctions adaptées en cas d'inexécution d'un contrat

Précisez, dans les cas suivants, le moyen juridique à utiliser par le créancier BalloonKidz et les démarches à effectuer par ce dernier.

1. BalloonKidz veut mettre fin à un contrat.
2. BalloonKidz a subi un dommage du fait d'un contrat non exécuté.
3. BalloonKidz a reçu partiellement une commande, souhaite ne pas recevoir le reste et ne payer que ce qu'il a reçu.
4. BalloonKidz souhaite cesser les approvisionnements d'un client qui a interrompu ses paiements.
5. BalloonKidz veut contraindre son débiteur à payer.

5 Société Vérité ★★★

Compétence attendue **Proposer** des sanctions adaptées en cas d'inexécution d'un contrat

Adrien a conclu un contrat avec la société Vérité. Aux termes de ce contrat, la société s'engage à reverser, au décès d'Adrien, la somme totale des versements qu'il a effectués à sa fille Marine. Adrien vient de décéder sans qu'aucune somme n'ait été remise à Marine.

1. *Qualifiez le contrat.*
2. *Quelle est la qualité des parties ?*
3. *Marine peut-elle exercer un recours alors qu'elle n'est pas partie au contrat ?*

6 Anaëlle et Christophe ★★★

Compétence attendue **Proposer** des sanctions adaptées en cas d'inexécution d'un contrat

Anaëlle et Christophe ont été embauchés dans un cabinet comptable dès l'obtention de leur diplôme. Ils sont domiciliés à La Rochelle. Ils sont heureux de partir pour la première fois en vacances en Corse. Leur avion décolle de l'aéroport de Roissy à 15 h 50. Ils doivent se présenter deux heures avant. Des amis leur proposent de passer la nuit à Gentilly. Ils prennent le RER B de 11 h 23 pour se rendre à l'aéroport. Ce dernier reste bloqué pendant 5 heures à la suite d'une panne d'électricité. Leur avion part sans eux. Or, ils possédaient des billets low-cost et ont dû en acheter d'autres au prix fort pour ne décoller que le lendemain.

1. *Quelle action Anaëlle et Christophe peuvent-ils engager contre l'exploitant de la ligne de RER ?*
2. *Quelles sont leurs chances de succès ?*

7 Benjamin ★★★

Compétence attendue **Proposer** des sanctions adaptées en cas d'inexécution d'un contrat

Benjamin, boulanger de Hyères célèbre dans tout le Var, a été contacté par le Racing Club de Toulon. Cette équipe souhaitait fêter sa victoire en Champion Cup en offrant à ses supporters et aux personnalités qui la soutiennent un buffet de qualité. Le contrat a été conclu un mois avant l'événement. Deux acomptes ont été versés, l'un à la commande (5 %), l'autre quinze jours avant la soirée (10 %). Ce soir-là, les invités ont attendu vainement l'arrivée des petits fours et autres douceurs…

De quels moyens juridiques le club dispose-t-il ?

8 Situation pratique : cas TRAV'O ★★★

30 min

Compétence attendue **Proposer** des sanctions adaptées en cas d'inexécution d'un contrat

Rendez-vous MÉTHODE 3

M. Bastien, kinésithérapeute, exerce son activité dans un cabinet loué dans le centre de Bastia. Son activité se développe et il souhaite faire l'acquisition d'équipements plus performants mais aussi plus encombrants. Il a l'opportunité d'acquérir des locaux à usage professionnel. Ils nécessitent des travaux.

M. Bastien s'adresse à l'entreprise TRAV'O, exploitée et dirigée par M. Victor. Celui-ci établit un devis fixant un prix de 32 000 € payable à réception du chantier. Le contrat est signé. Il stipule un délai impératif pour la fin des travaux, le 1er septembre, date à laquelle M. Bastien reprendra son activité.

Le chantier se passe pour le mieux. Il ne reste plus que des finitions pour achever le nouveau cabinet. Sans nouvelles de TRAV'O au bout de 15 jours, M. Bastien, inquiet, contacte M. Victor. Ce dernier lui fait savoir qu'il a un autre chantier urgent à achever, qu'un de ses salariés s'est blessé, qu'un autre est en vacances ; l'entreprise tourne donc au ralenti. Aucune date n'est fixée. M. Bastien n'est pas en mesure de reprendre ses activités alors que les appels affluent.

Travail à faire

1. *Quelles solutions juridiques s'offrent à M. Bastien face au retard pris dans l'exécution des travaux ?*
2. *Quel moyen de défense M. Victor peut-il invoquer ?*
3. *Par quels aménagements contractuels M. Bastien aurait-il pu anticiper les conséquences de l'inexécution ou de la mauvaise exécution du contrat ?*

9 Commentaire de document : un voyage à haut risque ★★★

30 min

Compétence attendue **Proposer** des sanctions adaptées en cas d'inexécution d'un contrat

Rendez-vous MÉTHODE 2

En vous appuyant sur vos connaissances, répondez aux questions ci-après portant sur l'annexe.

Travail à faire

1. *Quels sont les faits ?*
2. *Quel est le problème de droit ?*
3. *Quels sont les éléments retenus par la cour d'appel pour rejeter la demande en réparation de Mme X. ?*
4. *Pour quel motif la Cour de cassation a-t-elle cassé la décision de la cour d'appel ?*
5. *Comment peut-on qualifier l'obligation du voyagiste ? Justifiez votre réponse.*

Annexe

Cour de cassation, 1re civ., 3 mai 2000, pourvoi n° 97-20329

Sur le moyen unique, pris en sa première branche

Vu l'article 1147 (devenu 1231-1) du Code civil, ensemble l'article 33 du décret du 28 mars 1977 pris en application de la loi du 11 juillet 1975 ;

Attendu que lors d'un voyage organisé par la société Voyageurs au Mexique, Mme X..., descendue à l'Hôtel Ritz à Mexico, a été blessée, le 15 octobre 1993, en tombant dans la cage d'ascenseur par la porte du 2e étage alors que la cabine se trouvait bloquée au rez-de-chaussée ; que Mme X... a assigné en responsabilité la société des Voyageurs au Mexique et son assureur, la compagnie La Concorde, qui ont appelé l'Hôtel Ritz en garantie, l'assureur de celui-ci et la société Best Western international dont l'hôtel portait l'enseigne concédée ;

Attendu que, pour rejeter les demandes de Mme X..., l'arrêt attaqué retient que l'hôtel était un établissement de bon niveau, bénéficiant d'un label soumettant ses adhérents à des contrôles rigoureux et devant répondre à des critères de qualité très stricts et que l'agence de voyages n'avait donc commis aucune faute en choisissant cet établissement dont elle ne pouvait exiger qu'il réponde à des normes de sécurité autres que celles prévues par la législation et la réglementation locales, seules applicables ;

Attendu, cependant, que l'agence de voyages répond de l'hôtelier qu'elle s'est substitué quant à la sécurité des voyageurs ; que la cour d'appel, ayant expressément constaté le dysfonctionnement de l'ascenseur, n'a pas tiré les conséquences légales de ses constatations et a violé les textes susvisés ;

PAR CES MOTIFS,

[...] CASSE [...] et RENVOIE devant la cour d'appel de Versailles [...].

SYNTHÈSE

L'exécution du contrat

Le principe de la force obligatoire du contrat

Obligations voulues par les parties			Obligations voulues par le juge	
Obligation de résultat	Obligation de moyens	Obligation de garantie	Obligation d'information	Obligation de sécurité (obligation de moyens ou de résultat)

La renégociation du contrat

Dans le cadre d'une renégociation, le contrat peut être modifié :
— soit par les parties ;
— soit par le juge.

Les effets à l'égard des tiers : le contrat n'a d'effet obligatoire qu'entre les parties

Opposabilité aux tiers	• Le contrat peut créer une situation juridique qui s'impose à tous. • Les tiers peuvent opposer le contrat aux parties. • Les parties peuvent opposer le contrat aux tiers.
Transmission aux ayants cause universels ou à titre universel	Exception : contrat conclu *intuitu personae*
Dérogations au principe	• Stipulation pour autrui : le bénéficiaire devient créancier du promettant. • Promesse de porte-fort : en cas de non-exécution, le porte-fort peut verser des dommages-intérêts.

Le paiement, mode normal d'exécution du contrat

Parties	• Le *solvens* (effectue le paiement) • L'*accipiens* (reçoit le paiement)
Objet	• Ce qui est dû • Versement en monnaie • Principe du nominalisme monétaire

Modalités	• Date fixée par les parties • Frais : en principe, à la charge du débiteur • Lieu : en principe, le domicile du débiteur • Délai : 60 jours à compter de la date d'émission de la facture
Preuve	• Règles du droit commun • Mode : tous moyens
Effet	Libération du débiteur, extinction de la dette

Les sanctions de l'inexécution du contrat

	Exécution du contrat	**Résolution (anéantissement) du contrat**	**Réparation (responsabilité civile contractuelle)**
Moyens et mise en œuvre	• Exception d'inexécution • Inexécution forcée	• Contrats synallagmatiques uniquement	Trois conditions cumulatives : • Fait générateur • Dommage • Lien de causalité

CHAPITRE 14

Les principaux contrats de l'entreprise

PROGRAMME

Compétences attendues	Savoirs associés
• **Qualifier** le contrat en présence dans une situation donnée • **Analyser** les caractéristiques essentielles de principaux contrats de l'entreprise • **Caractériser** la protection des parties pour chacun des contrats	• Les contrats relatifs au fonds de commerce : vente et location-gérance • Le contrat de vente • La notion de consommateur • Les contrats de consommation : principales règles de protection du consommateur lors de la formation et de l'exécution du contrat • Le contrat de crédit à la consommation

PRÉREQUIS

Fonds de commerce (chapitre 10) • Formation et exécution du contrat (chapitres 12 et 13)

PLAN DU CHAPITRE

Cours : 1. Les principaux contrats portant sur le fonds de commerce • 2. Le contrat de vente • 3. Les contrats de consommation

Des savoirs aux compétences : Évaluer les savoirs • Maîtriser les compétences • Préparer l'épreuve

Synthèse

De toutes les sources du droit, le contrat est celle qui fait naître le plus de droits et d'obligations. Le contrat exprime le pouvoir qu'ont les sujets de droit d'organiser eux-mêmes l'équilibre de leurs intérêts ou de remplir, par l'échange de biens ou de services, une fonction économique essentielle.

L'entreprise conclut des contrats spéciaux avec de nombreux partenaires extérieurs pour formaliser ses relations. Ces contrats sont soumis aux conditions générales de formation applicables à tous les contrats et à des règles spéciales.

Ces contrats peuvent être regroupés en deux familles :

– les opérations effectuées sur le fonds de commerce (vente et location-gérance) ;

– l'activité courante de l'entreprise (vente commerciale et contrats de consommation).

MOTS-CLÉS

Consommateur • Contrat de consommation • Contrat de vente • Garantie contre l'éviction • Garantie contre les vices cachés • Garantie de conformité • Location-gérance • Privilège du vendeur • Transfert de propriété

1 Les principaux contrats portant sur le fonds de commerce

A) La vente du fonds de commerce

La vente du fonds de commerce met en présence un vendeur et un acquéreur (fig. 14.1).

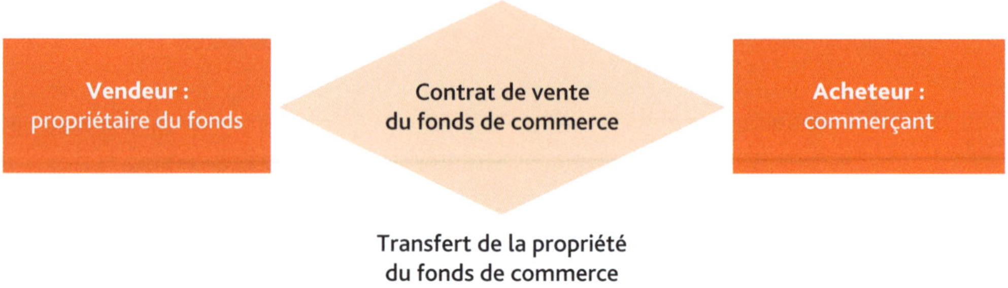

Figure 14.1. Définition du contrat de vente du fonds de commerce

1. Les conditions de la vente du fonds de commerce

Les conditions de fond. Afin que la vente soit valide, quatre conditions doivent être réunies (tab. 14.1).

Tableau 14.1. Conditions fondamentales présidant à la vente

Capacité des parties	La vente d'un fonds de commerce est un acte de commerce par accessoire (↪ chapitre 7) pour le vendeur et l'acheteur ; les parties doivent donc avoir la capacité de faire le commerce.
Consentement des parties	Il doit exister et ne pas être vicié par l'un des vices sanctionnés par la nullité : erreur sur les qualités essentielles de la prestation, dol, violence.
Consistance et licéité du fonds de commerce	Le critère de la vente d'un fonds de commerce est la transmission de la clientèle. Les parties déterminent avec précision les autres éléments. Le fonds cédé doit être licite (activité autorisée, exercée en toute régularité).
Prix	Les parties sont libres de fixer le prix de cession. Il doit être déterminé ou déterminable, ne pas dépendre d'une seule partie ni d'un accord ultérieur des parties. Le prix ne doit pas être fictif ou dérisoire.

Les conditions de forme et de publicité. Les formalités recouvrent les mentions obligatoires et les diverses procédures de communication (tab. 14.2).

Tableau 14.2. **Conditions formelles présidant à la vente**

Mentions obligatoires dans l'acte	• Contrat consensuel : l'accord des parties sur la chose et le prix suffit donc à la formation du contrat. La vente du fonds de commerce est dans la quasi-totalité des cas un acte de commerce, elle se prouve par tous moyens. Toutefois, en pratique, les ventes verbales sont très rares et la cession s'accompagne d'un acte sous signature privée ou d'un acte notarié. • L'acte de vente doit contenir un certain nombre de mentions destinées à renseigner l'acquéreur sur la consistance et la valeur du fonds qu'il achète (ex. : nom des parties, composition du fonds, chiffre d'affaires réalisé au cours des 3 exercices comptables précédant celui de la vente…). Leur omission peut entraîner la nullité relative de l'acte. L'inexactitude des mentions obligatoires ouvre à l'acquéreur, dans un délai d'un an à compter de la prise de possession, une action en garantie contre le vendeur.
Formalités	• Enregistrement : l'acte portant cession est porté à la connaissance de l'administration fiscale et enregistré dans le délai d'un mois à compter de sa date. • Publicité : l'acquéreur doit procéder à la publicité légale de la cession. • Insertion : une insertion est faite au BODACC et dans un JAL de l'arrondissement ou du département dans lequel le fonds est exploité. Ces deux publicités sont faites, dans les quinze jours de la cession. • Sanction : l'inaccomplissement de cette formalité rend le paiement inopposable aux créanciers du vendeur. Concrètement, l'acquéreur s'expose à payer deux fois au cas où le montant des créances serait égal ou supérieur à celui du prix du fonds.
RCS	• Le vendeur doit se faire radier du RCS (s'il ne possédait qu'un fonds) ; l'acquéreur doit se faire immatriculer (s'il n'était pas encore commerçant). • Formalités à accomplir dans les 30 jours à dater de l'acte de cession.

2. Les effets de la vente du fonds de commerce

Le transfert de propriété. Le principe général est que le **transfert de propriété** (↪ chapitre 11) se réalise par le seul échange des consentements, sauf clause particulière.

Le fonds de commerce, considéré comme un ensemble, est un bien meuble incorporel. Par conséquent, il n'est pas nécessaire que l'acquéreur prenne possession du fonds ou qu'il procède à la publicité pour que l'acte de vente soit opposable aux tiers. Néanmoins, certains éléments du fonds de commerce requièrent des règles particulières. À défaut, le transfert de propriété n'est pas opposable aux tiers.

Exemple

▸ Pour les marques, le transfert de propriété est effectif après inscription à l'INPI. ◂

Les effets de la vente à l'égard du vendeur. Le vendeur est tenu d'honorer ses engagements (tab. 14.3). Il bénéficie, simultanément de garanties (tab. 14.4).

Tableau 14.3. **Obligations du vendeur**

Obligation de délivrance	Mettre le bien à la disposition de l'acquéreur (ex. : présentation de l'acquéreur du fonds aux clients du cédant afin que celui-ci profite de la clientèle attachée).
Obligations comptables	• Le vendeur et l'acheteur visent un document présentant les CA mensuels réalisés au cours de la période entre la clôture du dernier exercice et le mois précédant la vente. • Consultation des livres : le vendeur doit mettre les livres comptables à la disposition de l'acheteur pendant 3 ans à partir de l'entrée en jouissance.
Obligation de garantie contre les vices cachés	• Les vices cachés rendent le fonds de commerce impropre à son usage. • En pratique, ils sont invoqués par l'acheteur du fonds lorsqu'un événement qu'il ignorait affecte sensiblement les résultats de son exploitation (ex. : fonds de commerce situé dans un immeuble non conforme aux règles de sécurité).
Obligation de garantie contre l'éviction	• Le vendeur est garant d'une possession paisible de l'acheteur. • En pratique, le vendeur doit protéger l'acheteur contre des troubles qui émaneraient d'un tiers ou de lui-même (ex. : vendeur qui concurrencerait l'acheteur).

Tableau 14.4. **Garanties du vendeur**

Privilège du vendeur	• Conditions. La vente doit être constatée dans un acte authentique ou un acte sous signature privée, préalablement enregistré, et le privilège doit être inscrit sur un registre spécial tenu au greffe du tribunal de commerce dans les trente jours de la vente. • Droit de préférence. Le vendeur a le droit d'être payé avant les autres créanciers du fonds. Ce privilège subit toutefois quelques restrictions. • Droit de suite. Le privilège du vendeur suit le fonds de commerce en quelque main qu'il passe et en quelque lieu qu'il se trouve.
Action résolutoire	• Définition. Elle permet au vendeur impayé de reprendre son fonds. En pratique, le vendeur reprend alors l'intégralité du fonds et restitue la partie du prix déjà perçue. • Régime juridique. Afin de préserver les droits des créanciers qui ont fait confiance à l'acquéreur, l'action résolutoire est possible lorsque le privilège du vendeur a été inscrit lors de la vente. Elle doit être notifiée aux créanciers qui disposent d'un délai d'un mois pour payer à la place de leur débiteur. Passé ce délai, la résolution de la vente pourra être prononcée par le tribunal.

Les effets de la vente à l'égard des créanciers du vendeur. Les créanciers peuvent faire opposition au paiement du prix, au plus tard dans les 10 jours de la publication exigée L'opposition bloque le prix entre les mains de l'acquéreur ou de l'intermédiaire dépositaire. Le président du tribunal statue sur cette opposition.

Les effets de la vente à l'égard de l'acheteur. L'acheteur a lui aussi des obligations mais il est protégé avant et après la cession du fonds (tab. 14.5).

Tableau 14.5. Obligations et protection de l'acquéreur

Obligations de l'acheteur	• Prendre possession du fonds de commerce. • En payer le prix au comptant ou à échéance.
Protection de l'acheteur	• Avant la cession : par les mentions obligatoires qui doivent figurer dans l'acte écrit. • Après la cession : garantie du fait personnel qui rend le vendeur responsable s'il évince l'acquéreur de la chose vendue. La plupart des actes de cession de fonds de commerce incluent une clause de non-rétablissement. Toutefois, même lorsque cette clause n'existe pas, le vendeur doit s'abstenir de tout acte visant à détourner la clientèle du fonds cédé.

→ CAS 5 • SITUATION PRATIQUE 6

B) La location-gérance du fonds de commerce

La **location-gérance** met en présence un loueur et un locataire-gérant (fig. 14.2).

Figure 14.2. Définition du contrat de location-gérance du fonds de commerce

Il faut bien distinguer la location-gérance et le bail commercial (↪ **chapitre 7**).

La location-gérance porte sur le fonds lui-même et non sur l'immeuble dans lequel le fonds est exploité.

1. La formation du contrat de location-gérance

Pour être valide, le contrat de location-gérance doit respecter des conditions de fond et de forme (tab. 14.6).

Tableau 14.6. Conditions de validité du contrat de location-gérance

Conditions de fond	• Conditions de droit commun. Toutes les conditions du Code civil doivent être respectées avec deux tempéraments : – la capacité : le locataire-gérant devient commerçant et doit donc avoir la capacité de faire le commerce ; – le contenu licite et certain du contrat : il porte sur un fonds de commerce ou un établissement artisanal auquel une clientèle est rattachée. • Condition spécifique. La loi réserve ce contrat aux commerçants ou artisans, personnes physiques ou morales, qui doivent avoir exploité le fonds mis en gérance pendant au moins 2 ans, sous peine de nullité absolue du contrat.

Conditions de forme	• Publicité du contrat dans la quinzaine de sa date sous forme d'extrait ou d'avis dans un journal habilité à recevoir les annonces légales. • Immatriculation du locataire-gérant au RCS. La mention de mise en location-gérance doit être portée sur ce registre ainsi que dans l'avis publié au BODACC. • Indication de la qualité du locataire-gérant sur tous les documents commerciaux (information des créanciers).

2. Les effets du contrat de location-gérance

Effets entre les parties. Pendant la vie du contrat, il convient de distinguer :

- Le locataire-gérant. Il a la qualité de commerçant (↳ chapitre 7). Il est tenu d'exploiter le fonds conformément à sa destination, de payer un loyer, fixe ou assorti d'une clause d'indexation, et de continuer les contrats de travail conclus par le loueur.
- Le loueur. Il doit garantir au locataire-gérant la jouissance paisible du fonds.
- La fin du contrat. Le contrat peut prendre fin par l'arrivée du terme fixé (1 à 3 ans) ou être renouvelé. Si le loueur reprend le fonds, le locataire-gérant n'a aucun droit à renouvellement ou à indemnité d'éviction, ni à une indemnité compensatrice pour la plus-value procurée au fonds.

Effets entre les parties et les créanciers pour dettes d'exploitation. Le contrat de location-gérance produit aussi des effets à l'égard des tiers-créanciers (tab. 14.7).

Tableau 14.7. **Effets du contrat selon les types de créanciers**

Créanciers du loueur	Ils peuvent, lors de la mise en location-gérance, demander au tribunal de commerce de prononcer l'exigibilité immédiate des dettes afférentes à l'exploitation du fonds dans les 3 mois qui suivent la publication du contrat au JAL. Le tribunal détermine, pour se prononcer, si le contrat est de nature à mettre en péril le recouvrement de ces dettes.
Créanciers du locataire-gérant	• Le loueur est solidairement responsable avec le locataire-gérant des dettes contractées par le locataire-gérant à l'occasion de l'exploitation du fonds, jusqu'à la publication au JAL de la mise en location-gérance. • Lorsque le contrat de location-gérance prend fin, les dettes afférentes à l'exploitation deviennent immédiatement exigibles, quel que soit le moment où elles ont été contractées.

2 Le contrat de vente

Le **contrat de vente** est une convention par laquelle l'une des parties, le vendeur, s'oblige à livrer une chose et l'autre partie, l'acheteur, à la payer. Il a pour objet le transfert de propriété en contrepartie du paiement du prix (fig. 14.3).

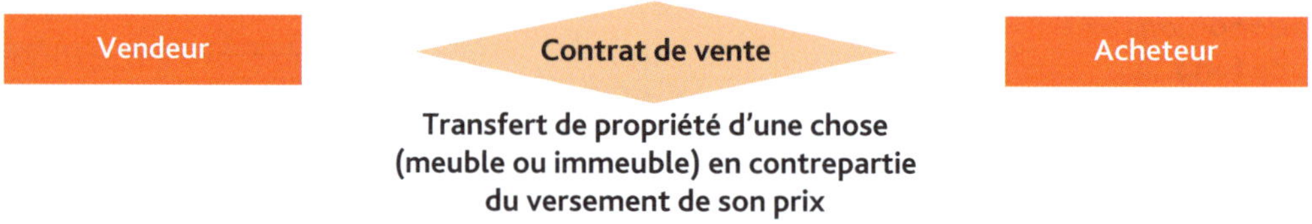

Figure 14.3. **Contrat de vente : principe**

FOCUS **La vente commerciale**

La vente est dite commerciale quand elle porte sur une marchandise que l'acheteur a l'intention de revendre (acte de commerce par nature) ou quand elle est réalisée par un commerçant pour les besoins de son commerce (acte de commerce par accessoire) (↪ chapitre 7).

A) La formation du contrat de vente

Pour être valide, le contrat de vente requiert la réunion de trois conditions (tab. 14.8).

Tableau 14.8. Triple condition de validité du contrat de vente

Consentement	Application des conditions générales du droit des contrats.
Capacité	• Vendeur : il doit être capable d'aliéner la chose. • Acheteur : il doit être capable d'acquérir la chose et d'en réaliser le paiement.
Contenu du contrat	• Définition de la prestation promise par les parties. • En pratique : – la chose vendue doit exister (actuellement ou dans le futur), être dans le commerce (sont hors du commerce les organes humains, les choses contraires à l'ordre public, etc.) et appartenir au vendeur ; – le prix qui doit être déterminé (ou déterminable), stipulé en monnaie (sinon il n'y a pas vente mais échange), réel et sérieux (à défaut, il s'agit d'une donation) et licite.

B) Les effets du contrat de vente

1. Le transfert de propriété

La propriété de la chose vendue est transférée à l'acheteur dès l'instant où il est d'accord avec l'acheteur sur la chose et le prix. Peu importe si la chose n'a pas été livrée ou le prix payé. Les risques sont transférés avec la propriété.

Fiche relative aux contrats de vente, notamment en ligne :

https://goo.gl/G5wF66

2. Les obligations du vendeur

L'obligation d'information et de conseil du vendeur. En cas de litige, il appartient au vendeur de prouver qu'il a exécuté cette obligation.

L'obligation de délivrance. La délivrance est le transfert de la chose vendue (possession et jouissance, ↪ chapitre 10). Le vendeur n'exécute cette obligation que s'il délivre la chose conforme au contrat (quantité, qualité). Sauf stipulations conventionnelles contraires, la délivrance est réalisée là où se trouve la chose au moment de la vente.

L'obligation de garantie. Elle est double :

- **Garantie contre l'éviction**. Le vendeur doit assurer à l'acheteur la possession paisible de la chose vendue. Le vendeur ne doit non seulement pas troubler personnellement l'acquéreur mais aussi le défendre contre tout trouble commis par un tiers, qui prétendrait avoir des droits sur la chose vendue.
- **Garantie contre les vices cachés** (sous conditions). Elle autorise deux types d'action (fig. 14.4).

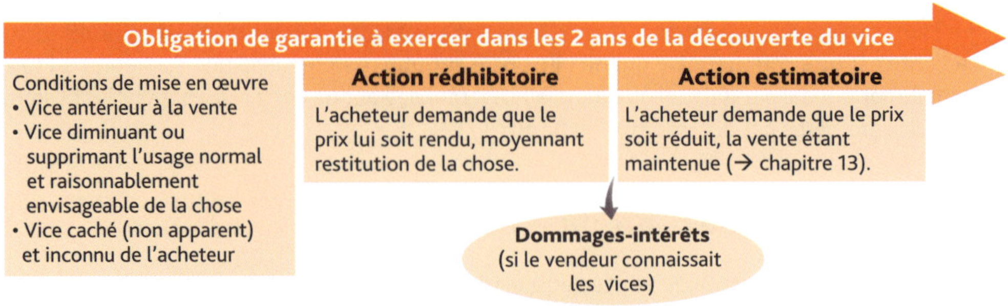

Figure 14.4. **Obligation de garantie contre les vices cachés**

3. Les obligations de l'acheteur

Il incombe à l'acheteur de respecter ses engagements en matière de versement du prix et de réception (tab. 14.9).

Tableau 14.9. **Double obligation incombant à l'acquéreur**

Obligation de retirement	Paiement du prix
• Réception de la chose par l'acquéreur. • Sanction : le vendeur dispose d'une triple option : – refuser d'exécuter ses propres obligations, ou exception d'inexécution (↳ chapitre 13) ; – demander l'exécution de la vente ; – demander la résolution de la vente. • Limite. La triple option du vendeur ne pourra pas être exercée en cas de force majeure ou d'un fait du vendeur lui-même, ayant fait obstacle à la réception de la chose par l'acheteur.	• Principe : paiement aux jour et lieu prévus par la vente. • Ce paiement peut avoir lieu dès la conclusion du contrat (vente au comptant), postérieurement à la vente (vente à crédit), ou en plusieurs échéances (vente à tempérament). • Sanction : résolution de la vente, paiement par préférence sur le prix de la chose vendue, si celle-ci est encore en la possession de l'acquéreur. En cas de vente au comptant, le vendeur pourra, s'il n'a pas délivré la chose, la retenir jusqu'au paiement (droit de rétention).

→ APPLICATION 2 • CAS 3 • CAS 4 • SITUATION PRATIQUE 6 • COMMENTAIRE DE DOCUMENT 7

3 Les contrats de consommation

Le **contrat de consommation** met en présence un professionnel et un **consommateur** (fig. 14.5).

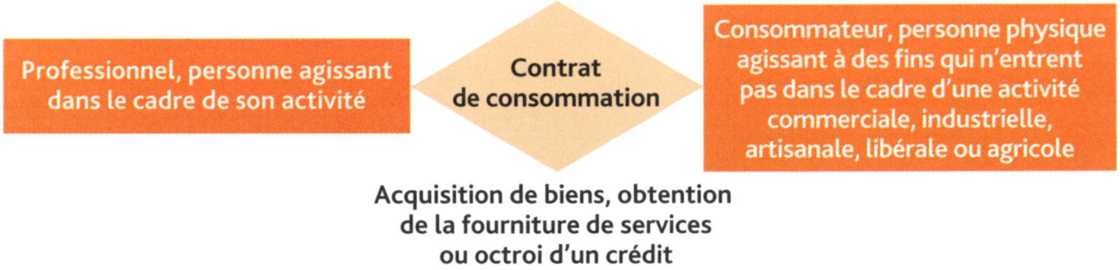

Figure 14.5. **Définition du contrat de consommation**

A) L'achat de biens ou de prestations de services

1. Protection lors de la formation du contrat

L'information du consommateur. Le professionnel doit communiquer au consommateur des informations de manière lisible et compréhensible (art. L. 111-1, al. 1er Code de la consommation). En cas de conflit, le professionnel doit prouver qu'il a satisfait à sa double obligation d'information (tab. 14.10).

Tableau 14.10. Information : obligations générale et spéciale

Obligation générale d'information	Le professionnel doit communiquer les informations suivantes avant la conclusion du contrat : caractéristiques du bien ou du service, prix, date ou délai de livraison en l'absence d'exécution immédiate du contrat, identité du vendeur ou du prestataire de services et garanties.
Obligation spéciale d'information	Elle recouvre des données nombreuses qui sont fonction du contrat (ex. : délai de mise à disposition des pièces détachées pour les appareils électroménagers).

La protection du consentement du consommateur. Le législateur protège le consommateur, réputé en situation de faiblesse dans la relation commerciale (tab. 14.11).

Tableau 14.11. Dispositions légales visant à protéger le consommateur

Présence d'un écrit	Tout contrat excédant 1 500 € doit faire l'objet d'un écrit, en langue française et lisible. Certains contrats comportent des mentions obligatoires (ex. : assurances, démarchage à domicile, crédit à la consommation et crédit immobilier).
Clauses abusives	• Stipulations conventionnelles qui ont pour objet (intention) ou pour effet (résultat) de créer, au détriment du consommateur, un déséquilibre significatif entre les droits et obligations des parties (ex. : clause qui réserve au professionnel le droit de modifier unilatéralement les caractéristiques du bien ou service). • La clause abusive est réputée non écrite. Le contrat reste valide.
Délai de réflexion	• La loi octroie au consommateur, dans certains cas, un délai pour réfléchir (ex. : 15 jours pour un crédit à la consommation). • Le professionnel maintient son offre pendant ce délai. Il lui est interdit de percevoir des fonds (sanctions pénales).
Délai de rétractation	• Il permet au consommateur de revenir sur la parole donnée sans justification (ex. : 14 jours en matière de crédit à la consommation et de vente à distance). • L'exercice de cette faculté anéantit le contrat.
Pratiques commerciales déloyales	• Ces pratiques sont définies à partir de deux critères cumulatifs (ex. : publicité mensongère) : – le professionnel utilise une pratique contraire à la diligence professionnelle ; – l'attitude du professionnel altère ou est susceptible d'altérer de manière substantielle le comportement économique du consommateur normalement informé et raisonnablement attentif et avisé.

2. Protection lors de l'exécution du contrat

Délivrer la chose vendue. Le vendeur transfère la chose en la jouissance et possession de l'acheteur. Ce transfert porte sur la chose et ses accessoires (ex. : le vendeur d'une automobile remet à l'acquéreur les clés du véhicule mais aussi la carte grise).

Garantir la chose vendue. Le vendeur répond à une double obligation (tab. 14.12) :
– la garantie légale de conformité ;
– la garantie des vices cachés.

Tableau 14.12. Double garantie portant sur la chose vendue

	Garantie légale de conformité	Garantie des vices cachés
Protection de l'acheteur	Obtention de la réparation ou du remplacement du bien si celui-ci n'est pas conforme au contrat	Obtention du remboursement total ou partiel d'un bien impropre à l'usage auquel il était destiné
Durée	2 ans à compter de la délivrance du bien	2 ans à compter de la découverte du vice

Conseiller l'acheteur. Ce devoir implique de fournir au **consommateur** tous les renseignements indispensables à l'utilisation du bien ou du service.

B) Le crédit à la consommation

Définition

Le **crédit** est une opération qui permet à une personne d'obtenir immédiatement une prestation qu'elle paiera plus tard.

Sur les crédits à la consommation :

https://goo.gl/dS5Bwp

1. Les conditions du contrat de crédit à la consommation

Le contrat de crédit à la consommation met en présence un prêteur et un emprunteur (fig. 14.6).

Figure 14.6. Définition du contrat de crédit à la consommation

CHIFFRES-CLÉS

L'encours des crédits à la consommation atteint **170 milliards d'euros**, progressant de **9,4 milliards d'euros** en un an (Banque de France, 2017).

La loi assure la protection du consentement de l'emprunteur sous différents aspects (tab. 14.13).

Tableau 14.13. De la publicité à la formation du contrat

<table>
<tr><td>Publicité</td><td>• Certaines mentions sont obligatoires, d'autres interdites.
• Les modalités de présentation de la publicité sont normalisées.</td></tr>
<tr><td>Information précontractuelle de l'emprunteur</td><td>• Le prêteur fournit à l'emprunteur des informations pour qu'il puisse s'engager en toute connaissance de cause : remise d'une fiche d'information dont le contenu a été fixé par un décret (ex. : montant total du crédit, conditions de mise à dispositions des fonds, sûretés exigées, etc.).</td></tr>
<tr><td>Formation du contrat</td><td>• Devoir de conseil du prêteur qui doit fournir à l'emprunteur des explications personnalisées.
• Vérification de la solvabilité de l'emprunteur et consultation du fichier des incidents de remboursement de crédit aux particuliers (FICP).
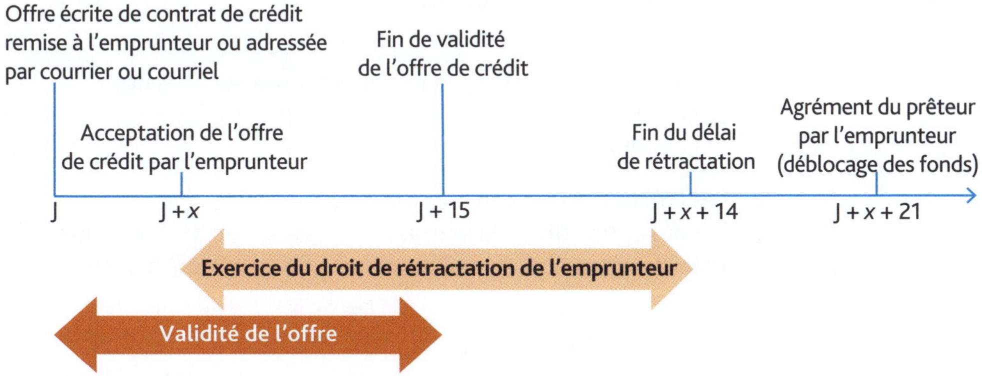
</td></tr>
</table>

2. L'exécution du contrat

Début de l'exécution. L'exécution commence à la mise à disposition des fonds à l'emprunteur dans les 7 jours de l'acceptation du contrat par ce dernier. Tout au long de l'exécution du contrat, il doit respecter une obligation d'information de l'emprunteur.

Remboursement par anticipation. L'emprunteur peut rembourser à son initiative et par anticipation tout ou partie de son crédit. Le prêteur peut exiger une indemnité de remboursement encadrée par la loi.

Non-remboursement du crédit. Le prêteur peut exiger le remboursement du capital restant dû, des intérêts échus et non payés et d'une pénalité si une clause pénale a été stipulée. Les conflits relatifs au crédit à la consommation relèvent du tribunal d'instance.

➡ APPLICATION 2 • CAS 3 • CAS 4

DES SAVOIRS AUX COMPÉTENCES

Évaluer les savoirs | Maîtriser les compétences | Préparer l'épreuve

1 QCM

Pour chaque proposition, une ou plusieurs réponses sont possibles. Justifiez-les.

1. Le critère de la vente du fonds de commerce est la cession :
   a. de l'ensemble des éléments qui le composent. ☐
   b. des éléments corporels. ☐
   c. des éléments incorporels. ☐
   d. de la clientèle. ☐

2. Le privilège du vendeur de fonds est composé d'un droit :
   a. de suite. ☐
   b. de préférence. ☐
   c. de suite et de préférence. ☐

3. Les créanciers du vendeur peuvent :
   a. faire opposition à la vente. ☐
   b. faire opposition au paiement du prix. ☐
   c. former une surenchère du sixième. ☐

4. La location-gérance porte sur :
   a. l'immeuble. ☐
   b. le fonds. ☐
   c. le fonds et l'immeuble. ☐

5. Dans le contrat de vente, le transfert de propriété s'opère :
   a. lors du versement du prix. ☐
   b. à la livraison. ☐
   c. lorsque le vendeur et l'acheteur sont d'accord sur le prix. ☐
   d. lorsque le vendeur et l'acheteur sont d'accord sur la chose et le prix. ☐

6. Le vendeur impayé peut :
   a. revendiquer la chose livrée. ☐
   b. prononcer la résolution de la vente. ☐
   c. garder la chose quand elle n'est pas livrée. ☐
   d. demander la résolution de la vente. ☐

7. Une clause abusive :
   a. est sanctionnée par la nullité. ☐
   b. est une stipulation conventionnelle qui a pour objet ou pour effet de créer, au détriment du consommateur, un déséquilibre significatif entre les droits et obligations des parties. ☐
   c. est réputée non écrite. ☐
   d. doit être prouvée par le consommateur. ☐

2 L'emprunt de Paul ★★★

Paul souhaite emprunter 13 000 euros pour acheter une moto. Il rencontre Fabrice, de la banque Money B, et lui présente la proposition d'un concessionnaire. Fabrice lui remet le contrat prérédigé habituel. Il presse Paul d'accepter les conditions du concessionnaire car un contrat moins favorable va intervenir dans les deux jours. Paul signe le contrat. La semaine suivante, il renonce à l'achat du véhicule mais Fabrice lui dit qu'il doit rembourser le prêt.

Quels sont les problèmes soulevés par cette situation ?

3 Des contrats à qualifier ★★★

Compétence attendue — **Qualifier** le contrat en présence dans une situation donnée

Après avoir pris connaissance des extraits suivants, qualifiez les contrats concernés, identifiez et précisez les statuts des parties en présence.

Annexe

Extraits de contrats

Contrat 1

M. Campana accepte le fonds de commerce de vente de cycles situé et exploité au 20 rue des sports à Montpellier par M. Venceslas et qui lui appartient pour l'avoir créé 1er avril 2001.

Contrat 2

Le présent contrat concerne le véhicule suivant : Yamaha FZS Fazer, 600 cm^3, 54 000 km, 10/03, rouge, pneus et kit chaîne neufs, bulle haute, top-case, protège-carter, 1er propriétaire, carnet d'entretien à jour, état neuf.

En contrepartie du transfert de propriété, M. Lincoln s'engage à verser la somme de deux mille deux cents euros en une seule fois. Le véhicule sera immédiatement retiré par M. Lincoln lors de la signature du présent contrat.

Contrat 3

Cette offre de prêt personnel à M. Ducatel porte sur un montant de crédit de 10 000 € sur 24 mois au TAEG fixe de 1,70 % (taux débiteur de 1,68 %) hors assurance facultative : 24 mensualités de 424 €. Montant total dû : 10 176 €. Sans frais de dossier. M. Ducatel bénéficie d'un délai légal de rétractation de 14 jours calendaires à compter de la signature de l'offre de crédit.

...

•••
Contrat 4

Objet du contrat : le fonds de commerce de papeterie sis et exploité à Dinard et pour l'exercice duquel le vendeur est inscrit au registre du commerce et des sociétés de Rennes sous le numéro d'immatriculation RCS Rennes : 123456789. Ledit fonds comprend les éléments d'exploitation suivants :

- la clientèle ;
- le nom commercial et/ou l'enseigne ;
- le droit au bail ;
- le matériel, l'outillage, les meubles et les ustensiles servant à l'exploitation du fonds ;
- les marchandises existantes en magasin.

4 Twingo ★★★

Compétences attendues

- **Qualifier** le contrat en présence dans une situation donnée
- **Caractériser** la protection des parties pour chacun des contrats

Son DCG en poche, Marine a intégré un cabinet d'expertise comptable. Elle a besoin d'un véhicule automobile pour aller travailler. Aidée par son entourage, elle achète une Twingo neuve auprès d'un concessionnaire. Trois semaines après avoir pris possession de son véhicule, elle évite un accident grave. Elle a freiné pour respecter une priorité mais la Twingo ne s'est pas arrêtée et a fini sa course dans un champ de maïs. Marine est légèrement blessée et son véhicule est endommagé.

1. *Qualifiez le contrat conclu par Marine.*
2. *De quel recours dispose-t-elle ?*

5 Mylan ★★★

Compétences attendues

- **Qualifier** le contrat en présence dans une situation donnée
- **Caractériser** la protection des parties pour chacun des contrats

Mylan a été embauché en CDI par un cabinet comptable. Après plusieurs emplois en CDD ou en intérim, il peut enfin envisager de s'installer. Il loue un appartement qu'il va aménager. Lors de divers achats dans un magasin d'ameublement et d'électroménager, la société de crédit du groupe Beneficeo lui a proposé les conditions suivantes qu'il a acceptées :

- Montant total dû : 8 000 € (Capital emprunté) + 724,84 € (Intérêts) = 8 724,84 €
- Mensualités : pour un financement le 23/10/N, 1re mensualité de 242,36 € le 05/12/N, 34 mensualités de 242,36 € et une dernière mensualité de 242,24 €
- TAEG fixe : 5,74 % (taux débiteur fixe : 5,72 %)
- Durée : 36 mois

- Le père de Mylan trouve ces conditions manifestement excessives et lui conseille de se rapprocher du banquier de la famille. Ce dernier lui propose un prêt au taux de 1,70 % et lui fait cadeau des frais de dossier eu égard aux relations antérieures. Mylan regrette de s'être engagé auprès de Beneficeo.

Que peut faire Mylan ?

6 Situation pratique : cas Chloé ★★★

30 min

Compétences attendues

- **Analyser** les caractéristiques essentielles des principaux contrats de l'entreprise
- **Caractériser** la protection des parties pour chacun des contrats

Rendez-vous MÉTHODE 3

Chloé exerce le métier de commerçant en objets de décoration depuis 15 ans. Installée dans un quartier excentré, elle a toutefois élargi sa clientèle du fait de la disparition progressive de ses concurrents dans la ville. Compte tenu de l'origine géographique de sa clientèle, elle décide de céder son fonds et de s'installer dans un quartier du centre-ville. Elle vend son fonds à Adèle, une jeune femme dynamique, dont c'est la première expérience.

Travail à faire

1. *Chloé envisage de vendre son fonds de commerce sans céder l'enseigne. Que pensez-vous de cette proposition ?*
2. *Chloé vend son fonds de commerce à Adèle qui souhaite que l'acte de vente soit conclu devant un notaire. Qu'en pensez-vous ?*
3. *Chloé a de nombreuses dettes et ses créanciers s'inquiètent d'une vente qu'ils estiment précipitée. Ils se demandent comment préserver leurs droits. Quel conseil pouvez-vous leur donner ?*
4. *Quelques semaines après la vente du fonds, Adèle constate que le chiffre d'affaires réalisé n'est pas à la hauteur des espérances présentées par Chloé. En effet, une grande partie de la clientèle de Chloé provenait du centre-ville faute de concurrents. Cette clientèle se rend désormais dans le nouveau magasin de Chloé, cette dernière les ayant prévenus. Quels conseils pouvez-vous donner à Adèle ?*

7 Commentaire de document : Kidiclick ★★★

30 min

Compétences attendues

- **Qualifier** le contrat en présence dans une situation donnée
- **Analyser** les caractéristiques essentielles des principaux contrats de l'entreprise
- **Caractériser** la protection des parties pour chacun des contrats

Rendez-vous MÉTHODE 4

En vous appuyant sur vos connaissances, répondez aux questions ci-après portant sur les annexes.

Travail à faire

1. *Qualifiez le contrat conclu par Zoé auprès de Kidiclick.*
2. *Quelles sont les parties et leur qualité ?*
3. *Quelles sont les obligations des parties ?*
4. *De retour chez elle, Zoé branche en vain sa tablette pour la recharger. Que peut-elle faire ?*

Annexe 1

Facture Kidiclick

Article : tablette 64 Go 4G

Code	Qté	PU HT (€)	TVA %	Éco-part. DEEE (TTC)	Total
QXZTU89	1	332,50	20	0,30	399

Extension de garantie non retenue

Garantie Réparation 24 mois

Disponibilité des pièces détachées (données fournisseur) : 3 ans

Règlement CB (€)	399
Acompte perçu (€)	399

Annexe 2

Conditions générales de vente – Contrat de garantie et de service après-vente

Article L. 217-4 du Code de la consommation

Le vendeur livre un bien conforme au contrat et répond des défauts de conformité existant lors de la délivrance.

Il répond également des défauts de conformité résultant de l'emballage, des instructions de montage ou de l'installation lorsque celle-ci a été mise à sa charge par le contrat ou a été réalisée sous sa responsabilité.

Article L. 217-5 du Code de la consommation

Le bien est conforme au contrat :

1° S'il est propre à l'usage habituellement attendu d'un bien semblable et, le cas échéant :

- s'il correspond à la description donnée par le vendeur et possède les qualités que celui-ci a présentées à l'acheteur sous forme d'échantillon ou de modèle ;
- s'il présente les qualités qu'un acheteur peut légitimement attendre eu égard aux déclarations publiques faites par le vendeur, par le producteur ou par son représentant, notamment dans la publicité ou l'étiquetage ;

2° Ou s'il présente les caractéristiques définies d'un commun accord par les parties ou est propre à tout usage spécial recherché par l'acheteur, porté à la connaissance du vendeur et que ce dernier a accepté.

SYNTHÈSE

Les principaux contrats de l'entreprise

Les contrats portant sur le fonds de commerce

Obligations des parties

Vente : transfert de propriété du fonds		Location-gérance : mise en location du fonds à un gérant libre	
Vendeur	• Obligation de délivrance • Obligation de garantie : – contre l'éviction, – de conformité du bien au contrat, – des vices cachés	Loueur : commerçant	Garantie de jouissance paisible du fonds
Acheteur : commerçant	• Obligation de prendre possession du fonds • Obligation de payer le prix	Locataire-gérant : commerçant	• Obligations du commerçant • Obligation d'exploiter le fonds conformément au contrat • Payer le loyer

Garanties à l'égard des parties et des tiers

Vente : transfert de propriété du fonds		Location-gérance : mise en location du fonds à un gérant libre	
À l'égard du vendeur	• Privilège du vendeur du fonds (droit de suite et droit de préférence) • Action résolutoire • Procédure d'opposition des créanciers du vendeur	À l'égard des créanciers du loueur	Exigibilité immédiate des créances sur demande au tribunal de commerce
À l'égard de l'acheteur	• Information préalable • Garantie du fait personnel en cas d'éviction	À l'égard des créanciers du locataire-gérant	• Responsabilité solidaire des parties des dettes du fonds jusqu'à la publicité légale au JAL • Exigibilité des dettes à la fin du contrat

Le contrat de vente

Obligations du vendeur	• Obligation de délivrance • Obligation de garanties : – contre l'éviction – contre les vices cachés
Obligations de l'acheteur	• Obligation de retirement • Obligation de paiement du prix

Les contrats de consommation : protection du consommateur/emprunteur

Achat de biens ou de prestations de services		**Contrat de crédit à la consommation**
Lors de la formation	• Information • Protection du consentement	• Règlementation de la publicité • Information précontractuelle • Respect des délais
Lors de l'exécution	• Délivrance de la chose vendue • Garantie de la chose vendue • Obligation de conseil	• Mise à disposition des fonds • Information continue par l'emprunteur • Protection contre les incidents liés au paiement

CHAPITRE 15 Les contrats de l'entreprise avec les établissements financiers

PROGRAMME

Compétences attendues	Savoirs associés
• **Qualifier** le contrat en présence dans une situation donnée • **Analyser** les caractéristiques essentielles des principaux contrats de l'entreprise • **Caractériser** la protection des parties pour chacun des contrats • **Justifier** le choix d'une sûreté et ses principaux effets dans une situation donnée	• Le compte de dépôt bancaire : création, fonctionnement, fermeture • Les contrats de crédit aux entreprises : contrat de prêt, escompte, affacturage, crédit-bail mobilier • Les sûretés : caractéristiques principales du cautionnement, nantissement, gage avec dépossession et sans dépossession, hypothèque, privilèges • L'étendue des obligations des parties dans chaque sûreté

PLAN DU CHAPITRE

Cours : 1. Le compte de dépôt bancaire • 2. Les contrats de crédit aux entreprises • 3. Les sûretés

Des savoirs aux compétences : Évaluer les savoirs • Maîtriser les compétences • Préparer l'épreuve

Synthèse

L'entreprise a besoin d'un établissement bancaire pour financer sa croissance, administrer et gérer les flux instruments financiers intervenant dans la gestion quotidienne. Au quotidien, les relations entre l'entreprise et son banquier passent par le compte de dépôt, contrat qui structure les rapports entre les deux partenaires. Au cœur de l'activité économique, le crédit et ses instruments nécessitent une attention renforcée. Le droit offre aux établissements de crédit les moyens de se protéger contre l'insolvabilité de leurs débiteurs par le recours aux sûretés.

MOTS-CLÉS

Affacturage • Cautionnement • Compte de dépôt • Crédit • Crédit-bail • Droit de gage général • Escompte • Gage • Hypothèque • Nantissement • Privilège

1 Le compte de dépôt bancaire

A) La création du compte de dépôt

Définition

Le **compte de dépôt**, encore dénommé « compte ordinaire » ou « compte de chèques » a pour objet l'enregistrement des opérations de caisse qui augmentent ou diminuent un dépôt initial.

1. Un contrat conclu *intuitu personae*

La convention de compte bancaire est un contrat conclu *intuitu personae* (↪ chapitre 12). On peut donc considérer qu'une personne, physique ou morale, est totalement libre de choisir son teneur de compte. En revanche, une banque peut refuser, à bon droit, d'ouvrir une ligne de crédit à une personne.

2. La capacité des parties

La relation bancaire met en présence un banquier et son client (fig. 15.1).

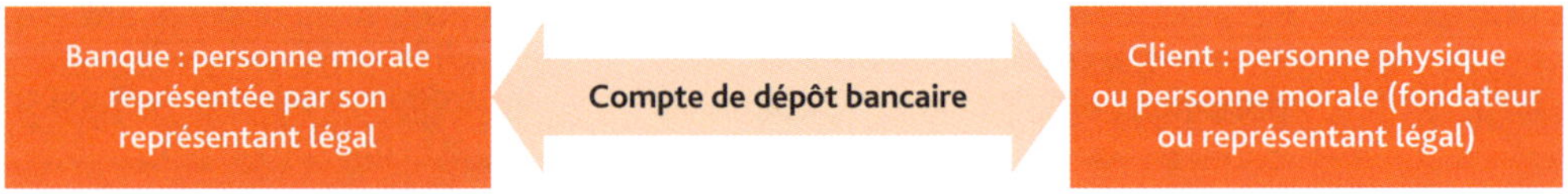

Figure 15.1. **Contrat bancaire**

3. Les obligations de la banque

Identification. L'article R. 312-2 du CMF oblige le banquier, préalablement à l'ouverture de tout compte bancaire, à vérifier l'identité du postulant et le domicile.

FOCUS — Les personnes morales

L'article R. 312-2 du Code monétaire et financier prescrit de demander « l'original ou l'expédition ou la copie de tout acte ou extrait de registre officiel datant de moins de trois mois constatant la dénomination, la forme juridique, l'adresse du siège social et l'identité des dirigeants ». Les pouvoirs du représentant agissant pour le compte de la personne morale sont contrôlés. L'extrait Kbis, sorte d'extrait de naissance d'une société, permet d'en vérifier l'adresse.

Fourniture d'informations. Depuis de très nombreuses années des textes exigent que la banque donne à son client, professionnel ou particulier, des informations, notamment ses conditions générales de banque. Par ailleurs, le Code monétaire et financier exige, en son article L. 312-1-1, que la gestion d'un compte de dépôt fasse l'objet d'une convention écrite, passée entre le client et son établissement de crédit. La loi précise aussi les mentions qui doivent figurer dans cette convention (ex. : durée de la convention, modalités d'obtention, de fonctionnement et de retrait des moyens de paiement, obligations de confidentialité à la charge du teneur de compte).

B) Le fonctionnement du compte de dépôt

1. La tenue du compte

Relevé d'opérations. À chaque opération, la banque indique la nature de celle-ci, son montant, sa date et le solde provisoire qui se dégage de l'opération. La banque fournit régulièrement à son client un relevé des opérations de la période écoulée par courrier ou par e-relevé qui sera disponible cinq ans sur l'espace particulier du site de la banque. Ce relevé joue un rôle important dans la preuve des opérations réalisées.

Signature du client. La banque doit vérifier si la signature qui figure sur la formule de chèque correspond au spécimen qu'elle a collecté de son client lors de l'ouverture du compte de dépôt. Le banquier engage sa responsabilité quand la signature n'est pas conforme et qu'il a quand même débité le compte de son client.

2. La rémunération du compte

Intérêts du compte. Le taux créditeur est celui que verse la banque à ses clients afin de rémunérer leurs dépôts. Le taux débiteur est appliqué lorsque le compte du client prend une position débitrice. La rémunération dépend de la convention passée par le client avec l'établissement bancaire. Cette rémunération est libre mais ne doit pas être excessive : elle ne doit pas dépasser un certain taux (seuil de l'usure).

Commissions. Les banques rendent à leurs clients divers services et se rémunèrent par la perception de commissions (ex. : tenue du compte, remise de formules de chèques, encaissement de chèques).

C) La clôture du compte de dépôt

Principe. Le compte se clôture différemment selon qu'il est à durée déterminée ou indéterminée (tab. 15.1).

Tableau 15.1. Type de contrat selon la durée

Contrat à durée déterminée	Contrat à durée indéterminée
• Principe : le contrat prend fin à l'arrivée du terme convenu entre les parties. • Exception : la convention de compte bancaire étant un contrat conclu *intuitu personae*, divers événements (décès, incapacité) peuvent mettre fin, par anticipation, à la convention.	• Principe : le contrat prend fin par décision unilatérale des parties. • Exception : la rupture ne doit pas être brutale et les parties doivent respecter un préavis. La durée de ce préavis est fixée par la convention liant le banquier à son client. En cas de silence de la convention, le préavis doit être raisonnable.

Conséquences. La clôture du compte interdit toute opération pour l'avenir. En conséquence, le banquier demande que toutes les formules de chèque en possession de son client lui soient rendues. Les chèques émis antérieurement à la clôture sont payés si la provision est suffisante. Le solde créditeur est remis au client ; le solde débiteur, réglé par le client. La clôture de tout compte est gratuite et l'établissement d'arrivée propose un service gratuit d'aide au transfert de compte.

→ CAS 3

2 Les contrats de crédit aux entreprises

Définition

Le **crédit** s'entend de toute opération qui procure ou vise à procurer immédiatement à une personne une somme d'argent en lui faisant supporter la charge de remboursement de manière différée.

A) Le prêt d'argent

Le prêt d'argent est un contrat par lequel le prêteur remet une somme d'argent (le capital), à l'emprunteur qui doit la restituer au terme convenu (l'échéance), accompagnée ou non d'intérêts rémunérant ce prêt. Il présente des caractéristiques précises (tab. 15.2)

Tableau 15.2. Principales caractéristiques du contrat de prêt

Parties	• Emprunteur : particulier ou professionnel. • Prêteur : établissement de crédit, en principe.
Durée	• En principe, conclusion pour une durée déterminée, la somme restant à la disposition de l'emprunteur jusqu'au terme convenu. • En cas de non-exécution de ses obligations par l'emprunteur, (ex. : remboursement d'une fraction du capital, paiement des intérêts), il existe une obligation de remboursement immédiatement.
Obligations du prêteur	• Mettre les fonds à la disposition du client. • Ne pas demander le remboursement avant les échéances fixées. • S'acquitter d'une obligation de conseil dont le non-respect peut entraîner une mise en cause de sa responsabilité civile.
Obligations de l'emprunteur	• Respecter l'affectation des fonds prévue par le contrat si le prêt est affecté (destiné à une opération économique particulière). • Sanction du non-respect de la destination par la déchéance du terme. • S'acquitter de toutes les obligations particulières visées au contrat, notamment conserver la valeur des sûretés qu'il a pu donner à son créancier. • Rembourser le capital emprunté et payer les intérêts.

B) L'escompte

Définition

L'**escompte** est une opération par laquelle un banquier « achète » à son client un effet de commerce non échu, le plus souvent une lettre de change, moyennant une rémunération et le prélèvement de divers frais.

Le banquier ne supporte pas l'impayé ; il s'octroie la possibilité d'exercer contre le remettant un recours dans l'hypothèse où l'effet de commerce ne serait pas réglé à son échéance. Cette clause est dite « sauf bonne fin » ou « sous réserve d'encaissement ». L'escompte repose sur un mécanisme qui fait intervenir trois acteurs (fig. 15.2)

Exemple d'acte de cession de créance :

https://goo.gl/XGvdM8

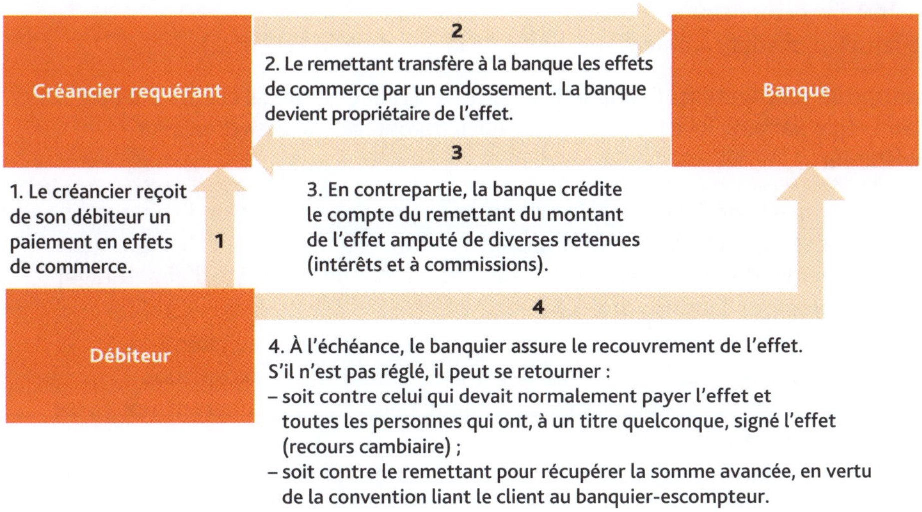

Figure 15.2. Mécanisme de l'escompte

C) L'affacturage

Définition

L'**affacturage** est un contrat commercial par lequel une personne, l'affactureur (le factor), s'engage, moyennant la perception d'une commission, à acheter – et donc à régler – tout ou partie des créances que son client, l'adhérent, possède contre des tiers.

Page gouvernementale dédiée à l'affacturage :

https://goo.gl/CDmrpe

L'opération d'affacturage (tab. 15.3) fait intervenir trois personnes :
- la société d'affacturage, établissement de crédit ;
- le vendeur adhérent (client de la société d'affacturage) ;
- le client du vendeur (pour le paiement des factures).

Tableau 15.3. Principales caractéristiques de l'opération d'affacturage

Obligations de l'adhérent	• Transmettre au factor l'ensemble de ses créances sur ses clients (clause dite de globalité ou d'exclusivité), ce qui permet au factor de compenser bons et mauvais risques et évite que l'adhérent ne transmette que ses mauvais risques. • Payer au factor une rémunération composée : commission générale et commission spéciale correspondant au prix du crédit accordé par le factor (paiement aujourd'hui de créances futures). • Coopérer avec le factor. L'adhérent fournit au factor tous les renseignements commerciaux qu'il possède sur ses clients. Le contrat d'affacturage doit s'exécuter de bonne foi.

Obligations du factor	• Régler les factures. Le factor règle les factures qu'il a approuvées. Il supporte éventuellement le risque d'insolvabilité du client de l'adhérent. Pour les factures non approuvées, il agit comme mandataire de l'adhérent. Il paie l'adhérent quand il a été lui-même réglé par le client de l'adhérent. • Fournir divers services (ex. : recouvrement de créances, fourniture de renseignements commerciaux, tenue de la comptabilité client…).
Technique de transfert des créances	Principe de subrogation : l'adhérent détient des créances sur ses clients. Au lieu d'être réglé par eux, il l'est par le factor qui le remplace dans ses droits sur le débiteur.
Recouvrement des créances	• Pour éviter que le débiteur ne paie une autre personne que le factor, l'adhérent appose sur ses factures la mention suivante : « Pour être libératoire, le règlement de cette facture doit être effectué à l'ordre de… [nom de la société d'affacturage] qui est subrogé(e) dans nos droits. » • À l'échéance, le factor demande le règlement de la créance au client de l'adhérent. Celui-ci peut refuser de payer en invoquant des exceptions (arguments juridiques) inhérentes à la créance du vendeur-adhérent (ex. : vice caché dans le matériel livré). • La créance est donc transmise comme elle existait et nul ne peut transférer à autrui plus de droit qu'il n'en avait lui-même.

D) Le crédit-bail mobilier

Définition

Le **crédit-bail** est une location de biens d'équipement ou de matériel d'outillage achetés en vue de cette location par une entreprise qui en demeure propriétaire. Ces opérations offrent au locataire la possibilité d'acquérir tout ou partie des biens loués, moyennant un prix fixé à l'avance et intégrant les loyers perçus.

1. Le déroulement du contrat de crédit-bail

Une opération de crédit-bail met en présence trois acteurs (fig. 15.3).

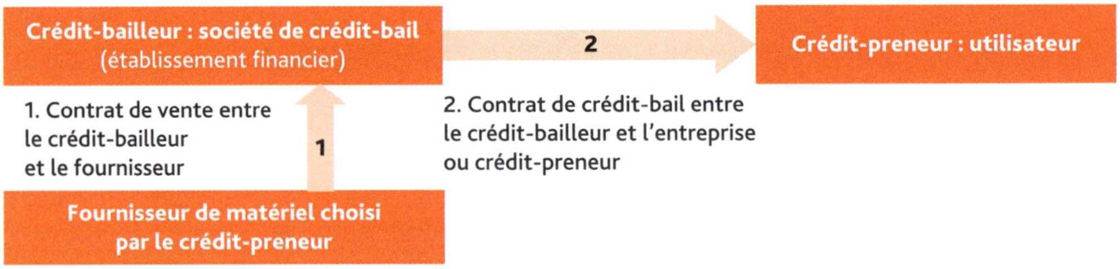

Figure 15.3. Mécanisme du crédit-bail mobilier

2. Les engagements des cocontractants

Le crédit-bail impose des devoirs à toutes les parties (tab. 15.4).

Tableau 15.4. Obligations des parties au crédit-bail

Obligations du crédit-preneur	• Entretenir la chose (en pratique le crédit-preneur effectue toutes les réparations) • Assurer le matériel • Payer les loyers
Obligations du crédit-bailleur	• Délivrer la chose louée • Garantir le preneur contre les vices éventuels de la chose : la société de crédit-bail transfère au crédit-preneur ses droits sur le fournisseur lorsqu'il a choisi le bien sur lequel porte le contrat

3. Le dénouement du contrat

Le crédit-bailleur dispose d'une triple option :

- Acquérir le bien loué. Le crédit-preneur lève l'option qui lui a été consentie. Il verse à la société un prix résiduel qui tient compte du montant des loyers qu'il a déjà versés.
- Restituer le bien loué. Toute non-restitution pourrait s'analyser comme un abus de confiance (↪ chapitre 16).
- Renouveler le contrat.

➜ APPLICATION 2 • CAS 6 • SITUATION PRATIQUE 8

3 Les sûretés

A) L'intérêt des sûretés

Tout créancier détient sur le patrimoine de son débiteur un droit de gage général. Ce droit constitue une protection efficace si le débiteur possède suffisamment de biens.

Définition

Le **droit de gage général** est le droit permettant aux créanciers de poursuivre le paiement de leur créance sur l'ensemble du patrimoine de leur débiteur.

Lorsque le créancier exerce son droit de gage général, il fait saisir certains biens du débiteur, les fait vendre et se paye sur le prix. Quand la consistance du patrimoine du débiteur est insuffisante, le créancier est mieux protégé s'il a obtenu des garanties particulières, ou sûretés, qui jouent uniquement à son profit.

B) La clause de réserve de propriété

La clause de réserve de propriété a pour but de retarder le transfert de propriété jusqu'au complet paiement, sans pour autant différer la délivrance du bien. Elle doit être convenue par écrit au plus tard au jour de la livraison. Elle constitue une sûreté très efficace pour le créancier resté propriétaire. Aucun autre créancier ne peut exercer de droit sur le bien, objet du contrat de vente. Elle est principalement utilisée dans le domaine mobilier (↪ chapitre 12).

C) Le cautionnement

Définition

Le **cautionnement** est un contrat par lequel une personne, la caution, garantit la dette d'autrui en s'engageant à payer le créancier si le débiteur cautionné ne s'exécute pas lui-même.

1. Les effets du cautionnement entre le créancier et la caution

Le cautionnement ne produit d'effets que si le débiteur est défaillant. En principe, la dette sera exigible à l'encontre de la caution quand elle le sera à l'encontre du débiteur principal. Le créancier, établissement de crédit, doit communiquer annuellement à la caution le montant des sommes dues et rappeler le mode de résiliation.

2. Les effets du cautionnement entre le débiteur et la caution

Les effets du cautionnement naîtront lorsque la caution aura payé le créancier et se retournera contre le débiteur (↪ chapitre 12). Lorsque la caution n'a pas encore payé mais que son risque de payer augmente ou que ses possibilités de recourir ultérieurement contre le débiteur diminuent, elle peut exercer un recours contre le débiteur avant paiement.

Exemples

- Les recours peuvent prendre la forme d'une saisie conservatoire ou de sûretés supplémentaires.

D) Les sûretés réelles

1. L'utilité des sûretés

Les sûretés réelles procurent au créancier une garantie assise sur la valeur d'un bien. Le créancier, bénéficiaire d'une sûreté réelle, détient sur le bien grevé un droit préférable à celui des créanciers chirographaires : c'est le droit de préférence. Ce créancier peut faire saisir le bien, le faire vendre et se payer sur son prix.

2. Les effets des sûretés réelles

Le créancier dispose d'un droit de suite qu'il peut exercer contre les acquéreurs du bien. Ce créancier conserve le droit de saisir, de faire vendre et de se payer par préférence même si le bien est sorti du patrimoine du débiteur (tab. 15.5).

Définitions

- Opposable aux tiers, un **gage** est une convention par laquelle le constituant accorde au créancier le droit de se faire payer par préférence aux autres sur un bien mobilier ou un ensemble de biens mobiliers corporels, présents ou futurs.

- Non opposable aux tiers, le **nantissement** est l'affectation, en garantie d'une obligation, d'un bien meuble incorporel ou d'un ensemble de biens meubles incorporels, présents ou futurs (ex. : une entreprise peut nantir ses créances sur ses clients en contrepartie d'un crédit obtenu de son banquier).
- Opposable aux tiers, l'**hypothèque** est un droit réel sur l'immeuble affecté à l'acquittement d'une obligation.
- Non opposables aux tiers, les **privilèges** correspondent aux droits légaux que la qualité de la créance donne au créancier d'être préféré aux autres (même hypothécaires). Les droits sont attribués selon la qualité de la créance.

Le gage. Si, à l'échéance, le débiteur paye, il peut exiger la radiation de l'inscription (gage sans dépossession) ou la restitution du bien (gage avec dépossession). Si, à l'échéance, le débiteur ne paye pas, le créancier-gagiste refuse de rendre la chose (droit de rétention). Il peut aussi recourir au juge pour faire ordonner la vente du bien gagé ou se le faire attribuer.

Le nantissement. Si le débiteur ne paie pas le créancier, celui-ci peut se faire attribuer judiciairement la créance nantie ou en attendre l'échéance.

L'hypothèque conventionnelle. Trois cas de figure peuvent se présenter :
- Relations entre le créancier hypothécaire et le constituant. Avant la réalisation de l'hypothèque, le débiteur est laissé en possession du bien et le créancier ne doit pas voir la valeur du bien diminuer.
- Relations entre le créancier hypothécaire et les autres créanciers. L'objet de l'hypothèque est de conférer à son titulaire un droit de préférence sur la valeur du bien. Plusieurs personnes sont titulaires de ce droit. Il convient alors de les classer.
- Relations entre le créancier hypothécaire et l'acquéreur de l'immeuble. Le créancier hypothécaire dispose d'un droit de suite qui lui permet de suivre l'immeuble en quelques mains qu'il passe.

Les privilèges. Il s'agit d'un droit de préférence avantageux mais sans droit de suite pour les créanciers titulaires d'un privilège pleinement général.

Tableau 15.5. Conditions de formation des principales sûretés réelles

Gage	• Capacité du constituant à aliéner le bien • Moyen de preuve : écrit (désignation des biens donnés en gage)
Nantissement	Conclusion par écrit à peine de nullité
Hypothèque	• Acte notarié indispensable • Créance garantie : une ou plusieurs créances, présentes ou futures • Bien hypothéqué : présence et inclusion dans le commerce juridique • Capacité du constituant à aliéner les immeubles dont il est propriétaire mais non nécessairement le débiteur
Privilèges	• Privilèges mobiliers : privilège du Trésor, du bailleur d'immeuble. • Privilèges immobiliers : vendeur d'un immeuble, État ou commune, vendeur d'un fonds de commerce. • Privilèges pleinement généraux : frais de justice, salaires et créances assimilées.

➔ CAS 5 • SITUATION PRATIQUE 7

DES SAVOIRS AUX COMPÉTENCES

Évaluer les savoirs | Maîtriser les compétences | Préparer l'épreuve

1 QCM

Pour chaque proposition, une ou plusieurs réponses sont possibles. Justifiez-les.

1. Les personnes suivantes peuvent se faire ouvrir un compte en autonomie :
   a. un mineur non émancipé. ☐
   b. un majeur en tutelle. ☐
   c. un majeur en curatelle. ☐
   d. un majeur sous sauvegarde de justice. ☐

2. Le prêt d'argent est :
   a. un contrat consensuel quand le prêt est octroyé par un professionnel. ☐
   b. un prêt de consommation. ☐
   c. un contrat conclu pour une durée indéterminée. ☐
   d. un contrat à titre onéreux. ☐

3. Dans le contrat d'affacturage :
   a. le factor est obligé d'approuver toutes les factures. ☐
   b. l'adhérent s'engage à transmettre toutes ses factures. ☐
   c. le factor ne fournit aucun autre service que le règlement des factures. ☐
   d. l'adhérent n'est pas tenu de coopérer avec le factor. ☐

4. Dans le crédit-bail :
   a. le crédit-preneur effectue les grosses réparations. ☐
   b. le crédit-bailleur doit délivrer la chose louée et garantir le preneur contre les vices éventuels de la chose. ☐
   c. le crédit-preneur assure les réparations locatives. ☐
   d. le crédit-preneur doit choisir le matériel et son utilisateur. ☐

5. Les sûretés :
   a. portent exclusivement sur les biens mobiliers d'une personne. ☐
   b. portent exceptionnellement sur les biens immobiliers d'une personne. ☐
   c. trouvent toujours leur fondement dans la loi. ☐
   d. se définissent comme tout mécanisme de garantie contre l'insolvabilité du débiteur. ☐

6. Une hypothèque confère au créancier :
   a. une sûreté réelle. ☐
   b. une sûreté personnelle. ☐
   c. un droit de suite. ☐
   d. un droit de suite et un droit de préférence. ☐

2 SARL Potier ★★★

M. Potier, gérant de sa société, exerce le métier de plombier-chauffagiste. Il est régulièrement confronté à des difficultés de recouvrement de ses factures. Un de ses clients lui suggère de recourir à l'affacturage. M. Potier fait des recherches et n'en comprend pas le mécanisme.

1. *Quelles sont les obligations incombant à M. Potier lors de la facturation s'il a recours à une société d'affacturage ?*
2. *Quel est le coût de cette technique ?*
3. *Son client lui dit qu'il sera complétement déchargé des opérations de recouvrement et payé avant les échéances. Qu'en pensez-vous ?*

Évaluer les savoirs | **Maîtriser les compétences** | Préparer l'épreuve

3 Alice ★★★

Compétence attendue — **Qualifier** le contrat en présence dans une situation donnée

Âgée de 23 ans, Alice est vendeuse. Cliente de la Banque commerciale depuis plusieurs mois, elle rencontre de réelles difficultés financières. Le solde de son compte est souvent débiteur et le montant du débit dépasse, en règle générale, le montant du découvert autorisé par son banquier. Elle envisage de changer de banque.

1. *Comment Alice peut-elle rompre sa convention de compte de dépôt ?*
2. *Quelles sont les conséquences de la clôture de son compte ?*

4 Hubert ★★★

Compétence attendue — **Justifier** le choix d'une sûreté et ses principaux effets dans une situation donnée

Locataire, Hubert dispose d'un peu d'épargne et voudrait acheter. Une annonce le séduit à Bordeaux. Après avoir visité cet appartement, il s'en porte acquéreur. Le précédent propriétaire n'a pas terminé de rembourser son prêt auprès de la Banque du littoral, emprunt garanti par une hypothèque. Le montant restant dû correspond à 25 % de la valeur de l'appartement.

1. *Définissez l'hypothèque.*
2. *Justifiez le recours à l'hypothèque par la Banque du littoral.*
3. *Quelles sont les conséquences de cette hypothèque pour Hubert ?*

5 SARL COOK ★★★

Compétences attendues

- **Qualifier** le contrat en présence dans une situation donnée
- **Analyser** les caractéristiques essentielles des principaux contrats de l'entreprise
- **Caractériser** la protection des parties pour chacun des contrats

La SARL COOK a été créée en 2000 par deux amis, Xavier et Albert. Cette société, au capital de 10 000 €, est domiciliée à Strasbourg, 3 rue de la Fiction. L'objet social de l'entreprise est la création, la production et la commercialisation de gâteaux secs.

La SARL COOK cède à sa banque, Credito, deux créances qu'elle détient par lettre de change sur les clients StoreSweet et Pause-Café pour des expéditions effectuées le jour même.

En vous appuyant sur vos connaissances et sur l'annexe, répondez aux questions ci-après.

1. *Qualifiez ce mécanisme.*
2. *Présentez les parties et les opérations sous la forme d'un schéma.*

La banque Credito a adressé un courrier à la société StoreSweet pour lui notifier la cession de créance. La StoreSweet n'a pas répondu au courrier. À l'échéance, elle a payé la SARL COOK.

3. *Quels sont dans cette situation les droits de la Credito ?*

La société Pause-Café a répondu au courrier de Credito lui notifiant la cession de créance en retournant le document après y avoir apposé la mention « cession de créance acceptée ». Actionnée par la suite en paiement, Pause-Café a refusé d'acquitter le montant de la créance, invoquant les vices affectant les produits livrés.

4. *Le refus de Pause-Café vous paraît-il fondé juridiquement ?*

Annexe

Les créances de la SARL COOK

- Créance sur StoreSweet : 1 750 €, 13 rue de Magenta, 75009 Paris, échéance à 30 jours fin de mois, domiciliation bancaire Banque d'île de France.
- Créance sur Pause-Café : 2 756 €, 156 rue Pathé, 75016 Paris, échéance à 45 jours fin de mois, domiciliation bancaire Banque de Paris.

6 Cas Campanile ★★★

Compétences attendues

- **Qualifier** le contrat en présence dans une situation donnée
- **Analyser** les caractéristiques essentielles des principaux contrats de l'entreprise
- **Caractériser** la protection des parties pour chacun des contrats

La société Campanile, cuisiniste et spécialiste de l'aménagement de fonds de commerce a conclu avec une société d'affacturage Factor France un contrat aux termes duquel le factor accepte de recouvrer ses factures détenues sur ses clients à hauteur d'un plafond de 50 000 € par mois. Le contrat prévoit une commission de 2 % au profit de Factor France et un intérêt de 8 % sur le montant des factures.

1. *Définissez le contrat.*
2. *Présentez le mécanisme de ce contrat et les obligations des parties.*

La société Campanile a transmis à Factor France la facture de la créance détenue sur la SAS Normater d'un montant de 27 000 €. Normater a un litige avec Campanile qui refuse de rectifier certains travaux et refuse de payer.

3. *Qui doit supporter l'impayé ?*
4. *Le contrat conclu entre Campanile et Normater comporte une clause de réserve de propriété.*
5. *Rappelez la définition de la clause de réserve. Factor France peut-il en bénéficier ?*

Évaluer les savoirs | Maîtriser les compétences | Préparer l'épreuve

7 Situation pratique : cas Venceslas ★★★

20 min

Compétences attendues

- **Qualifier** le contrat en présence dans une situation donnée
- **Analyser** les caractéristiques essentielles des principaux contrats de l'entreprise
- **Caractériser** la protection des parties pour chacun des contrats

Fanny fait des études supérieures en comptabilité à Bourges. Elle envisage de louer un appartement. Fanny a sollicité Madame Venceslas, sa grand-mère, pour être caution solidaire du contrat de location.

Rendez-vous MÉTHODE 3

En vous appuyant sur vos connaissances, répondez aux questions ci-après portant sur l'annexe.

Travail à faire

1. *Mme Venceslas souhaiterait connaître la nature de son engagement. Après avoir défini le cautionnement, vous présenterez les parties en présence et leurs liens juridiques.*
2. *Fanny n'a pas payé le dernier mois de loyer. Le propriétaire de l'appartement peut-il réclamer ce montant à Mme Venceslas ? Justifiez votre réponse.*

Annexe

Contrat de cautionnement

Je soussignée Adèle Venceslas, demeurant 12 allée des Tulipes, appartement 13B à Tours, certifie avoir pris connaissance du bail annexé à la présente et déclare me porter caution solidaire pour Fanny Venceslas au profit du bailleur M. Adrien Saltienne, 14 square Henri Paté à Bourges, du logement sis 3 rue des Acacias à Bourges.

J'ai pris connaissance du montant du loyer de 680 euros (six cent quatre-vingts euros) par mois. Il sera révisé annuellement tous les 1er septembre, selon l'indice de référence des loyers publié par l'Insee de [date de la période de référence de l'IRL indiquée sur le bail].

Je m'engage à rembourser sur mes revenus et sur mes biens personnels les sommes dues par le locataire Fanny Venceslas en cas de défaillance de ce dernier. Je confirme avoir une parfaite connaissance de la nature et de l'étendue de mon engagement.

Cet engagement pour une caution solidaire est valable pour la durée du contrat pour le paiement notamment des loyers éventuellement révisés, des charges récupérables, des indemnités d'occupation, des dégradations et réparations locatives et des frais de procédures, indemnités, pénalités et dommages-intérêts.

Je reconnais également avoir pris connaissance de l'avant-dernier alinéa de l'article 22-1 de la loi du 6 juillet 1989 ainsi rédigé : « Lorsque le cautionnement d'obligations résultant d'un contrat de location conclu en application du présent titre ne comporte aucune indication de durée ou lorsque la durée du cautionnement est stipulée indéterminée, la caution peut le résilier unilatéralement. La résiliation prend effet au terme du contrat de location, qu'il s'agisse du contrat initial ou d'un contrat reconduit ou renouvelé au cours duquel le bailleur reçoit notification de la résiliation. »

8 Situation pratique : cas Dubois ★★★

30 min

Compétence attendue

- **Qualifier** le contrat en présence dans une situation donnée
- **Analyser** les caractéristiques essentielles des principaux contrats de l'entreprise
- **Caractériser** la protection des parties pour chacun des contrats

Rendez-vous MÉTHODE 3

M. Dubois est artisan-menuisier. Il souhaite se procurer une nouvelle machine. Il a choisi, chez un fournisseur, le modèle dont il a besoin. Il fait face à des problèmes de trésorerie. Le fournisseur lui propose donc un montage auquel il est habitué avec une filiale de sa banque : celle-ci achète la machine et la met à la disposition de M. Dubois aux conditions présentées dans l'annexe.

En vous appuyant sur vos connaissances, répondez aux questions ci-après portant sur l'annexe.

Travail à faire

1. *Identifiez les contrats, qualifiez les parties en présence et leurs obligations.*
2. *Quels avantages ce type de montage présente-t-il pour M. Dubois ?*
3. *L'article 7 est-il valide ? Justifiez votre réponse.*
4. *Que peut faire M. Dubois à l'issue des 4 ans.*

Annexe

Extraits du contrat proposé par le fournisseur

Article 1. Le présent contrat porte sur une coupeuse automatique XY BOYA – 65 pouces – 1 650 mm, à découpe en X = transversal et Y = longitudinal à lames rotatives.

Article 2. Prix TTC de la machine décrite à l'article 1 : 20 000 €, vingt mille euros.

Premier loyer : 2 000 €, deux mille euros.

Loyers suivants : quarante-sept mensualités de quatre cent vingt-cinq euros et soixante-deux centimes (47 × 425,62 €).

Valeur résiduelle : 2 000 €, deux mille euros. [...]

Article 6. Il est mis à la charge du crédit-preneur l'installation du bien loué à ses frais, risques et périls, l'obligation d'entretien et de réparation de ce bien, ainsi que l'obligation d'assurance.

Article 7. Le crédit-bailleur est exonéré des obligations générales mises à la charge du propriétaire du bien loué.

SYNTHÈSE

Les contrats de l'entreprise avec les établissements financiers

Le compte de dépôt bancaire

Création
- Contrat *intuitu personae*
- Capacité des parties (personne physique, personne morale)

Fonctionnement
- Tenue du compte : relevés d'opérations, contrôles
- Rémunération du compte : intérêts, autres commissions

Fermeture
- À l'échéance prévue ou à tout moment en respectant un préavis
- Gratuité et service de transfert

Les contrats de crédit aux entreprises

	Parties aux contrats	Définition
Prêt d'argent	Le prêteur L'emprunteur	Contrat par lequel le prêteur remet une somme d'argent (le capital), à l'emprunteur qui doit la restituer au terme convenu (l'échéance) accompagné ou non d'intérêts rémunérant ce prêt
Escompte	Une personne détentrice d'une créance à terme Un banquier-escompteur	Opération par laquelle un banquier achète à son client un effet de commerce non échu moyennant une rémunération et le prélèvement de divers frais
Affacturage	Une société d'affacturage Un vendeur-adhérent	Contrat par lequel une société d'affacturage s'engage à acheter et régler tout ou partie des créances de son client moyennant une commission
Crédit-bail mobilier	Le crédit-bailleur Le crédit-preneur	Location avec option d'achat

Les sûretés

	Sûretés personnelles	Sûretés réelles			
Nature de la garantie	Cautionnement	Nantissement	Gage avec ou sans dépossession	Hypothèque	Privilèges
Objet/Mise en œuvre	Subrogation personnelle	Sur les biens mobiliers incorporels	Sur les biens mobiliers corporels	Sur les biens immobiliers	Droit de préférence légale

1 Situations pratiques ★★★

Rendez-vous MÉTHODE 3

Jeanne a acheté pour l'anniversaire de son fils un appareil photo numérique chez Michel Gama, photographe. Lors de cet achat, Jeanne a précisé ses besoins et le vendeur lui a fourni de nombreux conseils. L'appareil photo fonctionne normalement mais ne plaît pas au fils de Jeanne. Trois jours après l'achat, Jeanne demande à Michel Gama le remboursement du prix contre restitution du matériel. Il refuse. Jeanne invoque le délai de rétractation qui appartient à tout consommateur.

N'hésitez pas à schématiser les situations.

1. *Que pensez-vous de l'argument de Jeanne ?*

Jeanne a fait l'acquisition, le 10 janvier N, d'un équipement informatique (ordinateur portable et imprimante) auprès du magasin Dartanger. Le prix était particulièrement intéressant et le contrat de vente comportait une clause de garantie, par laquelle le vendeur s'engageait à réparer gratuitement le matériel en cas de panne ou de dysfonctionnement. Dès le 10 février N, Jeanne constate que l'écran de l'ordinateur s'éteint sans cesse. Elle est alors contrainte de rapporter, à plusieurs reprises, le matériel au service après-vente du magasin. Malheureusement, les interventions des techniciens s'avèrent inefficaces et la panne se reproduit régulièrement. La dernière panne date du 10 mai N+1. Le responsable du SAV indique alors à Jeanne que, désormais, la réparation lui sera facturée puisque la garantie contractuelle est arrivée à son terme. Au cours d'une discussion avec un technicien informatique, Jeanne apprend que le dysfonctionnement du matériel qu'elle a acheté est fréquent et qu'il s'agit d'un défaut de fabrication.

2. *Jeanne pourrait-elle exercer une action en garantie des vices cachés ?*

3. *Dans le cadre de cette action, quelles demandes Jeanne peut-elle formuler ?*

La clause suivante figure dans le contrat conclu entre Jeanne et la société Dartanger : *« Dans le cas malheureux où la société Dartanger ne serait pas en mesure, en l'absence de faute lourde de sa part, de réaliser son obligation, il est expressément convenu que la société Dartanger sera tenue de verser une somme plafonnée à 150 euros à titre d'indemnisation de tous les préjudices y compris commerciaux ».*

4. *Qualifiez et définissez la clause. Quelles en sont les conséquences pour Jeanne ?*

2 Question ★★★

Rendez-vous MÉTHODE 1

Vous développerez une réponse argumentée et structurée sur le thème suivant :
« Le contrat de location-gérance : les effets à l'égard des parties. »

3 Commentaire de document ★★★

Rendez-vous MÉTHODE 2

En vous appuyant sur vos connaissances, vous répondrez aux questions suivantes portant sur l'annexe.

Travail à faire

1. *Identifiez les parties et exposez les faits dans cette affaire.*
2. *Quel est le problème de droit posé à la Cour de cassation ?*
3. *Quelle est la position de la Cour de cassation ? Justifiez-la.*

Commencez par repérer (surlignage) les paragraphes et les points-virgules. Forgez votre propre analyse de l'arrêt avant de répondre aux questions pour éviter les paraphrases.

Annexe

Cour de cassation, 1re civ., 11 mars 2010, numéro de pourvoi : 09-13197

Attendu que Mme X… Z…, ayant heurté de son ski gauche une roche qui affleurait la surface enneigée, est tombée trente mètres plus loin en se blessant contre un piquet métallique, non matelassé, qui supportait, en bord de piste, un filet de protection ; que souffrant de fractures et d'un traumatisme crânien, elle a recherché la responsabilité de la société Méribel Alpina, exploitant du site, et la garantie de son assureur, la société Axa France IARD ; Attendu que ces deux sociétés font grief à l'arrêt (Chambéry, 3 février 2009) d'avoir dit la société Méribel Alpina responsable des conséquences dommageables de l'accident, et de les avoir condamnées à payer diverses sommes à Mme X… Z… et à la CPAM de Paris, alors, selon le moyen :

1° / que l'exploitant d'un domaine skiable est tenu d'une obligation de sécurité de moyens ; qu'en imposant à l'exploitant de sécuriser la piste en protégeant les piquets soutenant les filets bordant normalement les pistes de ski de descente, la cour d'appel a fait peser sur l'exploitant une obligation de sécurité de résultat, en violation de l'article 1147 du code civil ;

2° / que la cour d'appel qui n'a pas relevé que les piquets soutenant les filets de protection auraient présenté, en eux-mêmes, une dangerosité particulière, qu'ils auraient été placés dans une position anormale, ou que leur état revêtait un défaut d'entretien propre à occasionner un dommage, n'a pas caractérisé l'existence d'une faute de l'exploitant, privant ainsi sa décision de base légale au regard de l'article 1147 du code civil ;3° / que l'exploitant d'un domaine skiable est tenu d'une obligation de sécurité de moyens ; que ne commet pas de faute l'exploitant qui omet de matelasser les piquets supportant les filets en bordure d'une piste faiblement pentue, cette exigence ne résultant pas de l'arrêté municipal du 14 décembre 1987 relatif à la sécurité des pistes dans le domaine où sont survenus les faits litigieux ; qu'en retenant la responsabilité de la SA Méribel Alpina dans l'accident dont Mme X… Z… a été victime, la cour d'appel, qui a fait peser sur l'exploitant une obligation de résultat, a violé l'article 1147 du code civil […]

4° / que l'exploitant d'un domaine skiable est tenu d'une obligation de sécurité de moyens ; que la cour d'appel qui n'a pas recherché, malgré les conclusions qui l'y invitaient si la présence en bordure de piste d'un filet de protection soutenu par des poteaux métallique ne constituait pas un danger inhérent à la pratique du ski de piste contre lequel il appartenait à la skieuse de se prémunir, a privé de base légale sa décision au regard de l'article 1147 du code civil ;

Mais attendu qu'après avoir exactement énoncé que la société d'exploitation du domaine skiable était tenue d'une obligation de moyens, la cour d'appel a relevé l'existence d'un risque tout particulier lié au positionnement du piquet litigieux, situé à un …

...

endroit où la piste était rétrécie, et retenu que la probabilité de survenance de chocs, objectivement non négligeable, avait été sous-estimée par l'exploitant du domaine skiable qui avait omis de matelasser le piquet ; qu'ayant, en outre retenu que rien n'établissait que la skieuse aurait adopté, lors du choc comme dans le moment qui l'a précédé, un comportement imprudent ou inadapté au regard des circonstances, la cour d'appel a pu en déduire que l'exploitant avait manqué à son obligation ;

PAR CES MOTIFS :

REJETTE le pourvoi ;

CHAPITRE 16

Les responsabilités civile et pénale

PROGRAMME

Compétences attendues

- **Différencier** les notions de responsabilité civile et pénale
- **Différencier** responsabilité civile extracontractuelle et responsabilité civile contractuelle
- **Identifier** les caractéristiques du préjudice réparable dans une situation juridique donnée
- **Vérifier** la présence des conditions de la responsabilité pénale, pour une situation donnée
- **Identifier** les actions en responsabilité possibles dans une situation donnée

Savoirs associés

- Les responsabilités civile et pénale (fonctions, conditions de mise en œuvre)
- Les responsabilités extracontractuelle et contractuelle
- L'étude des possibilités de cumul des différents régimes de responsabilité

PRÉREQUIS

Formation du contrat (chapitre 12) • Mise en œuvre de la responsabilité contractuelle (chapitre 13)

PLAN DU CHAPITRE

Cours : 1. Les fonctions et conditions de mise en œuvre • 2. Les responsabilités civiles contractuelle et extracontractuelle • 3. Le régime de la responsabilité pénale

Des savoirs aux compétences : Évaluer les savoirs • Maîtriser les compétences • Préparer l'épreuve

Synthèse

La responsabilité est l'obligation de rendre compte de ses actes. Celle de l'entreprise est engagée vis-à-vis des parties avec lesquelles elle a contracté et à l'égard de victimes avec lesquelles elle n'est pas liée par un contrat. Les victimes demandent que le responsable « réponde » de ses actes et que sa responsabilité extracontractuelle soit mise en cause. Ce désir est souvent satisfait par l'attribution de dommages-intérêts même si une sanction est parfois nécessaire. La responsabilité relève à la fois du droit civil et du droit pénal, d'où la nécessité de la délimiter.

MOTS-CLÉS

Auteur • Complice • Faute • Infraction • Peine • Préjudice • Responsabilité civile • Responsabilité contractuelle • Responsabilité extracontractuelle • Responsabilité pénale

1 Les fonctions et conditions de mise en œuvre

A) Les fonctions des responsabilités civile et pénale

1. La responsabilité pénale

Fondement. La **responsabilité pénale** est fondée sur la violation d'une loi ou d'un règlement, considérée comme dommageable du point de vue social, même si l'acte délictueux ne porte **préjudice** à personne en particulier. Il doit s'agir de **fautes** expressément prévues par le droit pénal au moment des faits.

Fonctions. La sanction est une peine qui a pour but de condamner la violation de la loi et de punir un coupable. Des fonctions d'expiation et d'intimidation (ex. : rappel à la loi, travaux d'intérêt général) sont également attachées à la répression pénale.

Exemples

- Le Code pénal punit d'une amende le fait de déposer ou d'abandonner sur la voie publique des ordures ou déchets.
  La contrefaçon de brevet et de marque est un délit puni par le Code de la propriété intellectuelle de trois ans d'emprisonnement et 300 000 € d'amende.
  Le Code pénal sanctionne le fait de collecter des données à caractère personnel par un moyen frauduleux, déloyal ou illicite d'une peine de cinq ans d'emprisonnement et de 300 000 € d'amende.

2. La responsabilité civile

Fondement. La **responsabilité civile** résulte d'un préjudice causé à autrui. Elle est encourue quelle que soit la gravité de la faute ; une simple négligence ou l'absence même de faute engage la responsabilité civile de son **auteur**. Il s'agit d'assurer la réparation du dommage (délit civil) au profit de la victime.

Fonctions. La condamnation de l'auteur du dommage à verser des dommages-intérêts à la victime est une forme de punition. Le régime juridique de la responsabilité civile vise également à développer la prévention des dommages en empêchant la survenance d'un dommage ou en dissuadant de le commettre.

Exemple

- Une personne fait saisir un livre qui comporte des propos diffamatoires à son égard, les producteurs adoptent une attitude prudente pour éviter des dommages liés à l'utilisation de leur produit et pour lesquels ils pourraient être poursuivis.

B) Les conditions de mise en œuvre

1. La responsabilité pénale

La mise en œuvre de la responsabilité pénale suppose la commission d'une **infraction** par une personne que l'on va punir. Il existe trois catégories d'infraction : contravention, délit et crime.

La responsabilité pénale est mise en jeu par l'action publique. Elle est exercée par le ministère public devant les juridictions répressives (↪ **chapitre 4**). La procédure pénale obéit à des règles spécifiques.

2. La responsabilité civile

La mise en œuvre de la responsabilité civile suppose l'existence d'un dommage. Elle est mise en jeu par une action civile. Elle est exercée par la victime du dommage devant une juridiction civile.

3. Les possibilités de cumul

Certains actes dommageables constituent à la fois une infraction pénale et un délit civil. Une sanction pénale sera prononcée contre l'auteur de l'acte par l'action publique ; l'action civile visera à réparer le dommage causé à la victime.

Exemple

- Le conducteur d'un véhicule roule à grande vitesse, grille un feu rouge, renverse un piéton qui traversait et s'enfuit. Ce conducteur commet plusieurs infractions pénales qui seront sanctionnées par des amendes et une peine de prison. Il devra également réparer le préjudice causé au piéton par le versement de dommages-intérêts.

La responsabilité pénale a tendance à s'objectiver et à se socialiser. Sont ainsi apparues la responsabilité pénale du fait d'autrui et la responsabilité pénale des personnes morales. Dans le même temps, la responsabilité civile tend à reculer avec le développement de régimes d'assurances directes (ex. : accident du travail, circulation routière).

2 Les responsabilités civiles contractuelle et extracontractuelle

La **responsabilité contractuelle** (tab. 16.1) sanctionne la mauvaise exécution, le retard dans l'exécution ou la non-exécution d'un contrat. Elle suppose qu'il existe, au préalable, un contrat entre l'auteur du dommage et la victime.

La **responsabilité extracontractuelle** (tab. 16.1) est retenue en l'absence de contrat. Elle naît du dommage causé à un tiers.

Exemple

- Une personne se blesse en se prenant les pieds dans un tapis situé dans le hall d'un hôtel :
  - si cette personne est cliente de l'hôtel, il existe un contrat entre la victime et l'hôtelier : le régime de la responsabilité contractuelle s'applique ;
  - si cette personne est un simple curieux, il n'existe pas de contrat entre l'hôtelier et la victime : le régime de la responsabilité extracontractuelle s'applique.

Tableau 16.1. Comparaison des responsabilités contractuelle et extracontractuelle

	Responsabilité contractuelle	Responsabilité extracontractuelle
Fondement	Article 1231-1 du Code civil : « Le débiteur est condamné, s'il y a lieu, au paiement de dommages et intérêts, soit à raison de l'inexécution de l'obligation, soit à raison du retard dans l'exécution, s'il ne justifie pas que l'inexécution a été empêchée par la force majeure. »	• Articles 1240 (et suivants) du Code civil • Article 1240 : « Tout fait quelconque de l'homme, qui cause un dommage à autrui, oblige celui par la faute duquel il est arrivé à le réparer. »
Fait générateur	Inexécution, mauvaise exécution ou retard dans l'exécution d'un contrat	Dommage causé à un tiers
Personne poursuivie	Cocontractant	Auteur du dommage et coauteurs
Réparation des dommages	Uniquement les dommages prévus au contrat	Tout dommage causé à un tiers par manquement au devoir de diligence incombant à tous
Preuve	Celui qui réclame des dommages-intérêts doit établir l'existence du contrat et le fait de l'inexécution ou fait générateur	En principe, la victime doit prouver la faute de l'auteur présumé du dommage (sauf présomptions de faute, ou responsabilité(s) de plein droit)
Limitations de responsabilité	Admises et supposent l'introduction de clauses particulières	Nullité d'une telle clause car ordre public des articles 1240 et s.
Mise en œuvre	Mise en demeure préalable (↪ chapitre 13)	Mise en demeure non exigée

→ APPLICATION 2

3 La responsabilité pénale

A) Les éléments constitutifs de l'infraction

Définition

L'infraction est une action ou une omission imputable à son auteur, prévue ou punie par la loi d'une sanction pénale.

Une infraction réunit trois éléments (fig. 16.1).

Élément légal	Principe de la légalité des peines : il n'existe pas d'infraction sans texte (ex. : art. 311-1 du Code pénal : le vol est la soustraction frauduleuse de la chose d'autrui)
Élément matériel	L'infraction doit se révéler à l'extérieur par un fait matériellement observable (ex. : voiture soustraite à son propriétaire par un voleur qui veut se l'approprier)
Élément moral	L'acte matériel doit être l'œuvre de la volonté de son auteur : il doit être imputé à son auteur (ex. : des témoins confirment les faits ou le voleur est arrêté en possession du véhicule)

Figure 16.1. Triple condition de l'infraction

B) Les participants à l'infraction

Les personnes mises en cause dans le cadre d'une infraction peuvent l'être en tant qu'auteur ou **complice** (tab. 16.2).

Tableau 16.2. Définition et qualité des auteur et complice d'une infraction

Auteur	Celui qui commet un acte répréhensible	• Une personne physique • Une personne morale par l'intermédiaire de ses organes ou représentants agissant en son nom
Complice	Celui qui sciemment, par aide ou assistance facilite la préparation ou la consommation d'un crime ou d'un délit	• Une personne physique • Une personne morale par l'intermédiaire de ses organes ou représentants agissant en son snom

C) La peine

1. Les principes fondamentaux régissant les peines

Le prononcé d'une **peine** obéit à deux principes fondamentaux (fig. 16.2).

Principe de légalité	Les infractions et les peines sont déterminées par la loi
Principe de subjectivité	• La peine est personnelle : elle ne s'applique qu'à l'auteur ou à son complice • La peine est individualisée : elle tient compte de la personnalité de l'auteur, de son parcours…

Figure 16.2. Dualité des principes applicables aux peines

2. Le prononcé de la peine

La peine est contraventionnelle, correctionnelle ou criminelle, selon la qualification de l'infraction. Elle peut prendre plusieurs formes (tab. 16.3).

Tableau 16.3. Formes de la peine

Atteinte aux personnes	• Pour une personne physique : peine privative de liberté, suivi socio-judiciaire • Pour une personne morale : dissolution, placement sous surveillance judicaire
Atteinte aux biens	Amendes, confiscation d'un bien
Atteinte aux droits	• Interdiction d'exercer certains droits civiques ou civils (ex. : vote) • Interdiction d'exercer certaines activités (ex. : gestion d'entreprise)

→ APPLICATION 2 • CAS 3 • CAS 4 • SITUATION PRATIQUE 5 • COMMENTAIRE DE DOCUMENT 6

DES SAVOIRS AUX COMPÉTENCES

Évaluer les savoirs | Maîtriser les compétences | Préparer l'épreuve

1 QCM

Pour chaque proposition, une ou plusieurs réponses sont possibles. Justifiez-les.

1. La responsabilité civile :
   a. repose sur une faute civile. ☐
   b. peut être invoquée en l'absence de faute. ☐
   c. repose sur une infraction. ☐

2. La responsabilité pénale a pour but de protéger :
   a. les intérêts de la victime. ☐
   b. l'intérêt général. ☐
   c. les intérêts de la victime et l'intérêt général. ☐

3. En l'absence de dommage, peuvent être mises en œuvre la responsabilité :
   a. civile contractuelle. ☐
   b. civile extracontractuelle. ☐
   c. pénale. ☐

4. Il est possible de mettre en œuvre :
   a. la responsabilité pénale sans responsabilité civile extracontractuelle. ☐
   b. la responsabilité pénale avec responsabilité civile extracontractuelle. ☐
   c. la responsabilité civile extracontractuelle sans responsabilité pénale. ☐

5. Les éléments constitutifs de l'infraction sont :
   a. l'élément légal. ☐
   b. l'élément matériel. ☐
   c. l'élément moral. ☐
   d. l'élément judiciaire. ☐

6. Les participants à l'infraction sont :
   a. toujours des personnes physiques. ☐
   b. les personnes, physique ou morale, auteurs. ☐
   c. les complices de ces auteurs. ☐
   d. les personnes mises en examen. ☐

7. La peine a pour fonction :
   a. d'intimider les délinquants potentiels. ☐
   b. d'assurer la vengeance de la victime. ☐
   c. de faciliter la réadaptation du délinquant. ☐
   d. d'éviter la récidive. ☐

8. La responsabilité civile :
   a. relève des tribunaux d'instance. ☐
   b. relève des tribunaux répressifs. ☐
   b. est sanctionnée par une peine. ☐

2 Complice ou non ? ★★★

Dans les cas suivants, peut-on parler de complicité ?

1. Jules promet à Pierre cent euros si ce dernier vole la bicyclette de Paulo.
2. Diane fait le guet pendant que Stéphanie pénètre dans la propriété des Dutois pour dérober des bijoux en leur absence.
3. Sandra donne l'ordre à Thomas de rouer de coups Sébastien, Thomas hésite puis décide de ne rien faire.
4. Jean prétend que Pierre est incapable de commettre un délit. Pour lui prouver le contraire, Pierre falsifie la signature de son employeur sur un document.

Évaluer les savoirs | Maîtriser les compétences | Préparer l'épreuve

3 Responsabilité(s) ★★★

Compétences attendues

- **Différencier** les notions de responsabilité civile et pénale
- **Vérifier la présence** des conditions de la responsabilité pénale, pour une situation juridique donnée
- **Identifier** les actions en responsabilité possibles dans une situation juridique donnée

Précisez, dans les situations suivantes, la nature de la responsabilité engagée. Justifiez votre réponse.

1. Mme Lancien s'est fait dérober son sac à main dans la rue.
2. Xavier, chauffeur de taxi, commet une faute de conduite. Il dérape, blesse un piéton et les passagers du taxi.
3. Ahmed vient d'acquérir une voiture d'occasion auprès du garage Carré d'As. Quelques jours après, il s'aperçoit, avec un ami mécanicien, que le compteur a été trafiqué.
4. Un piéton blesse son voisin à l'œil en ouvrant son parapluie dont une baleine dépasse.
5. Le panneau publicitaire de la régie Publivore s'est écroulé sur un passant en pleine rue.
6. Le restaurant Première Marée a servi à ses clients des huîtres mal conservées. Ils ont été hospitalisés.
7. La famille Grangaillard a été blessée par une chaudière qui a explosé dans un chalet de location.
8. Rokhya, joueuse professionnelle de hockey sur glace, a été renversée par une voiture en sortant de la patinoire. Elle ne pourra plus exercer ce sport.

4 Cas Cost ★★★

Compétence attendue **Vérifier** la présence des conditions de la responsabilité pénale, pour une situation juridique donnée

M. Cost, 32 ans, comptable à la banque de Picardie a détourné une somme d'argent confiée par un client de la banque en vue d'un placement, afin de financer un superbe voyage en Floride avec sa petite amie.

À l'aide de vos connaissances et de l'annexe, repérez les éléments constitutifs de l'infraction.

Annexe

Article 314-1 du Code pénal

L'abus de confiance est le fait par une personne de détourner, au préjudice d'autrui, des fonds, des valeurs ou un bien quelconque qui lui ont été remis et qu'elle a acceptés à charge de les rendre, de les représenter ou d'en faire un usage déterminé.

L'abus de confiance est puni de trois ans d'emprisonnement et de 375 000 euros d'amende.

5 Situation pratique : cas Bogdanov ★★★

30 min

Compétence attendue **Identifier** les actions en responsabilité possibles dans une situation juridique donnée

Rendez-vous MÉTHODE 3

M. Bogdanov est commerçant boulevard Saint-Michel à Paris. Il vend des tennis et des vêtements fabriqués au Vietnam à destination d'une clientèle adolescente.

Un concurrent du quartier critique ouvertement ses méthodes de vente qu'il juge agressives. Il tient dans sa boutique des propos incitant les visiteurs à ne pas traiter avec M. Bogdanov dont les produits sont qualifiés « de mauvaise qualité ».

Par ailleurs, un salarié licencié pour vol, dénigre publiquement M. Bogdanov en publiant un article remettant en cause sa probité et induisant des pratiques de contrefaçon.

En vous appuyant sur vos connaissances et sur l'annexe, répondez aux questions ci-après.

Travail à faire

1. *Quel est, dans chacune des situations, le régime de responsabilité concernée. Justifiez votre réponse ?*
2. *Comment seront sanctionnés le concurrent et l'ancien salarié de M. Bogdanov ?*

Annexe

Extraits de loi sur la liberté de la presse du 29 juillet 1881 – Diffamation

Article 29

Toute allégation ou imputation d'un fait qui porte atteinte à l'honneur ou à la considération de la personne ou du corps auquel le fait est imputé est une diffamation. La publication directe ou par voie de reproduction de cette allégation ou de cette imputation est punissable, même si elle est faite sous forme dubitative ou si elle vise une personne ou un corps non expressément nommés, mais dont l'identification est rendue possible par les termes des discours, cris, menaces, écrits ou imprimés, placards ou affiches incriminés.

Toute expression outrageante, termes de mépris ou invective qui ne renferme l'imputation d'aucun fait est une injure.

Article 32

La diffamation commise envers les particuliers par l'un des moyens énoncés en l'article 23 sera punie d'une amende de 12000 euros.

La diffamation commise par les mêmes moyens envers une personne ou un groupe de personnes à raison de leur origine ou de leur appartenance ou de leur non-appartenance à une ethnie, une nation, une race ou une religion déterminée sera punie d'un an d'emprisonnement et de 45000 euros d'amende ou de l'une de ces deux peines seulement.

Sera punie des peines prévues à l'alinéa précédent la diffamation commise par les mêmes moyens envers une personne ou un groupe de personnes à raison de leur sexe, de leur orientation sexuelle ou identité de genre ou de leur handicap.

En cas de condamnation pour l'un des faits prévus par les deux alinéas précédents, le tribunal pourra en outre ordonner :

1° L'affichage ou la diffusion de la décision prononcée dans les conditions prévues par l'article 131-35 du code pénal ;

2° La peine de stage de citoyenneté prévue à l'article 131-5-1 du code pénal.

6 Commentaire de document : Max X. ★★★

20 min

Compétences attendues

- **Identifier** les actions en responsabilité possibles dans une situation juridique donnée
- **Vérifier** la présence des conditions de la responsabilité pénale, pour une situation juridique donnée

En vous appuyant sur vos connaissances, répondez aux questions ci-après portant sur l'annexe.

Rendez-vous MÉTHODE 2

Travail à faire

1. *Quels sont les faits dans cette affaire ?*
2. *Relevez dans la décision de la Cour de cassation les trois éléments de l'infraction.*

Annexe

Arrêt de la chambre criminelle de la Cour de cassation, n° 4640, 25 octobre 2016, pourvoi n° 15-84.552

Attendu qu'il résulte de l'arrêt attaqué et des pièces de procédure que M. Max X... a été poursuivi pour avoir, d'une part, recelé des fonds qu'il savait provenir d'escroqueries commises par sa compagne au préjudice de la SA Alombard et de la SA Infraplus, d'autre part, apporté son concours à une opération de placement, de dissimulation ou de conversion du produit direct ou indirect du délit d'escroquerie dont sa compagne a été définitivement déclarée coupable ; que le tribunal a déclaré M. X... coupable de la première infraction et l'a relaxé du chef de la seconde ; que le prévenu et le ministère public ont interjeté appel ; [...]

Attendu que, pour déclarer M. X... coupable de blanchiment, l'arrêt relève qu'il a acheté un bien indivis grâce aux fonds provenant du délit d'escroquerie commis par sa compagne et qui avaient été versés sur son compte ; que les juges ajoutent qu'au regard de l'importance des sommes en cause et de la connaissance par le prévenu de la situation fiscale et judiciaire de sa compagne ainsi que de la situation financière exacte du couple, il ne pouvait raisonnablement ignorer l'origine frauduleuse desdits fonds ; [...]

Attendu qu'en l'état de ces énonciations, relevant de son pouvoir souverain d'appréciation, la cour d'appel a justifié sa décision ;

D'où il suit que les griefs doivent être écartés ;

SYNTHÈSE

Les responsabilités civile et pénale

Les conditions et la mise en œuvre de l'action en responsabilité

	Responsabilité civile	Responsabilité pénale
Conditions de l'exercice	Préjudice causé à autrui	Violation de la loi considérée comme dommageable
But de la mise en œuvre	Réparation du dommage au profit de la victime.	Sanctionner la violation de la loi pénale, punir un coupable
Mise en œuvre de l'action en responsabilité	Action civile engagée par la victime du dommage	Action publique engagée par le ministère public
Sanction	Dommages-intérêts, exécutions en nature	Peines privatives de libertés, amendes…
Juridiction	Tribunaux civils (TGI, TI)	Tribunal de police, tribunal correctionnel, cour d'assises
Observations	• Responsabilités distinctes mais non indépendantes : coexistence • Possibilité de préjudice en présence d'une faute pénale	

La responsabilité civile contractuelle et extracontractuelle : principales différences

	Responsabilité contractuelle	Responsabilité extracontractuelle
Fondement	Un contrat entre l'auteur du dommage et la victime	Dommage causé à un tiers (en l'absence de contrat)
But poursuivi	Sanction de la mauvaise exécution ou l'inexécution d'un contrat	Réparation du dommage causé à la victime
Réparation	Dommages prévus au contrat	Tout dommage

CHAPITRE 17

La responsabilité extracontractuelle

PROGRAMME

Compétences attendues

- **Apprécier** le respect des conditions de mise en œuvre de la responsabilité civile et les causes possibles d'exonération dans une situation donnée
- **Identifier** les caractéristiques du préjudice réparable dans une situation juridique donnée
- **Identifier** les actions en responsabilité possibles dans une situation juridique donnée

Savoirs associés

- Les conditions de la responsabilité extracontractuelle (civile délictuelle) : fait générateur : le fait personnel fautif, le fait de la chose, les troubles anormaux de voisinage et le fait d'autrui ; préjudice réparable (classifications, caractères) ; lien de causalité
- L'étude spécifique du régime de la responsabilité du fait des produits défectueux
- Les spécificités de la réparation du préjudice environnemental

PRÉREQUIS

Présomption (chapitre 3) • Responsabilité civile (chapitre 16) • Forclusion et prescription (chapitre 4)

PLAN DU CHAPITRE

Cours : 1. Fondements • 2. Conditions • 3. La responsabilité du fait des produits défectueux • 4. La réparation du préjudice environnemental

Des savoirs aux compétences : Évaluer les savoirs • Maîtriser les compétences • Préparer l'épreuve

Synthèse

La responsabilité civile est encourue par l'auteur d'un dommage qui doit réparer le préjudice occasionné à la victime. Pour que la responsabilité civile délictuelle d'une personne soit mise en œuvre, trois conditions doivent être réunies : un dommage, un fait générateur et un lien de cause à effet entre eux. Le fait générateur varie en fonction des régimes de responsabilité alors que le dommage et le lien de causalité sont communs à tous. Si le trouble anormal de voisinage constitue une illustration courante de la responsabilité civile délictuelle, le régime de responsabilité du fait des produits défectueux ou encore le préjudice environnemental sont des régimes spécifiques.

MOTS-CLÉS

Fait d'autrui • Fait générateur • Fait d'un tiers • Faute • Préjudice environnemental • Produit défectueux • Réparation • Responsabilité de plein droit • Trouble anormal de voisinage

1 Fondements

Longtemps fondé sur la faute, le régime juridique de la responsabilité civile contractuelle a évolué vers une théorie plus objective, celle du risque.

La théorie de la faute. La responsabilité de l'auteur du dommage repose sur la faute qu'il a commise (responsabilité du fait personnel).

La théorie du risque. Celui qui a agi et provoqué un dommage doit en assumer les conséquences (ex. : responsabilité des dommages causés aux victimes d'accidents de la circulation). Cette théorie a développé la prévention.

2 Conditions

A) Le fait générateur

Le **fait générateur** diffère selon le régime de responsabilité.

1. La responsabilité du fait personnel

Le fait personnel n'engage la responsabilité de son auteur que s'il a commis une **faute** et que la victime en apporte la preuve.

La responsabilité pour faute est prévue par les articles 1240 et 1241 du Code civil :
- le premier établit un principe général de responsabilité ;
- le second précise l'étendue de cette responsabilité.

Code civil

- Art. 1240. Tout fait quelconque de l'homme, qui cause à autrui un dommage, oblige celui par la faute duquel il est arrivé à le réparer.
- Art. 1241. Chacun est responsable du dommage qu'il a causé non seulement par son fait, mais encore par sa négligence ou son imprudence.

2. La responsabilité du fait d'autrui

La responsabilité du **fait d'autrui** s'applique lorsqu'une personne cause un dommage à autrui mais c'est une autre personne qui doit en répondre. Les principaux cas sont devenus des responsabilités de plein droit, avec cependant des spécificités selon le régime de la responsabilité (tab. 17.1 et 17.2).

Définition

Une **responsabilité de plein droit** est fondée sur une présomption de responsabilité.

Sur la responsabilité pénale du dirigeant d'entreprise du fait de ses salariés :

https://goo.gl/5u5twd

Tableau 17.1. Analyse de la responsabilité des maîtres ou commettants (employeurs) du fait de leurs domestiques ou préposés (salariés)

Conditions	• Existence d'un lien de préposition (tâche accomplie sous l'autorité ou la subordination de l'employeur). • Existence (en général) d'une faute commise par le préposé • Faute en rapport avec les fonctions du préposé et dans l'intérêt de l'employeur

Effets	• Présomption irréfragable de responsabilité de l'employeur (exonération impossible) • Seul cas de recours de l'employeur : cas où le salarié a excédé les limites de sa mission

Tableau 17.2 Analyse de la responsabilité des artisans du fait de leurs apprentis

Conditions	• Contrat d'apprentissage • Apprenti mineur ou non
Effets	• Présomption de responsabilité de l'artisan pendant le temps de surveillance (présomption continue en cas d'hébergement de l'apprenti) • Possibilité d'exonération de l'artisant qui prouve qu'il n'a pas pu empêcher le fait générateur

➜ EXERCICE 3 • SITUATION PRATIQUE 7

3. La responsabilité du fait des choses

Principe. L'article 1242 al. 1er du Code civil pose que l'on est responsable « des choses que l'on a sous sa garde ». La responsabilité du fait des choses est autonome par rapport à tous les autres régimes de responsabilité. Les arrêts récents de la Cour de cassation la qualifient de « responsabilité de plein droit » du gardien.

Les conditions. La responsabilité du fait des choses suppose la réunion de trois conditions :

- La présence d'une chose : un bien mobilier ou immobilier.
- Un fait de la chose : elle intervient dans le dommage.
- La garde de la chose : la garde implique la maîtrise de la chose, caractérisée par le pouvoir d'usage, de contrôle et de direction.

Exemples

- Les meubles ou immeubles, mobiles ou immobiles, dangereux ou non, actionnés ou non par la main de l'homme sont autant de choses.

➜ APPLICATION 2 • CAS 5 • COMMENTAIRE DE DOCUMENT 8

4. Les troubles anormaux de voisinage

Principe. Le fait générateur est l'existence d'un **trouble anormal de voisinage** ou de nuisances qui vont appeler **réparation** en dehors de toute faute. Une activité licite et normale peut donner lieu à réparation dès lors qu'elle engendre, pour le voisinage, des inconvénients excessifs. Le trouble causé au voisin doit présenter un caractère continu et permanent.

La notion de voisinage. Le voisinage n'a pas de limite définie, il s'entend d'une aire de proximité dans laquelle vivent plusieurs personnes.

La preuve. Cette responsabilité repose sur la seule preuve du dommage anormal subi par la victime.

Appréciation du juge. Le juge est souverain pour apprécier le dépassement des inconvénients normaux de voisinage. Le trouble est celui qui est de nature à incommoder excessivement un individu normal. La subjectivité propre de la victime n'est pas retenue. En revanche, son comportement fautif peut contribuer à diminuer son indemnisation.

Exemples

- Des condamnations sont prononcées par certaines juridictions sur le fondement du trouble anormal de voisinage en cas de bruits de toutes sortes, d'odeurs extrêmement fortes, d'émanations de poussière, de fumées ou encore de vibrations causées par des appareils électriques.

B) Le préjudice

1. Typologie de préjudices

La responsabilité suppose l'existence d'un dommage ou préjudice. Il existe différents types de préjudice. Pour être indemnisés, les préjudices doivent présenter certaines qualités (tab. 17.3).

Tableau 17.3. Types de préjudice et réparation

Classification	**Matériel**	Un bien est détruit ou détérioré (ex. : incendie d'un entrepôt).
	Moral	Des droits extrapatrimoniaux sont atteints (ex. : commerçant qui porte atteinte à l'honorabilité d'un concurrent).
	Corporel	L'intégrité physique d'une personne est atteinte (ex. : personne qui reçoit un projectile qui la blesse).
Caractères du préjudice réparable	**Certain**	Un préjudice déjà subi et qui peut être prouvé (ex. : accident qui entraîne une hospitalisation assortie d'une incapacité de travail).
	Déterminé	Le préjudice subi est évalué en tenant compte de tous les éléments constitutifs du préjudice avec, éventuellement, le recours à des experts.
	Actuel	Normalement un préjudice futur ne peut pas être réparé. Cependant, dans certains cas, on peut savoir que le dommage se produira ultérieurement et on peut même le chiffrer (ex. : victime frappée d'invalidité).
	Direct	Il résulte en droite ligne du fait reproché au responsable (ex. : personne brûlée par l'explosion d'une machine).
	Porter atteinte à un intérêt légitime	L'intérêt lésé doit pouvoir être pris en considération par la loi (ex. : celui qui exerce une activité irrégulière comme la vente d'un coupe-faim interdit par les pouvoirs publics ne saurait se plaindre, après accident, de devoir interrompre cette activité).

L'indemnité doit réparer tout le dommage, mais rien que le dommage : la victime ne doit ni souffrir de ce dernier, ni s'enrichir de sa réparation. Le préjudice est évalué au jour du jugement.

C) Le lien de causalité

1. Les éléments constitutifs du rapport de causalité

Le lien de causalité met en relation deux éléments constitutifs de la responsabilité : le fait générateur et le préjudice ou dommage.

Le lien de causalité suppose :

- un lien de cause à effet direct entre le fait dommageable et le préjudice : le dommage résulte de la faute ;
- que le fait examiné a été nécessaire à la réalisation du préjudice (causalité qualifiée d'« objective »). La causalité est néanmoins retenue en cas d'aggravation du dommage (ex. : dommage résultant de causes qui s'enchaînent).

2. La charge de la preuve

En principe, la charge de la preuve du rapport de causalité incombe au demandeur. Pour venir en aide aux victimes, la loi et la jurisprudence ont créé certaines présomptions de causalité qui ont pour conséquence d'inverser la charge de la preuve.

Exemples

- Les victimes d'accidents nucléaires, les accidents du travail, les accidents de la circulation sont dispensées d'apporter la preuve du préjudice.

3. Les causes d'exonération

En présence d'une faute, si le fait dommageable est établi, le responsable supposé peut s'exonérer de sa responsabilité en déniant le lien de causalité. Il doit démontrer que le dommage est dû, en tout ou partie, à une cause étrangère qui ne lui est pas imputable (tab. 17.4).

Tableau 17.4. Causes étrangères

Force majeure (ou cas fortuit)	Événement imprévisible, irrésistible et extérieur, (même si ce caractère n'est pas retenu dans tous les cas, à l'activité du débiteur).
Fait d'un tiers	Personne étrangère à l'activité du responsable.
Fait de la victime	• S'il présente les caractères de la force majeure, il exonère totalement l'apparent responsable. • En cas de dommage résultant concurremment d'une faute de l'auteur du dommage et d'une faute de la victime, la responsabilité est partagée.

3 La responsabilité du fait des produits défectueux

A) Le domaine

Le producteur répond des dommages causés par son **produit défectueux** (tab. 17.5).

Code civil, art. 1245

- Le producteur est responsable du dommage causé par un défaut de son produit.

Tableau 17.5. **Responsabilité du fait des produits défectueux : conditions**

Produit	• Tout bien mobilier même incorporé dans un immeuble. • Présentation de deux caractères : – produit défectueux, qui « n'offre pas la sécurité à laquelle on peut légitimement s'attendre » ; – produit « mis en circulation » (dessaisissement volontaire du producteur)
Responsables	• Producteurs (ex. : fabricant d'un produit, producteur de matières premières). • Fournisseurs (ex. : vendeur ou loueur), sauf exceptions.

B) La mise en œuvre

Conditions. La mise en œuvre de la responsabilité du fait des produits défectueux suppose que la victime apporte la preuve du dommage et du défaut, ainsi que du lien de causalité entre le défaut et le dommage.

Cause d'exonération. La force majeure et la faute de la victime. En revanche, le **fait d'un tiers** est écarté.

Effets. Les conséquences sont de trois ordres :
- responsabilité de plein droit du producteur des dommages causés aux biens (sauf le produit défectueux) et aux personnes ;
- suppression de toute distinction entre responsabilités contractuelle et délictuelle ;
- interdiction pour la victime de mettre en œuvre le droit commun de la responsabilité civile contractuelle.

Délais. L'action en responsabilité est encadrée par deux délais (tab. 17.6).

Tableau 17.6. **Responsabilité du fait des produits défectueux : forclusion et prescription**

Délai de forclusion	10 ans après la mise en circulation du produit et sauf faute du producteur, toute action en responsabilité est éteinte.
Délai de prescription	3 ans à compter de la date à laquelle le demandeur a eu ou aurait dû avoir connaissance du dommage, du défaut et de l'identité du producteur.

→ CAS 4

4 La réparation du préjudice environnemental

A) La notion de préjudice environnemental ou écologique

Définition

Le **préjudice environnemental** ou préjudice écologique consiste en une atteinte non négligeable aux éléments ou aux fonctions des écosystèmes ou aux bénéfices collectifs tirés par l'homme de l'environnement.

Le préjudice environnemental est particulier dans sa nature même, il est déconnecté de tout préjudice personnel, ce qui lui confère un caractère autonome original.

Exemple

- Les rejets d'eaux usées dans les rivières, les algues vertes, les décharges sauvages sont autant de préjudices environnementaux.

B) L'action en réparation

1. Les personnes qui ont qualité à agir

L'action en réparation du préjudice environnemental est ouverte à toute personne ayant qualité et intérêt à agir, telle que l'État, l'Agence française pour la biodiversité (AFB), les collectivités territoriales et leurs groupements dont le territoire est concerné, ainsi que les établissements publics et les associations agréées ou créées depuis au moins 5 ans à la date d'introduction de l'instance et qui ont pour objet la protection de la nature et la défense de l'environnement.

La loi prévoit un délai de prescription dérogatoire, fixé à 10 ans à compter du jour où le titulaire de l'action a connu ou aurait dû connaître la manifestation du préjudice.

2. La réparation

Principe. Toute personne responsable d'un préjudice environnemental est tenue de le réparer.

Mode de réparation. La réparation du préjudice environnemental s'effectue par priorité en nature. En cas d'impossibilité, le juge condamne le responsable à des dommages-intérêts versés au demandeur qui procédera à la réparation des dommages causés à l'environnement. Si celui-ci ne peut prendre les mesures nécessaires, les dommages-intérêts sont versés à l'État. Le juge peut prescrire les mesures raisonnables propres à prévenir ou à faire cesser le dommage (ex. : fermeture temporaire d'une usine).

3. L'évaluation du préjudice

L'évaluation suppose d'apprécier l'existence d'une atteinte à l'environnement.

Le recours à l'expertise est fréquent. L'évaluation tient compte, le cas échéant, des mesures de réparation déjà intervenues. Les dépenses exposées pour prévenir la réalisation imminente d'un dommage, pour éviter son aggravation ou en réduire les conséquences constituent également un préjudice réparable.

Méthodes d'évaluation des préjudices :
https://goo.gl/NX6KMF

→ CAS 6

1 QCM

Pour chaque proposition, une ou plusieurs réponses sont possibles. Justifiez-les.

1. En cas de mise en œuvre de la responsabilité du fait personnel :
   a. un préjudice doit être prouvé par la victime. ☐
   b. une faute doit être prouvée par la victime. ☐
   c. l'auteur de la faute ne peut pas s'exonérer. ☐
   d. l'auteur de la faute peut s'exonérer dans certains cas. ☐

2. L'employeur est responsable des dommages causés par ses salariés :
   a. dans tous les cas. ☐
   b. seulement en cas de faute du salarié. ☐
   c. dans le cadre des fonctions exercées par le salarié. ☐
   d. sauf s'il apporte la preuve de son exonération. ☐
   e. automatiquement. ☐

3. En cas de dommage causé par une chose, le responsable est celui qui :
   a. possède la chose. ☐
   b. a l'usage de la chose. ☐
   c. a le contrôle de la chose. ☐
   d. a la direction de la chose. ☐

4. Le trouble anormal de voisinage est :
   a. un régime de responsabilité pour faute ☐
   b. prouvé par celui qui l'invoque. ☐
   c. apprécié par le juge de manière objective. ☐
   d. apprécié par le juge en tenant compte de la victime. ☐
   e. relatif aux propriétaires d'un bien immobilier. ☐

5. Le dommage doit présenter les qualités suivantes :
   a. être certain même s'il est futur. ☐
   b. être personnel. ☐
   c. être direct. ☐
   d. être déterminé. ☐

6. La responsabilité des produits défectueux :
   a. est une responsabilité de plein droit. ☐
   b. ne concerne que le produit défectueux. ☐
   c. répare le dommage causé à l'acheteur du produit. ☐
   d. répare le dommage causé à toute personne. ☐
   e. exclut la responsabilité contractuelle. ☐

7. Le préjudice environnemental est :
   a. réparé si un préjudice personnel est prouvé. ☐
   b. un régime de responsabilité autonome. ☐
   c. prescrit par une période de 3 ans. ☐
   d. invoqué par tout citoyen. ☐
   e. réparé en nature. ☐

2 Une cliente bien maladroite ★★★

1. Naëlle fait ses courses dans une grande surface. Elle prend une bouteille d'huile d'olive dans les rayons pour en consulter la composition et celle-ci lui échappe des mains.
2. Un peu plus loin dans le rayon vaisselle, elle heurte avec sa poussette une pile d'assiettes qui s'effondre.
3. Après avoir, délicatement cette fois-ci, déposé une bouteille de limonade dans son chariot, elle avance et cette dernière explose et blesse son enfant.

4. Son chien s'échappe et atterrit après une course folle dans le rayon des sodas, renversant plusieurs palettes de canettes.

1. *Choisissez, parmi les propositions ci-après, le régime de responsabilité appliqué dans chacune des situations :*
   - *responsabilité du fait personnel.*
   - *responsabilité du fait des choses.*
   - *responsabilité du fait des produits défectueux.*
2. *Justifiez vos réponses.*

3 Corentin ★★★

Compétences attendues

- **Identifier** les actions en responsabilité possibles dans une situation juridique donnée
- **Identifier** les caractéristiques du préjudice réparable dans une situation juridique donnée

Corentin a été envoyé chez M. Lenglet, un client de son employeur Les Couvertures du Val, pour réparer le toit de sa maison. Au cours de la réparation, il est passé au travers du toit et sa chute a entraîné de nombreux dégâts. En sortant du domicile de M. Lenglet, Corentin a marché sur un outil de jardin laissé sur la pelouse par le fils de M. Lenglet ; il est tombé et a dû être suturé à l'hôpital.

1. *Qui est responsable dans ces deux situations ?*
2. *Classez les types de préjudices. Présentent-ils les caractères requis pour être réparés ?*

4 Champagne ! ★★★

Compétence attendue

Identifier les actions en responsabilité possibles dans une situation juridique donnée

Dimitri fête la réussite de ses examens de première année de médecine avec ses amis dans la maison de ses parents. Il a acheté des bouteilles de champagne de la marque Veuve Chandon dans le magasin Titan. À l'ouverture de la première, celle-ci explose et endommage le plafonnier, ainsi que les murs de la cuisine qui viennent d'être repeints.

1. *Sur quel fondement juridique la responsabilité du magasin Titan peut-elle être engagée ?*
2. *Les conditions de mise en œuvre de la responsabilité de Titan sont-elles réunies ?*

5 Les Cœurs de Véro ★★★

Compétences attendues

- **Apprécier** le respect des conditions de mise en œuvre de la responsabilité civile et les causes d'exonération dans une situation donnée
- **Identifier** les caractéristiques du préjudice réparable dans une situation juridique donnée

Le salon de thé Les Cœurs de Véro est installé place de la cathédrale. Il dispose d'une belle terrasse ensoleillée. Julie et ses amies y déjeunent, profitant du soleil et des pâtisseries. Les meubles de la terrasse viennent d'être changés ; ils sont très confortables et invitent à la détente. Tout à coup le fauteuil de Julie se rompt, entraînant sa chute. Julie est hospitalisée ; une fracture du bassin est diagnostiquée. Elle fait l'objet d'une interruption temporaire de travail (ITT) de 3 semaines.

1. *Sur quel fondement juridique la responsabilité des Cœurs de Véro peut-elle être engagée par Julie ?*
2. *Les conditions de mise en œuvre de la responsabilité du salon de thé sont-elles réunies ?*
3. *Quels sont les préjudices réparables ?*
4. *Quels conseils donneriez-vous aux Cœurs de Véro ?*

6 Habitat Form ★★★

Compétences attendues

- **Apprécier** le respect des conditions de mise en œuvre de la responsabilité civile dans une situation donnée
- **Identifier** les caractéristiques du préjudice réparable dans une situation juridique donnée

M. et Mme Aristide ont acquis en 2012 leur maison d'habitation, contiguë à un immeuble de deux étages. Cet immeuble et la parcelle sur laquelle il était bâti ont été achetés par la société Habitat Form. Celle-ci a fait détruire l'immeuble puis, après obtention d'un permis de construire, elle a fait bâtir sur cet emplacement un nouvel édifice comprenant sept étages, d'une hauteur de 24 mètres. Cette construction prive le jardin des époux Aristide de tout ensoleillement possible et transforme la partie sud de leur pavillon en une sorte de puits sans vue ni lumière.

1. *Sur quel fondement juridique les époux Aristide peuvent-ils obtenir réparation ?*
2. *Leur action a-t-elle une chance d'aboutir ?*
3. *Comment ce préjudice pourrait-il être réparé ?*

Habitat Form a également empiété sur un parc naturel pour développer la résidence et détruit des arbres centenaires.

4. *Qualifiez le préjudice né de l'opération immobilière. Comment ce dernier peut-il être réparé ?*

Évaluer les savoirs | Maîtriser les compétences | Préparer l'épreuve

7 Situation pratique : cas Claude Laferre ★★★

30 min

Compétence attendue

Apprécier le respect des conditions de mise en œuvre de la responsabilité civile et les causes possibles d'exonération dans une situation donnée

Rendez-vous MÉTHODE 3

Claude Laferre exploite à Rochefort un restaurant de poissons. Ses affaires sont florissantes. En janvier, lors d'une conférence organisée par la chambre de commerce et d'industrie, il fait la connaissance de Pierre Vaillant, directeur local de la banque Financière Atlantique. Claude et Pierre sympathisent rapidement et le premier confie au second des fonds à faire fructifier.

Les conditions de cette remise sont les suivantes :

- les fonds seront prêtés par M. Vaillant à des clients de la banque à court terme ;
- le taux d'intérêt octroyé à M. Laferre sera supérieur de 3 points aux taux couramment pratiqués sur le marché ;
- aucun reçu ne sera délivré à M. Laferre pour les sommes remises à M. Vaillant.

En quelques semaines, Claude, qui n'a pas de compte à la Financière Atlantique, remet à Pierre environ 152 450 €. Au début de l'été, Pierre disparaît.

Pour récupérer son argent, M. Laferre entend mettre en jeu la responsabilité de la banque.

Travail à faire

1. *Quel est le régime de responsabilité civile dans cette situation ?*
2. *Rappelez les conditions de mise en œuvre de ce régime de responsabilité.*
3. *Qu'en déduisez-vous en matière de responsabilité de la banque ?*
4. *Que faut-il penser du comportement de la victime, Claude Laferre ?*

8 Commentaire de document : side-car cross ★★★

30 min

Compétence attendue **Apprécier** le respect des conditions de mise en œuvre de la responsabilité civile et les causes possibles d'exonération dans une situation donnée

Rendez-vous MÉTHODE 3

En vous appuyant sur vos connaissances, répondez aux questions ci-après portant sur l'annexe.

Travail à faire

1. *Quel est le problème de droit posé à la Cour de cassation ?*
2. *Quelle est la décision de la Cour de cassation ? Expliquez précisément les arguments juridiques sur lesquels elle s'appuie.*
3. *Dans le cadre d'une activité de side-car cross proposée par une organisation, quel est l'intérêt de la décision de la Cour de cassation pour les participants ?*

Annexe

Arrêt de la Cour de cassation, chambre civile, 14 avril 2016, pourvoi n° 15-17732 (extrait)

Attendu, selon l'arrêt attaqué (Paris, 9 mars 2015), que le 13 mai 1999, lors d'une compétition de side-car cross organisée par l'Union motocycliste de la Marne (l'UMM), le véhicule conduit par M. X..., [...] a quitté la piste ; que, dans cet accident, M. Y..., passager, a été grièvement blessé ; que ce dernier a assigné en réparation de son préjudice corporel M. X..., [...]

Attendu que M. X..., l'assureur et l'UMM font grief à l'arrêt de déclarer le premier entièrement responsable de l'accident et de le condamner avec l'assureur à payer à M. Y... diverses sommes en réparation de son préjudice corporel, alors, selon le moyen :

1°/ que le pilote et le passager dit « le singe » d'un side-car cross, [...] ont l'un et l'autre sur le side-car en commun les pouvoirs d'usage, de direction et de contrôle sans rôle prépondérant du pilote qui ne peut seul durant une compétition contrôler, diriger ou user du side-car ; qu'en considérant néanmoins que le pilote aurait un rôle prépondérant quand celui-ci et le « singe » devaient être considérés comme co-gardiens du side-car, la cour d'appel a violé l'article 1384 [devenu 1242], alinéa 1er, du code civil ;

...

...

2°/ que le pilote et le « singe » concourent l'un et l'autre à la direction, au contrôle et à l'usage du side-car cross puisque, pour franchir un virage et rester sur la piste, la position et les mouvements du « singe » sur le side-car sont tout aussi actifs et tout aussi déterminants que l'action du pilote ; qu'en décidant du contraire, la cour d'appel a violé l'article 1384, alinéa 1er, du code civil ;

Mais attendu que la cour d'appel a relevé, par motifs propres et adoptés, qu'un side-car cross n'avait pas deux pilotes mais un pilote et un passager, appelé « le singe », qui formaient un équipage ; que si l'action, acrobatique, du passager avait pour objectif de corriger la trajectoire de l'engin, notamment dans le franchissement des bosses et des virages, et de le rééquilibrer afin de lui permettre d'atteindre une vitesse et une trajectoire optimales, celle du pilote, déterminante, consistait à diriger la machine ce qui impliquait la maîtrise de la vitesse, du freinage et du braquage de la roue avant en fonction de la direction qu'il choisissait ; que le pilote pouvait utiliser le véhicule sans être assisté par le passager alors que l'inverse était impossible ; que le pilote, dont le rôle était prépondérant dans la conduite du side-car cross, et le passager ne disposaient pas de moyens identiques de direction et de contrôle de ce véhicule ;

Que de ces constatations et énonciations, procédant de son appréciation souveraine des éléments de fait qui lui étaient soumis, la cour d'appel a exactement déduit que M. X... avait été le seul gardien du side-car cross ;

D'où il suit que le moyen n'est pas fondé ;

SYNTHÈSE

La responsabilité extracontractuelle

Le régime juridique de la responsabilité extracontractuelle

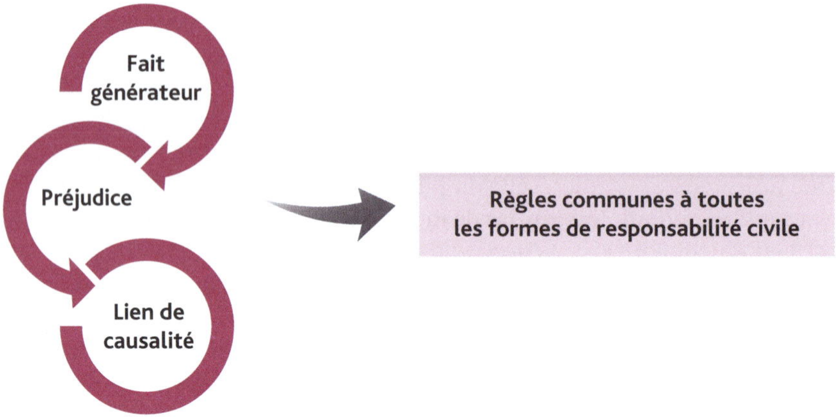

Les régimes particuliers

	Conditions	Causes d'exonération	Effets
Responsabilité du fait personnel	La faute : – fait matériel dommageable – fait illicite – fait imputable à son auteur	• Force majeure • Fait d'un tiers • Fait de la victime	Faute à prouver par la victime
Responsabilité des maîtres ou commettants du fait de leurs préposés	• Un lien de préposition (autorité + intérêt + maîtrise) • Une faute du préposé en rapport avec ses fonctions	Aucune	• Présomption irréfragable de responsabilité du commettant • Possibilité de recours contre le préposé
Responsabilité du fait des choses	• Présence d'une chose • Fait de la chose • Garde de la chose est déterminée (usage, contrôle et direction)	• Cause étrangère • Force majeure • Fait d'un tiers • Faute de la victime	Impossibilité d'exonération de sa responsabilité par le gardien (sauf preuve de la cause étrangère)

	Conditions	Causes d'exonération	Effets
Troubles anormaux de voisinage	Preuve de l'existence d'un dommage	• Force majeure • Fait d'un tiers • Fait de la victime qui peut diminuer la réparation	Réparation à l'appréciation du juge

La responsabilité du fait des produits défectueux

Conditions	• Produit défectueux : absence de sécurité • Produit mis en circulation
Responsables	• Producteurs • Fournisseurs
Conditions	• Preuve du défaut du produit et du lien de causalité • Causes d'exonération générales et particulières
Effets	Responsabilité de plein droit du producteur
Délais	• Forclusion : 10 ans à compter de la mise en circulation • Prescription : 3 ans à compter du dommage

Le préjudice environnemental

Personne qualifiée pour agir	• Toute personne ayant qualité et intérêt à agir • Prescription : 10 ans à compter de la connaissance du préjudice
Évaluation du préjudice	Atteinte à l'environnement (expertise)
Réparation	• Par toute personne responsable d'un préjudice écologique • Réparation en principe en nature ; à défaut, versement de dommages-intérêts

PARTIE 4 : CAS DE SYNTHÈSE

L'ENTREPRISE ET SES RESPONSABILITÉS

1 Situations pratiques ★★★

Rendez-vous MÉTHODE 3

N'hésitez pas à schématiser les situations.

Corentin est salarié de la société La Plomberie moderne. Il a été envoyé par son employeur chez un client, M. et Mme Facon, pour réparer une fuite d'eau dans leur salle de bains. Au cours de la réparation, il a déposé le lavabo et l'a cassé en le réinstallant.

1. *Qui est responsable de la dégradation du lavabo ?*

Lors de cette même intervention Mme Facon offre un café à Corentin. Au cours de la conversation, elle évoque une lampe de bureau dont elle n'arrive pas à changer l'ampoule. Corentin lui propose aimablement de le faire. En retirant l'ampoule usagée, Corentin tire trop fort et fait tomber la lampe qui se casse.

2. *Qui est responsable de la dégradation de la lampe ?*

La Plomberie moderne est une SARL gérée par Alix. Afin d'obtenir l'accord des associés pour le montage d'un dossier de prêt bancaire en vue de travaux dans les locaux de la société, Alix a présenté un bilan dont elle a surévalué les immobilisations.

3. *Une infraction est-elle constituée ? Justifiez votre réponse.*

4. *Qui devra répondre de l'éventuelle infraction ?*

Annexe

Article L. 241-3 du Code de commerce

Est puni d'un emprisonnement de cinq ans et d'une amende de 375 000 euros :

1° Le fait, pour toute personne, de faire attribuer frauduleusement à un apport en nature une évaluation supérieure à sa valeur réelle ;

2° Le fait, pour les gérants, d'opérer entre les associés la répartition de dividendes fictifs, en l'absence d'inventaire ou au moyen d'inventaires frauduleux ;

3° Le fait, pour les gérants, même en l'absence de toute distribution de dividendes, de présenter aux associés des comptes annuels ne donnant pas, pour chaque exercice, une image fidèle du résultat des opérations de l'exercice, de la situation financière et du patrimoine à l'expiration de cette période en vue de dissimuler la véritable situation de la société ;

4° Le fait, pour les gérants, de faire, de mauvaise foi, des biens ou du crédit de la société, un usage qu'ils savent contraire à l'intérêt de celle-ci, à des fins personnelles ou pour favoriser une autre société ou entreprise dans laquelle ils sont intéressés directement ou indirectement ; […]

2 Question ★★★

Vous développerez une réponse argumentée et structurée sur le thème suivant :
« La responsabilité du fait des produits défectueux. »

Rendez-vous MÉTHODE 1

3 Commentaire de document ★★★

À l'aide de l'annexe, vous répondrez aux questions suivantes :

Rendez-vous MÉTHODE 2

Travail à faire

1. *Identifiez les parties et exposez les faits dans cette affaire.*
2. *Quel est le problème de droit posé à la Cour de cassation ?*
3. *Quelle est la position de la Cour de cassation ?*
4. *Quel est l'apport de cette décision quant aux arguments utilisables par les parties dans ce type de situation ?*

Commencez par repérer (surlignage) les paragraphes et les points-virgules. Forgez votre propre analyse de l'arrêt avant de répondre aux questions pour éviter les paraphrases.

Annexe

Cour de cassation, 1re civ., 9 mai 2001, numéro de pourvoi : 99-12260

Sur le pourvoi formé par la société d'HLM Languedoc Logis, dont le siège est « La Martelle »,..., en cassation d'un arrêt rendu le 8 avril 1999 par la cour d'appel de Montpellier (1re chambre civile, section AO), au profit :

1 / de M. Jacques Y...,

2 / de Mme X... Houssais, épouse Y..., demeurant ensemble..., défendeurs à la cassation ;

La demanderesse invoque, à l'appui de son pourvoi, le moyen unique de cassation annexé au présent arrêt ;

LA COUR [...] après en avoir délibéré conformément à la loi ;

Sur le moyen unique, ci-après annexé :

Attendu qu'ayant constaté que la réalisation d'un ensemble de 72 logements sur un terrain auparavant couvert de vignes, juste en face de leur maison d'habitation, située dans une commune d'environ 4000 habitants, avait constitué pour les époux Y..., au titre de la dégradation du paysage et de l'environnement urbain, un trouble anormal et excessif de voisinage, peu important qu'une telle opération eût été réalisée conformément aux règles de l'urbanisme, la cour d'appel, qui n'était pas tenue de procéder à des recherches que ses constatations rendaient inopérantes, a légalement justifié sa décision ;

PAR CES MOTIFS :

REJETTE le pourvoi ;

SUJET TYPE D'EXAMEN

DURÉE DE L'ÉPREUVE

3 heures

Coefficient 1

PLAN DU SUJET

Le sujet se présente en trois parties.

1. Cas pratiques
2. Question
3. Commentaire de document

Le sujet comporte 1 annexe.

Première partie : cas pratiques

Rendez-vous MÉTHODE 3

Mme Cros est commerçante, elle a créé un magasin de restauration rapide Rapid BIO depuis une dizaine d'années. Elle souhaiterait mettre en œuvre un nouveau concept de café philo. Elle décide de conclure avec sa principale salariée, Virginie Desplanches, un contrat lui permettant de gérer le commerce pour son propre compte à compter du 1er mars. Mais Virginie n'est pas bonne gestionnaire, les dettes s'accumulent dès les premiers mois. Début juillet, les fournisseurs du magasin Rapid BIO se tournent vers Mme Cros pour être payés.

Travail à faire

1.1. *Qu'en pensez-vous ?*

Pour créer son café philo, Mme Cros emprunte 70 000 € à sa mère, Florence. La mère et la fille se faisant mutuellement confiance n'établissent aucun écrit. Quelques mois après, à la suite d'une querelle de famille, Florence réclame le remboursement intégral et immédiat de la somme restant due. Mme Cros prétend ne plus rien lui devoir et avoir déjà remboursé l'intégralité de sa dette.

Travail à faire

1.2. *Comment Florence pourra-t-elle prouver l'existence de sa créance ?*

1.3. *Comment Mme Cros peut-elle prouver son paiement ?*

Mme Cros a conclu un contrat avec les établissements Leboffe pour acheter des tuiles de type « vieille France » afin de rénover une grange. Une clause du contrat autorise les établissements Deboffe à modifier la qualité des tuiles.

Travail à faire

1.4. *Qualifiez la clause.*

Mme Cros a besoin d'un prêt pour financer l'achat de sa maison de campagne. Elle se rapproche de la banque du commerce qui lui accorde ce prêt et lui demande une sûreté sur cette maison. Tombée amoureuse d'une ville du Sud-Ouest, elle décide soudainement de vendre ses biens pour s'y installer. M. Mario est l'acquéreur de sa maison de campagne. Le prêt contracté par Mme Cros pour la financer n'est pas totalement remboursé.

Travail à faire

1.5. *Qualifiez le contrat avec la banque. Quelles en sont les conséquences lors de la vente de la maison ?*

Deuxième partie : question

Vous développerez une réponse argumentée et structurée sur le thème suivant :
« Les éléments de l'infraction. »

Rendez-vous MÉTHODE 1

Troisième partie : commentaire de document

En vous appuyant sur vos connaissances, répondez aux questions ci-après portant sur l'annexe.

Rendez-vous MÉTHODE 2

Travail à faire

3.1. *Identifiez les parties, exposez les faits et la procédure antérieure.*

3.2. *Quel est le problème de droit posé à la Cour de cassation ?*

3.3. *Repérez la position des juges de cassation et justifiez-la.*

Annexe

Cour de cassation, 1re civ., 12 juillet 2012

Sur le moyen unique :

Attendu, selon le jugement attaqué [...]que Mme X... a acquis le 14 décembre 2008 deux chatons auprès de M. Y..., éleveur, moyennant une somme totale de 2400 euros ; que les deux animaux étant morts, Mme X... a attrait M. Y...[..] sur le fondement de la garantie légale de conformité prévue aux articles L. 211-4 et suivants du code de la consommation ;

Attendu que M. Y...fait grief à l'arrêt confirmatif de le condamner à indemniser Mme X... alors, selon le moyen :

1°/ que la juridiction [d'instance], pour dire que M. Y...devait garantir les frais vétérinaires exposés par Mme X..., à énoncer selon une motivation unique que le chat Dalic et la chatte Douce étaient décédés sans mettre en évidence pour chacun d'eux le défaut de conformité, qui entacherait la vente de chacun de ces animaux domestiques, n'a pas donné de base légale à sa décision au regard de l'article L. 211-1 du code de la consommation, ensemble l'article 1641 du code civil ;

...

2°/ qu'à supposer que la chatte Douce, qui est tombée malade plus de six mois après sa vente, ce qui résultait des énonciations des écritures de M. Y..., la juridiction [d'instance] n'a pas légalement justifié la recevabilité de l'action de Mme X… en ce qui concerne cet animal, en se bornant à faire référence aux dispositions de l'article L. 211-7 du code de la consommation ; que, par suite, la juridiction de [premier degré] n'a pas légalement justifié sa décision au regard de l'article L. 211-7 du code de la consommation ;

Mais attendu que la juridiction [d'instance], devant laquelle il n'était pas contesté que les chatons étaient atteints, le premier d'une péritonite infectieuse féline ayant conduit à l'euthanasier le 28 janvier 2009, le second d'une malformation, ayant nécessité de pratiquer le 14 juin 2009 une biopsie à laquelle il n'avait pas survécu, a fait ressortir que les animaux, qui étaient morts de maladie quelques semaines après leur achat, ne présentaient pas les qualités que Mme X… pouvait légitimement en attendre, caractérisant ainsi l'existence d'un défaut de conformité au contrat, au sens de l'article L. 211-5 du code de la consommation ; qu'ayant ensuite constaté que les défauts étaient apparus dans un délai de six mois, la juridiction en a exactement déduit que ceux-ci étaient présumés exister au jour de la délivrance, conformément aux dispositions de l'article L. 211-7 du même code ;

D'où il suit que le moyen n'est pas fondé ;

PAR CES MOTIFS ;

REJETTE le pourvoi ;

Première partie : cas pratiques

1.1. Qu'en pensez-vous ?

- **Préparation de la réponse**

Schématisation. Récapitulez les parties en présence, leur lien juridique, les faits.

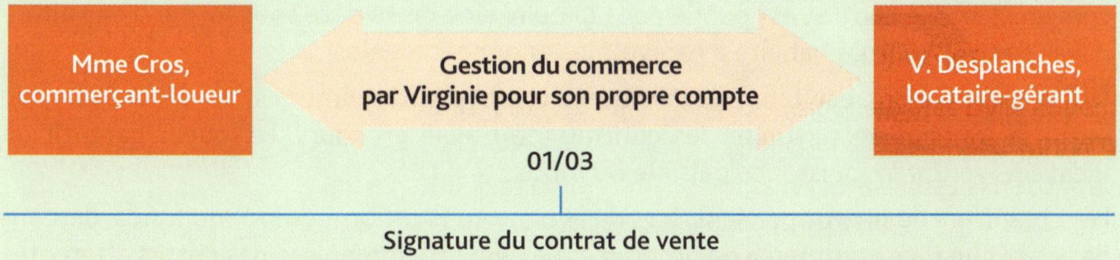

Faits : début juillet, les fournisseurs de Virginie se tournent vers Mme Cros pour être payés.

Mots-clés de la question. Le verbe « penser » sous-entend une question ouverte supposant d'analyser le cas et d'apporter une solution.

Qualification juridique. Elle implique de rattacher la situation à une catégorie de droit. Il s'agit ici d'un contrat de location-gérance.

Problème. Il est général, il s'agit de formuler en termes juridiques le problème posé dans la situation, ce qui donne : « Quels sont les effets du contrat de location gérance à l'égard des créanciers du locataire gérant ? »

Mobilisation des connaissances. Il convient d'identifier les règles de droit pertinentes en lien avec les faits et la question posée et les exposer ces règles de manière claire, dans leur ensemble, en centrant le propos sur les éléments utiles (majeure).

Le contrat a des effets à l'égard des créanciers. Les créanciers du loueur peuvent, lors de la mise en location-gérance, demander au tribunal de commerce de prononcer l'exigibilité immédiate des dettes afférentes à l'exploitation du fonds dans les 3 mois qui suivent la publication du contrat au JAL. Le tribunal détermine, pour se prononcer, si le contrat est de nature à mettre en péril le recouvrement de ces dettes.

Le loueur est solidairement responsable, avec le locataire-gérant, des dettes contractées par le locataire-gérant à l'occasion de l'exploitation du fonds, jusqu'à la publication au JAL de la mise en location-gérance.

Lorsque le contrat de location-gérance prend fin, les dettes afférentes à l'exploitation deviennent immédiatement exigibles, quel que soit le moment où elles ont été contractées.

Solution : appliquer les règles au cas (mineure). Les créanciers de Virginie ne peuvent plus se tourner vers Mme Cros, la publicité du contrat au JAL ayant eu lieu dans les 15 jours de sa signature. Le délai est dépassé.

Il est important de maîtriser les contenus mais aussi de mémoriser les plans de cours (ex. : définition du contrat de location-gérance, formalités, effets entre les parties et à l'égard des tiers).

Le rappel des faits n'est pas obligatoire. En revanche, il faut respecter les trois phases :
– la majeure
– la mineure
– la conclusion

- **Rédaction de la réponse**

Mme Cros, commerçante, et Virginie Desplanches ont conclu un contrat de location gérance le 1er mars. Début juillet, les créanciers impayés de Virginie Desplanches se tournent vers Mme Cros en règlement des dettes du magasin.

La location-gérance met en présence un loueur et un locataire-gérant qui a la qualité de commerçant. Le contrat est publié dans la quinzaine de sa date sous forme d'extrait ou d'avis dans un journal habilité à recevoir les annonces légales.

Le locataire-gérant est tenu d'exploiter le fonds conformément à sa destination, de payer le loyer et de continuer les contrats de travail en cours. Le loueur garantit au locataire-gérant la jouissance paisible du fonds.

Les créanciers du loueur peuvent, lors de la mise en location-gérance du fonds, demander au tribunal de commerce de prononcer l'exigibilité immédiate des dettes afférentes à l'exploitation du fonds dans les 3 mois qui suivent la publication du contrat au JAL. Le tribunal détermine, pour se prononcer, si le contrat est de nature à mettre en péril le recouvrement de ces dettes.

Le loueur est solidairement responsable avec le locataire-gérant des dettes contractées par le locataire-gérant à l'occasion de l'exploitation du fonds, jusqu'à la publication au JAL de la mise en location-gérance.

Lorsque le contrat de location-gérance prend fin, les dettes afférentes à l'exploitation deviennent immédiatement exigibles, quel que soit le moment où elles ont été contractées

En l'espèce, Mme Cros, loueur est tenu solidairement des dettes contractées par Virginie Desplanches envers ses fournisseurs dans les 3 mois qui suivent la publication du contrat au JAL. Le contrat ayant été conclu le 1er mars, et les fournisseurs de Virginie réclamant le paiement des dettes auprès de Mme Cros début juillet, cette dernière n'est plus solidaire des dettes de Mme Desplanches. Les créanciers impayés ne sont pas en droit de la poursuivre.

1.2. Comment Florence pourra-t-elle prouver l'existence de sa créance ?

- **Préparation de la réponse**

Schématisation

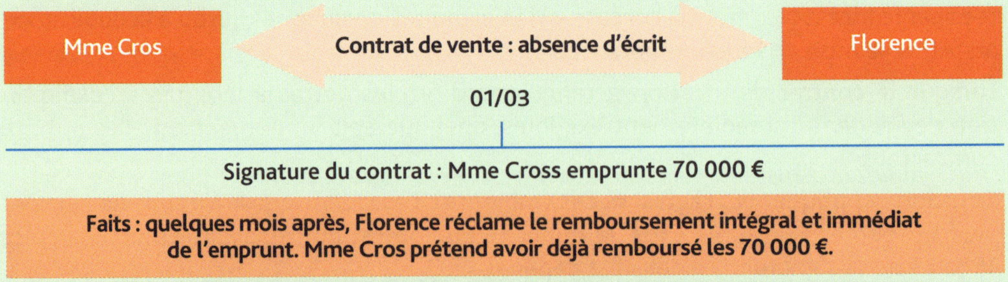

Mots-clés de la question. Comment prouver (les moyens).

Qualification juridique. La preuve d'un contrat entre membres d'une famille.

Problème. Quels sont les moyens de preuve d'un acte juridique ?

Mobilisation des connaissances. Il convient de se remémorer le principe d'utilisation des moyens de preuve, l'admissibilité de la preuve pour les actes juridiques et les exceptions au principe.

Solution. Florence pourra apporter la preuve de l'existence du prêt par tout moyen.

- **Rédaction de la réponse**

Mme Cros a emprunté 70 000 € à sa mère, Florence. Aucun écrit n'a été établi. Florence réclame le remboursement intégral quelques mois après à Mme Cros, laquelle prétend l'avoir remboursée.

Les actes juridiques doivent être conclus par écrit dès qu'ils excèdent une valeur fixée par décret qui s'élève à 1 500 €. Une preuve écrite doit être préconstituée et utilisée en cas de contestation. Cette preuve parfaite lie le juge. En cas d'impossibilité de prouver par écrit, pour des raisons morales, comme les relations de parenté entre les parties, la preuve peut être apportée par tout moyen librement apprécié par le juge.

En l'espèce, Florence pourra apporter la preuve de l'existence du contrat de prêt par tout moyen : témoignages, divers écrits non préconstitués (ex. : échanges de courriers), présomption de fait (les versements déjà effectués par Mme Cros).

1.3. Comment Mme Cros peut-elle prouver son paiement ?

- **Préparation de la réponse**

Faits. Mme Cros prétend avoir remboursé l'intégralité de la dette à Florence.

Mots-clés de la question. Comment prouver le paiement ?

Qualification juridique. Le paiement est un fait juridique.

Problème. Quels sont les moyens de preuve d'un fait juridique ?

Mobilisation des connaissances. Il convient de se remémorer la définition du fait juridique et des moyens de preuve d'un fait juridique.

Solution. Mme Cros pourra apporter la preuve de son remboursement par tout moyen.

- **Rédaction de la réponse**

Florence a prêté de l'argent à Mme Cros et lui réclame le remboursement de la somme intégrale. Mme Cros prétend l'avoir remboursée.

Le paiement est un fait juridique, soit un événement ou un agissement auquel la loi attache des effets de droit. Il peut être prouvé par tout moyen loyal et non attentatoire aux libertés.

Mme Cros pourra apporter la preuve de son paiement par tout moyen : témoignages, divers écrits et fait d'avoir verser des sommes dues par chèque ou virement.

1.4. Qualifiez la clause.

- **Préparation de la réponse**

Schématisation

Mme Cros, particulier ⟷ **Contrat de vente** ⟷ Ets Leboffe, professionnel

01/03

Achat de tuiles « Vieille France »

Faits : le contrat comporte une clause qui autorise les établissements Deboffe à modifier la qualité des tuiles.

Mots-clés de la question. Qualifier la clause

Qualification juridique. Un contrat de consommation, une clause abusive.

Problème. Quand y a-t-il clause abusive dans un contrat de consommation ?

Mobilisation des connaissances. Il convient de se remémorer la définition du contrat de consommation, de la clause abusive et de ses effets.

Solution. La clause est abusive.

- **Rédaction de la réponse**

Le contrat de consommation est un contrat entre un professionnel, qui agit dans le cadre de son activité, et un consommateur, personne physique agissant à des fins qui n'entrent pas dans le cadre de son activité commerciale, artisanale, libérale ou agricole et dont l'objet est l'acquisition de biens, l'obtention de la fourniture de services ou l'octroi d'un crédit.

Une clause abusive est une clause d'un contrat de consommation qui a pour objet ou pour effet de créer, au détriment du consommateur, un déséquilibre significatif entre les droits et obligations des parties. Une telle clause est réputée non écrite, le contrat restant valide.

En l'espèce, le contrat conclu entre Mme Cros et les établissements Leboffe est un contrat de consommation. La clause qui autorise ces derniers à modifier la qualité des tuiles commandées est abusive. Celle-ci est réputée non écrite. Le contrat reste valide.

1.5. *Qualifiez le contrat avec la banque. Quelles en sont les conséquences lors de la vente de la maison ?*

- **Préparation de la réponse**

Schématisation

Mme Cros, emprunteur ⟷ **Contrat de prêt** ⟷ Banque du commerce Créancier hypothécaire

01/03

Emprunt assorti d'une sûreté sur la maison de Mme Cros

Faits : quelques mois après avoir souscrit un prêt pour acheter une maison de campagne et assorti d'une sûreté sur cette maison, Mme Cros la vend cette à M. Mario. Mme Cros n'a pas totalement remboursé son prêt.

Mots-clés de la question. Qualifier le contrat et les conséquences (pour Mme Cros, pour Mario).

Qualification juridique. Une hypothèque sur un immeuble.

Problème. Quelles sont les conséquences de la vente d'un immeuble grevé d'une hypothèque ?

Mobilisation des connaissances. La définition de l'hypothèque, l'opposabilité aux tiers, les effets entre les parties, les effets.

Solution. La banque dispose d'un droit de préférence et d'un droit de suite du bien dans les mains d'un acquéreur.

- **Rédaction de la réponse**

L'hypothèque est un droit réel sur un immeuble affecté à l'acquittement d'une obligation. Elle nécessite un acte authentique.

L'hypothèque peut être consentie pour sûreté d'une créance et par acte notarié. Elle fait l'objet d'une inscription à la conservation des hypothèques dans le ressort de laquelle l'immeuble est situé et qui la rend opposable aux tiers.

Avant la réalisation de l'hypothèque, le débiteur est laissé en possession du bien et le créancier ne doit pas voir la valeur du bien diminuer. Le titulaire de l'hypothèque détient un droit de préférence sur la valeur du bien, ce qui assure à cette personne un paiement privilégié. Il dispose d'un droit de suite. Ce droit lui permet de suivre l'immeuble en quelques mains qu'il se trouve.

En l'espèce, La banque du commerce, créancière hypothécaire dispose d'un droit de préférence et d'un droit de suite. Par conséquent, elle pourra faire saisir la maison dans les mains de M. Mario si Mme Cros ne rembourse pas les sommes restant dues de son prêt.

Deuxième partie : question

- **Préparation de la réponse**

Mots-clés de la question. Il s'agit des termes « infraction » et « éléments ».

Mobilisation des connaissances. Cette question se rattache au chapitre consacré aux responsabilités civile et pénale. La définition de l'infraction et ses éléments constituent un savoir à maîtriser (et une compétence associée).

- **Rédaction de la réponse**

La mise en œuvre de la responsabilité pénale suppose la commission d'une infraction par une personne que l'on va punir. L'infraction est composée d'un élément légal, matériel et moral.

D'abord, un comportement ne peut être réprimé que si la loi l'a prévu (principe de la légalité des peines). Il n'existe pas d'infractions sans peine. Ensuite, un acte est toujours nécessaire pour qu'il y ait infraction ; l'infraction doit donc se révéler par un fait matériellement observable. Enfin, pour qu'une infraction soit commise, il faut que l'acte matériel ait été l'œuvre de la volonté de son auteur. L'acte doit être imputé à une personne, l'auteur.

Troisième partie : commentaire de document

- **Préparation de la réponse**

Repérage des éléments significatifs du document

Annotations	Document
Décision après un pourvoi, affaire civile	Cour de cassation, 1re civ., chambre civile, 12 juillet 2012 Sur le moyen unique :
Exposé des faits Demandeur à l'action en 1er degré Fondement juridique	Attendu, selon le jugement attaqué [...]que Mme X... a acquis le 14 décembre 2008 deux chatons auprès de M. Y..., éleveur, moyennant une somme totale de 2 400 euros ; que les deux animaux étant morts, Mme X... a attrait M. Y... [...] sur le fondement de la garantie légale de conformité prévue aux articles L. 211-4 et suivants du code de la consommation ;
Demandeur au pourvoi Arrêt de la cour d'appel qui confirme la décision de premier degré	Attendu que M. Y... fait grief à l'arrêt confirmatif de le condamner à indemniser Mme X... alors, selon le moyen :
Arguments du pourvoi	1°/ que la juridiction [d'instance], pour dire que M. Y... devait garantir les frais vétérinaires exposés par Mme X..., à énoncer selon une motivation unique que le chat Dalic et la chatte Douce étaient décédés sans mettre en évidence pour chacun d'eux le défaut de conformité, qui entacherait la vente de chacun de ces animaux domestiques, n'a pas donné de base légale à sa décision au regard de l'article L. 211-1 du code de la consommation, ensemble l'article 1641 du code civil ; 2°/ qu'à supposer que la chatte Douce, qui est tombée malade plus de six mois après sa vente, ce qui résultait des énonciations des écritures de M. Y..., la juridiction [d'instance] n'a pas légalement justifié la recevabilité de l'action de Mme X... en ce qui concerne cet animal, en se bornant à faire référence aux dispositions de l'article L. 211-7 du code de la consommation ; que, par suite, la juridiction de [premier degré] n'a pas légalement justifié sa décision au regard de l'article L. 211-7 du code de la consommation ;
Motifs de la Cour de cassation	Mais attendu que la juridiction [d'instance], devant laquelle il n'était pas contesté que les chatons étaient atteints, le premier d'une péritonite infectieuse féline ayant conduit à l'euthanasier le 28 janvier 2009, le second d'une malformation, ayant nécessité de pratiquer le 14 juin 2009 une biopsie à laquelle il n'avait pas survécu, a fait ressortir que les animaux, qui étaient morts de maladie quelques semaines après leur achat, ne présentaient pas les qualités que Mme X... pouvait légitimement en attendre, caractérisant ainsi l'existence d'un défaut de conformité au contrat, au sens de l'article L. 211-5 du code de la consommation ; qu'ayant ensuite constaté que les défauts étaient apparus dans un délai de six mois, la juridiction en a exactement déduit que ceux-ci étaient présumés exister au jour de la délivrance, conformément aux dispositions de l'article L. 211-7 du même code ; D'où il suit que le moyen n'est pas fondé ;
Décision de la Cour de cassation	PAR CES MOTIFS ; REJETTE le pourvoi

Schématisation de la situation

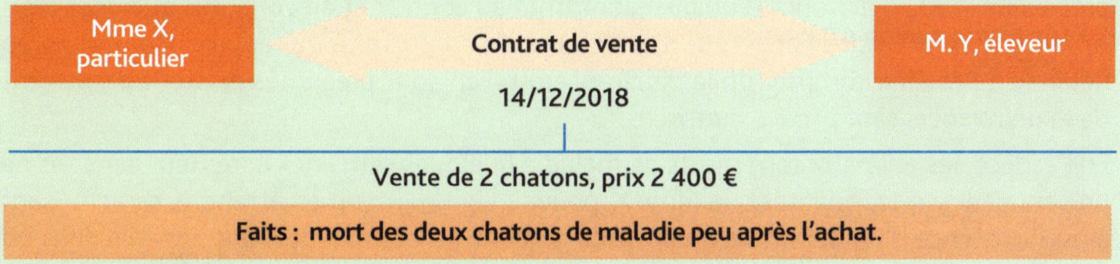

3.1. Identifiez les parties, exposez les faits et la procédure antérieure.

- **Préparation de la réponse**

Les parties. Ce sont le demandeur au pourvoi et le défendeur ainsi que leur qualification (statut ? qualité ?).

L'exposé des faits. Il précise le lien juridique entre les parties et les événements à l'origine du litige. Ils sont précis et concis.

La procédure. Les différentes juridictions doivent être identifiées, la qualité des parties (demandeur/défendeur au premier degré, appelant/intimé en appel, demandeur/défendeur en Cour de cassation) et les différentes décisions qui ont précédées.

- **Rédaction de la réponse**

Les parties sont M. Y (demandeur au pourvoi) et Mme X (défenderesse au pourvoi).

Mme X a acheté 14 décembre 2008 deux chatons à M. Y pour un montant de 2 400 €. Les deux animaux sont morts de maladie peu après.

En première instance, Mme X assigne devant un tribunal civil. Celui-ci a condamné M. Y à garantir les frais vétérinaires exposés par Mme X. M. Y a interjeté appel devant une cour d'appel qui a rendu un arrêt confirmatif. M. Y forme un pourvoi devant la Cour de cassation (arrêt du 12 juillet 2012).

3.2. Quel est le problème de droit posé à la Cour de cassation ?

- **Préparation de la réponse**

Le problème de droit est posé sous la forme d'une question. Cette question est générale, elle est formulée en termes juridiques et abstraits et ne fait aucunement référence aux parties.

- **Rédaction de la réponse**

Quand y-a-t-il défaut de conformité ?

3.3. Repérez la position des juges de cassation et justifiez-la.

La position des juges répond au problème de droit. Il importe de reformuler le raisonnement de la Cour après l'avoir compris.

S'agissant d'un arrêt de cassation, les juges rejettent le pourvoi fondé sur les articles L. 221-1 du Code de la consommation, l'article 1641 du Code civil et l'article L. 211-7 du Code de la consommation.

Des formulations comme « Selon (telle règle de droit)… » ; « En l'espèce… » ; « Donc… » permettent de reformuler le raisonnement juridique suivi par la juridiction. Les réponses doivent être claires et structurées. Toute paraphrase des arrêts est à proscrire.

Au sens de l'article L. 211-5 du Code de la consommation, le défaut de conformité s'apprécie quant à la délivrance d'un bien conforme au contrat et aux qualités que peut légitimement en attendre l'acheteur. Les défauts de conformité qui apparaissent dans un délai de 24 mois à compter de la délivrance du bien sont présumés exister au moment de la délivrance, sauf preuve contraire.

En l'espèce, les animaux sont morts de maladie quelques semaines après leur achat et ne présentaient pas les qualités que Mme X. pouvait légitimement en attendre, caractérisant ainsi l'existence d'un défaut de conformité au contrat. Les défauts sont apparus dans un délai de 6 mois. Ils étaient, par conséquent, présumés exister au jour de la délivrance.

QCM et quiz
CORRIGÉ

Les justifications des quiz et QCM du manuel sont publiées dans un ouvrage separé de corrigés détaillés.

Chapitre 1. **Vrai** : 3, 4, 5, 6, 7, 8, 10, 12.

Chapitre 2. **1.** a, c. **2.** a. **3.** a. **4.** b. **5.** b, c. **6.** b. **7.** c.

Chapitre 3. **1.** c. **2.** b, c. **3.** a. **4.** a. **5.** c. d. **6.** b, d. **7.** b, c. **8.** c, d.

Chapitre 4. **1.** b, d. **2.** a. **3.** d. **4.** b, c, d. **5.** a. **6.** d. **7.** a. **8.** a, b, d (c, exceptionnellement).

Chapitre 5. **Vrai** : 2, 4, 5, 8, 9, 10, 7 (facultatif), 11 (sauf volonté des parties).

Chapitre 6. **1.** c. **2.** c. **3.** b. **4.** a, b, c, d. **5.** b. **6.** b. **7.** c, d. **8.** a. **9.** c, d.

Chapitre 7. **1.** a. **2.** a. **3.** c. **4.** a, c, d. **5.** a, c. **6.** a, b. **7.** a, c. **8.** b.

Chapitre 8. **1.** c. **2.** b, c. **3.** c, d. **4.** a. **5.** a, b, d. **6.** a, c, d.

Chapitre 9. **1.** b, d. **2.** a, b, c. **3.** a, b, c, d. **4.** a, c. **5.** a, c. **6.** b.

Chapitre 10. **1.** a, c, d. **2.** a, b, d. **3.** a, b, c, d, e, f. **4.** a, c, d. **5.** a. **6.** a. **7.** a, d. **8.** b, c.

Chapitre 11. **1.** c. **2.** a, b, d, e, f. **3.** a, b. **4.** c, d, g. **5.** c. **6.** c, d.

Chapitre 12. **1.** a, b, c. **2.** b, c. **3.** a, b, c, d. **4.** a, b, d. **5.** a. **6.** a, b. **7.** a, b, d.

Chapitre 13. **1.** a, c, d. **2.** c, d. **3.** c, e. **4.** a, b, c, **5.** a, c, d, **6.** a, d.

Chapitre 14. **1.** d. **2.** c. **3.** b. **4.** b. **5.** d. **6.** a, c, d, **7.** b, c.

Chapitre 15. **1.** c, d. **2.** a, b, d. **3.** b. **4.** a, b. **5.** d. **6.** a, d.

Chapitre 16. **1.** b. **2.** c. **3.** a, b, c. **4.** b. **5.** b, c. **6.** a, c, d. **7.** a, c, d. **8.** b, c.

Chapitre 17. **1.** a, b, d. **2.** b, c, e. **3.** b, c, d. **4.** b, c. **5.** a, c, d. **6.** a, c, d, e, f. **7.** b, d, e.

INDEX

TABLE DES MATIÈRES

Partie 2 Les personnes et les biens

Partie 4 L'entreprise et ses responsabilités

79135 - (II) - SOP 80° - PCA - MPN
Dépôt légal : mai 2019 suite du tirage : octobre 2019
Imprimé en Espagne par Gráficas Estella S. L.